COMO ESCREVER
MELHOR EM INGLÊS

COMO ESCREVER MELHOR EM INGLÊS

ESTRATÉGIAS 3

Denise Santos

Ampla experiência na área do ensino de língua estrangeira, tendo atuado como professora e coordenadora de inglês em escolas e cursos de línguas no Brasil; como pesquisadora na área de ensino de estratégias na aprendizagem de línguas estrangeiras nas Universidades de Oxford e Reading (Reino Unido), como professora e autora de livro sobre o ensino de português como língua estrangeira no Brasil, Estados Unidos e Reino Unido. Denise tem ativa participação em conferências nacionais e internacionais e possui inúmeras publicações acadêmicas (em livros, jornais e revistas especializados no Brasil e no exterior), bem como livros didáticos e paradidáticos na área do ensino de língua estrangeira. É de sua autoria a série *Take Over* (Editora Lafonte) e de sua coautoria (com Amadeu Marques) a série *Links: English for Teens* (Editora Ática), ambas aprovadas, respectivamente, no PNLD 2012 e PNLD 2011. Mais informações sobre a autora podem ser encontradas em www.denisesantos.com.

© 2012 Denise Santos

Capa e projeto gráfico: Città Estúdio
Editoração eletrônica: Città Estúdio
Supervisão Editorial: Faccioli Editorial
Assistência editorial: David Santos
Revisão: Sandra Garcia Cortés
Impressão e acabamento: Prol Editora Gráfica Ltda., sobre papel offset 90g/m2, em outubro de 2012

```
       Dados Internacionais de Catalogação na Publicação (CIP)
              (Câmara Brasileira do Livro, SP, Brasil)

       Santos, Denise
          Como escrever melhor em inglês / Denise Santos. --
       Barueri, SP : DISAL, 2012.

          ISBN 978-85-7844-114-2

          1. Inglês - Estudo e ensino I. Título.

    12-09568                                          CDD-420.7
```

                 Índices para catálogo sistemático:

              1. Inglês : Estudo e ensino   420.7

Todos os direitos reservados em nome de:
Bantim, Canato e Guazzelli Editora Ltda.
Alameda Mamoré 911 – cj. 107
Alphaville – BARUERI – SP
CEP: 06454-040
Tel. / Fax: (11) 4195-2811
Visite nosso site: www.disaleditora.com.br
Televendas: (11) 3226-3111
Fax gratuito: 0800 7707 105/106
E-mail para pedidos: comercial@disal.com.br
Nenhuma parte desta publicação pode ser reproduzida, arquivada ou transmitida de nenhuma forma ou meio sem permissão expressa e por escrito da Editora.

A Guy Cook,
Por me guiar na aprendizagem dos deliciosos desafios do
ato de escrever: seguir convenções com criatividade; guiar
o leitor e surpreendê-lo ao mesmo tempo; dizer muito em
poucas palavras.

SUMÁRIO

APRESENTANDO A COLEÇÃO 8

PARTE 1: FUNDAMENTOS

As habilidades linguísticas e o uso de estratégias 12
    Um pouco de história 13
    O que são, afinal, estratégias? 14
    Pesquisas recentes: focos e resultados 16
O que sabemos sobre estratégias de escrita 19
Palavras finais: Recado da autora para o leitor 21

PARTE 2: RECURSOS

Estratégias de escrita 24
1. Preparando-se para escrever 26
2. Gerando ideias 31
3. Considerando a tipologia e o gênero textual 36
4. Considerando as necessidades do leitor 42
5. Pesquisando informações sobre o que será escrito 48
6. Refletindo sobre a organização de um texto 53
7. Utilizando um texto similar como referência 59
8. Refletindo sobre o processo de formulação 65
9. Usando um dicionário 70
10. Usando um editor de texto 75
11. Usando e monitorando *collocations* 79
12. Usando traduções 84
13. Usando paralinguagem 89
14. Considerando oportunidades para sistematização de vocabulário e gramática 94
15. Usando marcadores do discurso 99
16. Usando nível de formalidade adequado ao escrever ... 104
17. Considerando diferenças entre modalidade oral e escrita 109
18. Respeitando convenções do discurso escrito em inglês 114
19. Monitorando a escrita 120
20. Ativando monitoramento pessoal 125
21. Considerando diferenças entre as línguas inglesa e portuguesa 130
22. Refletindo sobre o processo de produção escrita 135
23. Fazendo a revisão do texto (*Proofreading*) 141

24. Considerando fontes externas para verificação do texto escrito 147
25. Dando *feedback* 151
26. Refletindo sobre *feedback* e revisões 156
27. Escrevendo para você mesmo 162
28. Tomando notas 166
29. Fazendo resumos 171
30. Escrevendo livremente (*Free writing*) 177
31. Identificando situações pessoais de escrita 182
32. Refletindo sobre como você escreve 186
33. Identificando as estratégias usadas por um escritor .. 191
34. Desenvolvendo a capacidade de avaliar textos escritos 197
35. Desenvolvendo a capacidade de avaliar tarefas que envolvem escrita 201
36. Escrevendo com outras pessoas 206
37. Deixando sua "impressão digital" no texto 211
38. Compilando um banco de dados 216
39. Selecionando e aplicando as estratégias apropriadas em uma escrita 221
40. Avaliando as estratégias aplicadas 227

PARTE 3: COMPLEMENTOS

Respostas dos exercícios 234
Índice dos termos do glossário 245
Fontes de referência 247
Bibliografia e sugestões de leituras complementares 248

APRESENTANDO A COLEÇÃO

A coleção ESTRATÉGIAS é composta por quatro volumes:

- COMO LER melhor em inglês
- COMO ESCREVER melhor em inglês
- COMO OUVIR melhor em inglês
- COMO FALAR melhor em inglês

O objetivo da coleção é apresentar e discutir procedimentos que podem auxiliar o usuário de inglês a fazer uso mais competente dessa língua em suas quatro habilidades (leitura, escrita, audição e fala). Nesta coleção, tem-se em mente um usuário da língua inglesa que pode variar entre aquele que tem um conhecimento básico dessa língua e aquele que tem um conhecimento mais amplo, podendo até mesmo ser professor de inglês. Os leitores com menor proficiência na língua inglesa terão acesso, através da coleção, a inúmeras formas de lidar com dificuldades no uso da língua estrangeira, desenvolvendo recursos facilitadores para a sua comunicação oral (ao falar, ao ouvir) e escrita (ao ler, ao escrever), bem como recursos de apoio para sua aprendizagem dessas quatro habilidades linguísticas. Os com maior proficiência na língua inglesa poderão usar a coleção como fonte de informações recentes no âmbito de *learner strategies,* podendo incorporar tais informações tanto para seu próprio desenvolvimento pessoal quanto para sua capacitação profissional (no caso de o leitor ser professor de língua inglesa). Nesse sentido, a coleção oferece ampla gama de sugestões de atividades para implementação em sala de aula.

Tendo os objetivos descritos acima em mente, cada um dos quatro volumes que compõem esta coleção é dividido em três partes, conforme detalhes a seguir:

- FUNDAMENTOS: Esta parte apresenta informações gerais acerca do que se sabe atualmente sobre estratégias diante dos resultados de pesquisas recentes na área. Aqui se discutem questões básicas a respeito de estratégias: como elas são definidas, o que envolvem, o que sabemos sobre seu uso e sua aprendizagem, seus benefícios, as dificuldades a elas atreladas. Esta parte inicial é composta por uma seção mais geral (sobre estratégias em caráter mais amplo) e uma seção mais específica (sobre a habilidade em destaque no livro). Desta forma, neste volume, há considerações específicas sobre estratégias relacionadas com a habilidade da escrita.

- RECURSOS: Esta parte contém a apresentação e discussão detalhada de 40 estratégias relativas à habilidade focalizada no livro. Em cada uma delas, parte-se sempre de uma situação específica de uso do inglês para se apresentar uma potencial dificuldade nesse contexto de uso. A partir dessa dificuldade, apresentam-se a estratégia e suas características, e em seguida as formas de implementação (quer dizer, o que precisa ser feito, pensado ou dito para pôr tal estratégia em uso), além das vantagens, dificuldades e benefícios associados à estratégia em foco. Cada uma das 40 seções que compõem esta parte inclui exercícios para aplicação e prática da estratégia em foco, bem como sugestões de atividades suplementares.

- COMPLEMENTOS: Esta parte oferece subsídios adicionais para ampliar o conhecimento e a prática das estratégias apresentadas no livro. Ela contém 4 seções: (1) Respostas dos exercícios; (2) Índice de termos do glossário, com a relação dos termos técnicos utilizados na obra. No decorrer do texto, esses termos são destacados na cor, e suas definições são dadas na margem da página; (3) Fontes de referência: sugestões de *sites* que o leitor pode utilizar para praticar as estratégias apresentadas no livro; (4) Bibliografia e sugestões de leituras adicionais sobre o assunto tratado na obra.

PARTE 1

AS HABILIDADES LINGUÍSTICAS E O USO DE ESTRATÉGIAS

Há algumas décadas o ensino de inglês vem sendo organizado ao redor das quatro habilidades linguísticas (*reading, writing, listening* e *speaking*). Essa abordagem é traduzida na maioria dos livros didáticos e nas aulas de inglês através de atividades que envolvem "prática" de leitura, de escrita, de audição, de expressão oral, mas não se costuma oferecer ao aprendiz oportunidades de "como aprender" a ler, a escrever, a ouvir e a falar em inglês, isto é, não se costuma ensinar estratégias para melhor aprendizagem e aplicação das quatro habilidades.

No Brasil, a habilidade de leitura costuma ser uma exceção nesse quadro mais geral de negligência ao desenvolvimento das estratégias. Desde 1998, com a publicação dos Parâmetros Curriculares Nacionais para o ensino de língua estrangeira, vem-se dando destaque à leitura, incluindo atenção especial à prática de algumas estratégias relacionadas com essa habilidade. No entanto, o que se nota é que, mesmo quando há práticas de estratégias nesse cenário, estas tendem a vir desacompanhadas de um apoio mais sólido que leve o aprendiz a entender os benefícios que o uso de uma estratégia pode trazer, tanto para uma atividade específica quanto para futuras situações de comunicação e/ou aprendizagem.

Por exemplo, é comum vermos em livros didáticos atividades que pedem ao aluno para fazer uma leitura rápida inicial de um texto (*skimming*) antes de fazer uma leitura mais detalhada. Mas raramente essas atividades incluem passos que estimulem tais aprendizes a refletir, por exemplo: *Por que e para que devo fazer uma leitura rápida inicial? Até que ponto esta leitura pode me auxiliar no entendimento do texto? Em que ocasiões uma leitura rápida inicial pode ser benéfica ao leitor? Há situações em que uma leitura rápida inicial é inapropriada ou mesmo impossível?* O mesmo acontece com o uso de *brainstorming* ao escrever, o reconhecimento de palavras-chaves (*key words*) ao ouvir, ou a prática de pedidos de esclarecimentos ao falar. Essas estratégias são comumente trabalhadas nas aulas de inglês atualmente, mas raramente se dá oportunidade ao aluno de refletir sobre elas: haveria situações de escrita em que *brainstormings* não são aconselháveis? Como fazer para saber quais de fato são as *key words* num *listening*? Os pedidos de esclarecimento devem variar em função de condições contextuais, tais como nível de formalidade da conversa ou relação entre os participantes?

São questões como essas que esta coleção contempla, a fim de instrumentalizar o aprendiz de língua inglesa para saber decidir, implementar e avaliar as estratégias apropriadas em diferentes contextos de produção e compreensão oral e escrita em inglês.

Um pouco de história

A publicação, em 2007, de um livro chamado *Language Learner Strategies: Thirty Years of Research and Practice* (organizado por Andrew Cohen, da Universidade de Minnesota, e Ernesto Macaro, da Universidade de Oxford) indica que o interesse e o debate a respeito de estratégias não são recentes. Ao longo do tempo – e como acontece em qualquer área de pesquisa –, acadêmicos vêm desenvolvendo enfoques e entendimentos diversos a respeito da noção de estratégias. Para melhor situar o conceito nos tempos atuais, é importante rever abordagens e crenças do passado e entender o que mudou (e por quê) ao longo dos anos.

A noção de estratégias, no contexto da aprendizagem de língua estrangeira, surgiu no século passado, em meados dos anos 70, e ganhou ímpeto nos anos 80. A ideia que originou tal movimento estava pautada na premissa de que "*good language learners*" agem e pensam de forma diferente dos "*not so good language learners*". Consequentemente, a observação das características desses aprendizes mais bem-sucedidos deveria levar à identificação de estratégias por eles usadas, e esses resultados, por sua vez, deveriam ser interpretados como práticas a serem implementadas por todos os aprendizes.

Desta forma, os primeiros estudos na área procuraram listar as *learning strategies* usadas por bons aprendizes. Este objetivo levou ao desenvolvimento de diversas taxonomias, as quais eram frequentemente organizadas ao redor de aspectos cognitivos (como *repetition*, *note-taking*, *deduction*, *inferencing*), metacognitivos (como *selective attention*, *advance preparation*, *self-evaluation*, *self-monitoring*) e socioafetivos (como *cooperation*, *asking others for clarification*).

Com o passar do tempo, porém, concluiu-se que o uso de determinadas estratégias, ou a frequência desse uso, não estava necessariamente associado ao melhor desempenho de diferentes aprendizes. Percebeu-se que alguns aprendizes não tão bem-sucedidos faziam uso de estratégias, às vezes com frequência, mas simplesmente não tinham desempenhos satisfatórios de uma forma mais geral na sua aprendizagem.

Pesquisas subsequentes revelaram que resultados positivos no processo de aprendizagem não estão relacionados a "se" ou "com que frequência" certas estratégias são implementadas, mas sim a "como", "por que" e "para que" os aprendizes usam estratégias. No cenário das pesquisas atuais, questões cruciais são: As estratégias usadas existem em que situações? Elas apoiam que tipo de tarefas? Elas se combinam com outras estratégias? Se sim, de que forma? Há combinações de estratégias que parecem ser mais benéficas em certas situações do que em outras? Como os aprendizes mais bem-sucedidos tomam decisões para aplicar ou descartar certas estratégias?

E, de forma fundamental, procura-se entender: como podemos definir e caracterizar o termo "estratégias"? Trataremos desta questão a seguir, antes de apresentar outros resultados de pesquisas recentes.

O que são, afinal, estratégias?

Ao longo dos anos, várias definições foram dadas para a noção de estratégias. Vejamos algumas delas:

> *Learning strategies are the behaviours and thoughts that a learner engages in during learning that are intended to influence the learner's encoding process. (Weinstein e Mayer, 1986)*

> *Learning strategies are techniques, approaches or deliberate actions that students take in order to facilitate the learning and recall of both linguistic and content area information. (Chamot, 1987: 71)*

> *The term learner strategies refers to language learning behaviours learners actually engage in to learn and regulate the learning of a second language. (Wenden, 1987: 6)*

> *Specific actions taken by the learner to make learning easier, faster, more enjoyable, more self-directed, more effective and more transferable to new situations. (Oxford, 1990: 8)*

> *Those processes which are consciously selected by learners and which may result in action taken to enhance the learning or use of a second or foreign language, through the storage, retention, recall, and application of information about that language. (Cohen, 1998: 4)*

Como se pode perceber acima, acadêmicos tendem a divergir no que se refere à definição e caracterização de estratégias. Mas não se espante, isso não é anormal: essas discordâncias costumam mesmo acontecer em qualquer área de pesquisa, e elas são bem-vindas; afinal, discordâncias geram debates que, por sua vez, levam a novos – e frequentemente melhores – entendimentos sobre o assunto estudado.

Retornando às definições acima, repare que as discordâncias giram em torno de diferentes aspectos. Um desses aspectos envolve o caráter observável ou não das estratégias. Para alguns acadêmicos, estratégias são definidas como *comportamento* (sendo, portanto, observáveis); para outros, são tidas como *processos mentais* (não observáveis). Há ainda outros estudiosos que as concebem no âmbito mais funcional das *técnicas*.

Outro aspecto que leva a divergências entre os que investigam estratégias refere-se ao nível de consciência associado ao seu uso: enquanto alguns estudiosos acham que as estratégias ocorrem num nível *inconsciente*; outros pregam que elas são aplicadas de forma *consciente*.

Pesquisadores destacam também o fato de que, enquanto algumas estratégias envolvem *aprendizagem* da língua estrangeira (por exemplo, a leitura detalhada de um texto para aprendizagem de novo vocabulário), outras envolvem *uso* dessa língua (por exemplo, a previsão do conteúdo de um texto antes de sua leitura).

Para conciliar tais dilemas, adota-se neste livro uma definição abrangente que caracteriza estratégias como *ações* (que podem ser tanto mentais quanto físicas, ou as duas coisas ao mesmo tempo). De fato, esta é a abordagem de definições mais recentes, como a reproduzida a seguir:

> *Learning strategies are procedures that facilitate a learning task.* (Chamot, 2005: 112)

Nesta obra, entende-se, também, que inicialmente as estratégias são ativadas consciente e intencionalmente, mas ao longo do tempo, e através da prática de uso, muitas delas passam a ser automáticas e inconscientes.

Finalmente, esta obra apoia tendências atuais que designam estratégias como *learner strategies* e não apenas como *learning strategies*. A nomenclatura *learning strategy* coloca na aprendizagem o foco de aplicação das estratégias, o que é adequado mas limitador. As estratégias atuam não apenas no âmbito da aprendizagem de uma língua, mas também no âmbito do uso dessa língua, e nos dois âmbitos ao mesmo tempo. O termo *learner strategy* dá conta dessa amplitude, e mais: põe o aprendiz no centro e no controle do uso das estratégias, fazendo com que ele seja agente de suas decisões estratégicas.

Duas noções adicionais costumam estar presentes nas caracterizações mais recentes sobre estratégias: *contexto* e *situação-problema*. Como esclarecido anteriormente, entende-se atualmente que *learner strategies* são ativadas e implementadas dentro de um contexto específico de uso da língua. No caso de uma situação que envolva leitura, elementos contextuais incluem o texto propriamente dito, o objetivo da leitura, o nível de proficiência do leitor, seu interesse pelo que é lido, se o leitor lê o texto pela primeira vez ou não, entre outros. Condições similares existem em situações de fala (o que falamos, com quem, sobre o quê, nossos propósitos comunicativos etc.), de escuta (o que escutamos, por que, para que, em que circunstâncias etc.) e de escrita (o que escrevemos, para quem, com que objetivo etc.). Tudo isso deve ser levado em consideração ao se descreverem e analisarem as estratégias ativadas em cada uma dessas situações.

Outro fator associado à ocorrência de *learner strategies* é a percepção, por parte do aprendiz, de que o contexto envolve algum nível de dificuldade, o que lhe cria uma espécie de problema. Num contexto de leitura ou de compreensão oral, o problema pode ser algo mais imediato como o não entendimento de uma palavra, ou pode ser algo mais amplo que envolva aprendizagem de inglês de uma forma mais geral, tal como o desenvolvimento do vocabulário. Num contexto de produção oral ou escrita, o problema pode estar relacionado com a dificuldade de expressar uma ideia ou sentimento naquele momento, ou pode estar relacionado a um questionamento do aprendiz sobre como estar atento a fatores contextuais em outras situações de fala ou escuta.

Concluindo, as palavras-chaves na definição e caracterização de estratégias adotadas neste livro são: contexto, *learner strategy*, situação, problema, ação, reflexão.

Pesquisas recentes: focos e resultados

Como visto acima, sabe-se atualmente que aprendizes bem-sucedidos conhecem os potenciais benefícios associados ao uso de certas estratégias e que consideram sua aplicação de forma contextualizada. Em outras palavras, esses aprendizes não usam determinada estratégia "num vácuo", mas optam pela sua aplicação diante de um certo contexto de uso da língua (ao ler, escrever, falar ou ouvir).

É importante realçar que uma estratégia não é "boa" ou "má" por si só. Ela "pode ser" adequada num dado momento de comunicação ou aprendizagem, e portanto só pode ser entendida dentro de um contexto de uso específico da língua. Uma leitura rápida inicial de um texto, por exemplo, não é potencialmente útil (e, portanto, não é aconselhável) quando temos pouco tempo para achar uma informação específica em um texto ou quando lemos um romance por prazer e/ou entretenimento e não queremos saber o que vai acontecer no final do texto.

Numa conversa, o uso de perguntas para promover o envolvimento do interlocutor pode ser apropriado se a situação permitir que se façam tais perguntas. Numa conversa com alguém hierarquicamente superior a nós, não é aconselhável que façamos perguntas demais ao nosso interlocutor. Em situações mais informais, ou em que o nível de relação dos participantes seja mais simétrico (isto é, sem maiores diferenças de poder interacional), é sempre uma boa ideia fazer perguntas para promover o envolvimento dos participantes na interação.

Ao assistir a um filme em inglês num cinema, não é apropriado que usemos vocalizações (repetições do que ouvimos) em voz alta, porque há outras pessoas à nossa volta que certamente não vão apreciar tal "barulho". No entanto, a estratégia de vocalizar o que ouvimos é um recurso importante para desenvolver nossa habilidade de ouvir em inglês, e tal estratégia deve ser implementada, por exemplo, quando ouvimos um programa de rádio no carro, e estamos na dúvida quanto ao que acabamos de ouvir. Tal "repetição em voz alta" pode ser bastante útil para esclarecer uma dúvida quanto ao que foi ouvido.

O mesmo acontece com estratégias de *writing*: a mesma estratégia pode ser apropriada numa situação, e inapropriada em outra. O uso de revisão no texto que escrevemos a partir da observação de textos similares pode ser uma estratégia útil quando temos tempo extra para rever com cuidado algo que escrevemos previamente, ou se estamos escrevendo algo que não deve conter problemas de conteúdo ou de forma (por exemplo, uma *application letter* para um emprego ou uma vaga em uma escola ou universidade). No entanto, tal estratégia não será tão apropriada numa situação de escrita mais informal (um bilhete para um amigo, por exemplo) ou quando não temos tempo ou recursos para tal revisão (por exemplo, ao escrever no metrô uma mensagem de texto respondendo a uma pergunta urgente). Em suma, um usuário eficiente da língua inglesa precisa estar apto a tomar decisões estratégicas ao ler, falar, ouvir e escrever nessa língua, avaliando quais estratégias são e não são apropriadas num dado momento comunicativo.

Resultados de pesquisas recentes indicam que aprendizes bem-sucedidos pensam e conversam sobre as estratégias aplicadas durante a aprendizagem e o uso do inglês. Além disso, percebe-se que tais aprendizes costumam avaliar o uso das estratégias que estão sendo e que foram usadas, criando novos planos de ação (que deverão incluir a implementação de novas estratégias) se algo não funciona bem.

O foco de pesquisas atuais é projetado para o melhor entendimento das características acima, bem como para um melhor entendimento do que atualmente é descrito na literatura como a *orchestration of strategies* desenvolvida por aprendizes bem-sucedidos. Essa orquestração pode ocorrer em sequência, criando o que se conhece como *strategy chains;* ou pode ocorrer com o uso simultâneo de várias estratégias, criando *strategy clusters*. Não é sempre fácil fazer a distinção entre os dois tipos de usos, mas acredita-se que, por exemplo, a estratégia "ativando conhecimento prévio" é desejável em toda e qualquer situação de produção e compreensão oral e escrita, em combinação com outras estratégias. Acredita-se, também, que, quanto mais desafiadora for a atividade, mais estratégias o leitor deverá ativar a fim de ser bem-sucedido na tarefa.

Os pontos discutidos nesta seção refletem o interesse no desenvolvimento de estratégias no contexto do ensino e aprendizagem de línguas estrangeiras, mas a questão fundamental é: é possível ensinar e aprender estratégias? Resultados de pesquisas recentes apontam que sim. Mais do que possível, tal ensino é mesmo desejável por duas razões. Primeiramente, como dito acima, entende-se que os alunos com maior repertório e controle de uso de estratégias têm melhor desempenho ao aprender uma língua estrangeira. Segundo, estudos na área sugerem que um aprendiz de língua estrangeira não necessariamente transfere seu conhecimento sobre estratégias em língua materna para sua aprendizagem de uma língua estrangeira. Em outras palavras, um aluno brasileiro que sabe quando e como fazer inferências ao ler em português não saberá necessariamente aplicar essa mesma estratégia na sua leitura de textos em inglês. O mesmo acontece com, por exemplo, a atenção para *key words* ao ouvir, o uso de hesitação ao falar, ou a preocupação com as necessidades do leitor ao escrever: essas estratégias podem ser bem utilizadas na língua materna mas seu uso em língua estrangeira precisa ser trabalhado até ficar automatizado. Portanto, devemos ensinar e aprender sobre estratégias relativas ao uso da língua inglesa se queremos formar e nos tornar usuários mais competentes dessa língua!

Para aprender sobre estratégias, e sobre como usá-las de forma eficaz, é importante ter conhecimento de um repertório de opções: quanto mais estratégias um aprendiz conhece, melhor. Tal conhecimento é o primeiro passo para se criarem oportunidades de prática, que incluam aplicação, reflexão e discussão de estratégias.

O QUE SABEMOS SOBRE ESTRATÉGIAS DE ESCRITA

Tratamos até agora de estratégias de uma forma mais geral, e aqui faremos algumas considerações específicas sobre *writing strategies*. Para compreendermos melhor como essas estratégias se definem e se caracterizam, é importante entendermos como a escrita tem sido conceituada através dos tempos.

Até os anos 80 do século passado, a tendência mais aceita no entendimento de *writing* era o que se conhece na literatura como "*product approach*", em que a escrita é compreendida como um "produto": sob esta ótica, a produção escrita tem foco no "texto final" propriamente dito, privilegiando-se, desta forma, a atenção para o vocabulário, a gramática e alguns aspectos formais do texto, tais como sua organização em partes (por exemplo, introdução, desenvolvimento e conclusão) e o uso de tópicos frasais. Neste cenário, não há ênfase no trabalho com estratégias de forma direta, uma vez que, para escrever bem, bastaria que o escritor tivesse bom conhecimento da estrutura e vocabulário da língua em foco, bem como conhecimentos de organização textual.

A partir dos anos 80, outras duas abordagens sobre produção escrita ganharam impulso: *process writing* e *genre writing*. Uma das interpretações mais influentes de *process writing* foi proposta por Flower e Hayes (1981): nessa abordagem, o foco deixa de ser no texto propriamente dito e passa a ser no escritor. A escrita, por sua vez, passa a ser entendida como um processo que inclui geração de ideias, coleta de dados, produção de rascunhos e revisões, até a publicação do texto. Em ELT (*English Language Teaching*), o modelo de *process writing* mais influente é o de White e Arndt (1991), que conceitua *writing* como um ciclo não linear que envolve seis estágios recorrentes e inter-relacionados: *drafting, organizing, reviewing, focusing, generating ideas, evaluating*.

Críticos do *process approach* alegam que essa abordagem ignora importantes aspectos contextuais, tais como quem escreve, para quem, em que suporte, com que objetivo, entre outros. Esses são, pois, os pilares centrais da abordagem conhecida como *genre writing*. O ensino de produção escrita sob essa abordagem (por exemplo, Martin, Christie e Rothery, 1987) envolve familiarização com um modelo por meio da observação e análise não apenas de aspectos linguísticos mas também discursivos (quem é seu autor, para quem escreve, com que objetivo etc.). Dessa análise parte-se para a produção de textos parciais, inicialmente em conjunto e com apoio proporcionado por pares mais competentes (o professor, colegas, o livro didático), até a produção independente de um texto pelo aprendiz.

Há estratégias de escrita relacionadas às duas últimas abordagens: sob a ótica de *process writing*, estratégias envolvem o uso de *brainstorms* para geração de ideias, assim como revisão e avaliação da produção escrita. Sob a ótica de *genre writing*, estratégias incluem a identificação do propósito do texto, observação e análise de modelos, atenção a elementos contextuais ao escrever.

Apesar das importantes diferenças identificadas no comportamento estratégico de escritores bem-sucedidos diante de condições sociocognitivas atreladas a processos de produção escrita (Manchón et al., 2007), há algumas tendências nas conclusões de pesquisas na área: como aponta Macaro (2001: 37), escritores eficientes sabem quando e como usar uma estratégia, têm um repertório vasto de formas como checar sua escrita e sabem incorporar comentários recebidos em *feedback*.

Obviamente, os estudos sobre essas estratégias têm contextos diferentes (as línguas estrangeiras abordadas variam, podendo ser o inglês ou outras; os aprendizes têm idades diferentes; os objetivos de leitura dos aprendizes variam etc.) e essas diferenças afetam os resultados das investigações. Como esclarecido nos comentários gerais na seção anterior, atualmente há uma tendência de se atrelarem os resultados de uma pesquisa aos contextos específicos em que tal estudo foi encaminhado. Quando falamos de estratégias, é importante ter em mente que *contexto* e *estratégias* estão integrados todo o tempo.

PALAVRAS FINAIS: RECADO DA AUTORA PARA O LEITOR

Este livro apresenta e discute algumas estratégias de produção escrita (*writing*) com o intuito de auxiliá-lo a se tornar um "escritor estratégico em inglês" – ou, no caso de você ser professor de inglês, de enriquecer o seu repertório de informações sobre *writing strategies,* e paralelamente contribuir com ideias para implementação nas suas aulas de produção escrita em inglês, de forma que seus alunos tornem-se *strategic writers*.

O ato de escrever é complexo e envolve muitas outras dimensões além de aspectos mecânicos em torno da "produção escrita de palavras e símbolos", e um escritor estratégico precisa estar atento a outras dimensões envolvidas ao escrever. E mais, a escrita não deve ser concebida como um fim a ser atingido, mas como um processo que afeta a nossa cognição. Em outras palavras:

[...] *far from merely providing a means for giving a permanent visual representation to speech, the written text – and the processes of composition that it entails – constitute a technology that can significantly enhance mental capacity.*
(Wells e Chang-Wells, 1992: 122)

Para tornar-se um escritor mais apto, mais capaz de tomar decisões imediatas no momento da escrita, considerando as suas necessidades e as de seu leitor, você pode desenvolver algumas estratégias. Isso é uma boa notícia. No entanto, é importante ressaltar que esse desenvolvimento estratégico requer muita prática, em que ocorrerão erros e acertos, e muita reflexão sobre o quê, por quê, como e quais as consequências do que se escreve.

Um entendimento das estratégias a seu dispor facilitará tal prática, e este livro tem o objetivo de apresentar e discutir as estratégias de escrita mais importantes, a fim de que você e seus alunos "apropriem-se" delas: para tal, deve-se ler sobre elas, experimentá-las em diferentes situações de produção escrita, refletir sobre elas, adaptá-las, tomar posse delas.

Este livro apresenta as estratégias de forma isolada por questões pedagógicas: esta organização é necessária para que você tenha um entendimento dos "elementos" dentro do conjunto "estratégias de produção escrita". Mas, sempre que possível, fazem-se conexões entre as estratégias, e estimula-se essa "orquestração de estratégias". Acredito que este livro pode instrumentalizá-lo a tomar importantes decisões ao escrever ou ao ensinar sobre produção escrita em inglês, de forma que você ou seus alunos tornem-se escritores autônomos e competentes em língua inglesa.

ESTRATÉGIAS DE ESCRITA

Gêneros textuais (*textual genres*, em inglês) são realizações orais ou escritas estabelecidas em um grupo social. Essas realizações são reconhecidas e produzidas pelos membros do grupo a partir de suas convenções de forma e conteúdo. Alguns exemplos são bilhetes, *e-mail*, comerciais de TV, receitas, recibos, poemas, palestras, aulas, conversas informais, entre outros.

Abstract é o resumo de um artigo acadêmico, tese, dissertação, apresentação em conferência.

Propósito comunicativo (*communicative purpose*, em inglês) é um conceito normalmente associado à identificação de um gênero textual; o propósito comunicativo de um texto pode ser entreter, informar, persuadir, entre outros.

Processos cognitivos envolvem processamento mental tais como retenção, agrupamento, identificação, ensaio e recuperação de informação.

Processos metacognitivos envolvem "cognição sobre cognição", ou seja, planejamento, monitoramento e avaliação de **processos cognitivos**.

Nesta parte serão discutidas quarenta estratégias de produção escrita, e cada estratégia será trabalhada na seguinte sequência: parte-se de uma situação que envolve algum desafio para o escritor e apresenta-se então um texto relacionado à situação (o que foi escrito, a tarefa a ser encaminhada, a interação oral entre escritores ao escrever, entre outros). Em seguida discute-se a estratégia propriamente dita, tanto especificamente sobre a sua utilização para lidar com o desafio da situação, como em termos gerais sobre aplicabilidade, benefícios e riscos associados ao uso da estratégia. A essa discussão seguem-se exercícios e sugestões de atividades extras.

As situações de escrita apresentadas procuram ser variadas, e os textos reproduzidos apresentam uma vasta gama de assuntos e gêneros textuais (textos que ilustram produção escrita em inglês, tais como exercícios propostos em livros didáticos, *blogs*, conversas em *chat*, *e-mails*, questionários, *abstracts* de apresentação acadêmica, cartuns, notas, ensaios, entre outros). Muitos exemplos consistem em reproduções de textos escritos à mão e, nesses casos, apresentamos uma transcrição do que foi escrito. Há exemplos, também, de transcrições de interações orais que remetem a algum aspecto de produção escrita (por exemplo, pessoas escrevendo em colaboração, conversando sobre a escrita, encaminhando uma atividade que envolve a escrita em sala de aula).

Assim como há diversidade nos assuntos, fontes e propósitos comunicativos dos textos usados nesta seção, há também variedade nos tipos de exercícios propostos nesta parte do livro, evitando-se mecanização e abordagem simplista. Ao fazer os exercícios, o leitor/escritor de inglês deve ter a preocupação de executá-los da forma proposta, pois a intenção não é criar oportunidades para escrever em um sentido mais estrito de "traçar ou digitar palavras e frases" mecanicamente, mas sim de aplicar a estratégia. Parte-se, pois, da premissa de que esses exercícios auxiliarão o leitor a ficar consciente dos processos cognitivos e metacognitivos que podem apoiar sua produção escrita, bem como da preocupação que se deve ter com as expectativas, dificuldades e necessidades daqueles que irão ler o texto produzido.

A composição deste livro procurou partir de estratégias mais básicas (no sentido de serem de mais fácil entendimento e mais ampla aplicação) para em seguida apresentar outras de maior complexidade. Isso não significa que a ordem de apresentação das estratégias tem alguma relação com sua importância. Não existem estratégias "mais" ou "menos" importantes de uma forma geral: o que há (e isso será repetidamente enfatizado) são estratégias "mais apropriadas" e "menos apropriadas" a um dado contexto de produção escrita, e um escritor estratégico saberá selecionar tais estratégias, e aplicá-las, de forma competente.

Ao ler esta parte do livro, o leitor deve ter sempre em mente que as estratégias estão relacionadas entre si e, ao escrevermos, frequentemente usamos mais de uma estratégia ao mesmo tempo, ou sequencialmente (uma após a outra). O leitor pode seguir a ordem apresentada ou pode preferir ler sobre as estratégias numa ordem de sua escolha. Como as estratégias são relacionadas entre si, procurou-se sempre que possível evidenciar as relações entre elas ao discuti-las. O leitor pode, também, decidir retomar estratégias já lidas (reler sobre elas, refazer alguns exercícios) ao ler sobre outra estratégia que se relaciona com elas.

Em suma, como indica o título dessa parte, espera-se que aqui o leitor encontre informações e prática sobre "recursos" que podem ajudá-lo a escrever melhor em inglês ou a formar alunos-escritores mais competentes.

1>> PREPARANDO-SE PARA ESCREVER

A situação

Você está para fazer, em futuro próximo, um exame de inglês que inclui a produção de um texto escrito. Você gostaria de se preparar melhor para essa parte do teste, mas não sabe bem como fazê-lo, pois percebe dois obstáculos. Primeiro, você fica tenso só de pensar que tem de escrever um texto com 250 palavras em inglês! Em segundo lugar, você não tem certeza de que irá entender exatamente o que deve ser escrito. Afinal, ao escrever, você sempre fica em dúvida se está "respondendo à pergunta" ou não.

O texto

1 **WRITING TASK 2**

2 You should spend about 40 minutes on this task.

3 Write about the following topic:

4 *Nowadays we are producing more and more rubbish.*

5 *Why do you think this is happening?*

6 *What can governments do to help reduce the amount of*

7 *rubbish produced?*

8 Give reasons for your answer and include any relevant examples from your own

9 knowledge or experience.

10 Write at least 250 words.

Cambridge IELTS 5: Examination papers from University of Cambridge ESOL Examinations: English for Speakers of Other Languages. Cambridge: Cambridge University Press, 2006. p. 127

A estratégia

Na situação acima você detectou duas dificuldades específicas com relação à tarefa de ter de escrever em inglês: uma ansiedade diante da extensão da tarefa e a preocupação em garantir que entenderá o que tem de escrever. Ambas as dificuldades estão relacionadas e podem ser minimizadas por meio da aplicação de estratégias associadas à preparação para escrever.

Para desenvolver essas estratégias é importante perceber que a escrita não se inicia do nada. Quando escrevemos algo, sempre baseamos essa escrita em decisões e procedimentos necessários ao processo de escrever. Aprender a tomar essas decisões de forma criteriosa e, com isso, escolher os melhores procedimentos a serem seguidos ao escrever levam um escritor a se tornar "estratégico" e, desta forma, mais eficiente.

Um passo fundamental ao se preparar para escrever envolve decidir o que é para ser feito na escrita. Tal decisão pode parecer, à primeira vista, um requerimento óbvio no processo de escrita, mas muitas vezes os escritores ou não sabem ou interpretam erroneamente o que devem fazer. Vejamos o exemplo acima. Se um escritor decide abordar a tarefa questionando a afirmativa *Nowadays we are producing more and more rubbish* (linha 4), corre o risco de não produzir um texto que corresponda às expectativas da atividade: afinal, nas instruções, essa afirmativa é apresentada como "fato" e não como um argumento que deva ser defendido ou rejeitado. Na tarefa, espera-se que opiniões e argumentações se desenvolvam ao redor das causas e possíveis soluções para o problema (*vide* as duas perguntas finais *Why do you think this is happening?*, linha 5, e *What can governments do to help reduce the amount of rubbish produced?*, linhas 6-7), mas não ao redor da apresentação do problema em si.

Outros elementos que precisam ser observados no processo de preparação dessa escrita são:

- tempo que o escritor tem para produzir seu texto (*about 40 minutes*, linha 2);
- justificativas e exemplos (*Give reasons for your answers* e *Include…relevant examples…knowledge or experience*, linhas 8-9);
- tamanho do texto a ser escrito (*at least 250 words*, linha 10).

Um escritor pode aprender a se preparar para situações de escrita. No caso acima, bem como na "aprendizagem da preparação" para quaisquer outros testes que envolvam produção escrita, pode-se desenvolver um plano de estudo que envolva prática de preparação usando-se fichas como a seguinte:

> 1. Qual é o tamanho do texto?
> 2. Quanto tempo tenho para escrever?
> 3. Quais são as palavras-chaves do enunciado?
> 4. Quais cuidados devo tomar? (isto é, o que "não" devo fazer?)
> 5. Quais são os critérios de avaliação?
> 6. Posso usar algum recurso (dicionário, Internet, textos previamente escritos com correção e/ou *feedback*, textos-modelo escritos por outras pessoas) como apoio à minha escrita?

Palavra-chave (*key word*, em inglês) é um termo cuja compreensão é essencial para o entendimento de um texto.

O esclarecimento dos elementos acima vai certamente auxiliar o escritor a se sentir mais seguro para escrever, o que deverá ter efeito positivo no seu estado de espírito, incluindo confiança e motivação. Outras decisões fundamentais durante o processo de preparação para a escrita envolvem o estabelecimento de condições externas adequadas para se começar a escrever. Nesse estágio, escolhas aparentemente simples como "onde escrever" (no quarto; na cozinha de sua casa; no trabalho; na biblioteca da escola) e o que fazer no seu ambiente mais imediato (por exemplo, "limpar" a mesa de objetos desnecessários para a tarefa; abrir um novo arquivo no computador; ter um dicionário por perto) podem ter um efeito importante no estabelecimento de condições contextuais adequadas para se escrever. Como discutido anteriormente, essas decisões também devem contribuir para o leitor sentir mais controle sobre sua escrita.

Se houver, por parte do escritor, alguma ansiedade atrelada à preparação para uma tarefa de produção escrita, essa instabilidade emocional pode afetar a produção do escritor de forma negativa. É importante procurar descontrair-se e focar essa preparação no que pode ser feito para se garantir maior controle sobre o processo de escrita. No caso de um teste, como no exemplo acima, pode ser mesmo difícil lidar com essa ansiedade, mas a prática da estratégia de se preparar para escrever pode auxiliar o escritor a lidar com situações de testes de forma mais tranquila.

Nesta seção discutimos estratégias de preparação para a escrita tendo-se um cenário acadêmico como pano de fundo, mas os pontos abordados podem ser adaptados para outros cenários, como o de trabalho, por exemplo: ao escrever um relatório em inglês, um escritor deve certificar-se de que entende o que é para ser escrito, que seu leitor saberá construir um sentido para o seu texto (esse sentido nada mais é do que uma forma de avaliar o que foi escrito), que pode utilizar recursos de apoio (dicionários, Internet, outros relatórios) ao escrever. Como na situação acima, o importante, ao se preparar para escrever, é sentir que se está no controle da situação.

O nível de preparação adequado para uma tarefa de escrita está relacionado a diversos fatores como o gênero textual, o propósito comunicativo da escrita, quem serão nossos leitores, entre outros. Vamos ampliar esses pontos em outras seções deste livro, tais como "Considerando a tipologia e o gênero textual" e "Considerando as necessidades do leitor". Na próxima seção ("Gerando ideias") também discutiremos outra estratégia relacionada à preparação para a escrita.

Aplique a estratégia

1 > Para cada um dos tópicos para escrita a seguir, responda:
- **I.** Quais são as palavras-chaves do tópico?
- **II.** Quais recursos de apoio podem ser utilizados na preparação para a escrita?
- **III.** Quais cuidados você deve tomar, ao escrever, para garantir que você mantenha o foco no que é pedido?

a. If you could spend a year in a different country where would you go? Why?

_____

_____

_____

_____

_____

b. The local government is planning to build a recycling centre near your house. Do you like the idea or not? Why or why not? What are the positive and negative sides of that plan?

_____

_____

_____

_____

_____

c. Present and discuss your opinion about this statement: Women have become more powerful in society in the last few decades but they still face many difficulties.

_____

_____

_____

_____

2 > Suponha que você tenha de escrever uma redação sobre o tópico a seguir.

> Topic: More and more people are working from home these days. Why have we been witnessing those changes in work patterns lately? What are the advantages and disadvantages of working from home and working in an office?

Complete o quadro a seguir listando *good ideas* e *bad ideas* que podem ser encaminhadas na preparação para tal tarefa. Lembre-se: essas ideias devem envolver estratégias de preparação e não conteúdo a ser escrito propriamente dito.

GOOD IDEAS	BAD IDEAS

Sugestões adicionais

- Durante uma ou duas semanas, registre tudo o que você escreve em inglês, acrescentando o que fez para se preparar para escrever. Após o tempo definido, avalie: as suas formas de se preparar para escrever cada um desses textos foi satisfatória? Haveria algo que pudesse ter sido feito para melhorar essa preparação?
- Os *links* a seguir oferecem mais informações sobre estratégias de preparação para a escrita:
  - <http://owl.english.purdue.edu/owl/resource/688/1/>;
  - <http://kidshealth.org/teen/school_jobs/school/writing_papers.html>;
  - <http://www.studywell.library.qut.edu.au/pdf_files/RESEARCH_WorkingOutHowtoStartYourAssignment.pdf>;
  - <http://www.britishcouncil.org/professionals-exams-ielts-writing-1.htm>;
  - <http://www.reading.ac.uk/internal/studyadvice/StudyResources/Essays/sta-planningessay.aspx>.
- Se você tem de se preparar para alguma avaliação que envolva produção escrita, pesquise exemplos de tópicos passados, compilando os tipos de tarefas solicitadas, por exemplo, comparação/contraste de ideias diferentes; tomada de decisão acompanhada de justificativa; apresentação e defesa de um argumento etc. Em seguida, pense em formas de se preparar para escrever cada um desses tipos de texto. Na sua preparação, inclua reflexão sobre potenciais fontes de referência (*sites* na Internet, textos em jornais, revistas, livros didáticos, trabalhos escritos feitos no passado, entre outros) que podem ser usadas como apoio no processo de escrita. O *site* <http://www.ets.org/Media/Tests/TOEFL/pdf/989563wt.pdf> contém uma lista de tópicos da seção *Writing* do exame TOEFL®.
- Se você dá aulas de inglês, estimule seus alunos a trocar ideias em *blogs* sobre como se preparam para escrever.

TOEFL® é um teste de inglês usado por universidades e outras instituições para verificar o nível de proficiência em língua inglesa daqueles que não são falantes nativos de inglês. O teste abrange as quatro habilidades linguísticas (*Reading*, *Speaking*, *Listening* e *Writing*), e as iniciais que compõem seu nome significam *Test of English as a Foreign Language*.

2>> GERANDO IDEIAS

A situação

Como parte de seu processo de aprendizagem de inglês, você e seus colegas se comunicam com uma turma de aprendizes de inglês em outro país. Essa comunicação envolve troca de correspondência com informações sobre os respectivos países. Em uma dessas trocas você tem de escrever um texto informativo sobre a educação no Brasil. Você não sabe bem que tipo de informação deve incluir no seu texto, e resolve fazer um *brainstorm* de ideias que possam orientar sua produção escrita posteriormente.

Em um jorro de pensamento você produz, então, uma listagem de ideias que poderiam ser incluídas no texto a ser escrito. Em seguida, olhando a sua listagem, você se pergunta: "Será que foi uma boa ideia encaminhar esse *brainstorm* ou será que eu teria aproveitado melhor o meu tempo se tivesse começado a escrever o texto propriamente dito?"

> **Texto informativo** é aquele que visa informar o leitor sobre algo.
>
> **Brainstorm** envolve a geração de ideias que envolve a participação espontânea e conjunta de todos os membros de um grupo.

O texto

Transcrição:

1. ~~Anos~~ Number of school years
2. 'Parts'- Ed. infantil, Ens medio, Ens fund
3. Types of school
4. School subjects
5. University entrance exam / Enem

Arquivo pessoal da autora.

A estratégia

Conhecimento prévio, também chamado de conhecimento de mundo, é o conhecimento que se tem a partir da experiência de se viver no mundo. Por exemplo, saber que é preciso pagar uma quantia em dinheiro para comprar algo faz parte do conhecimento de mundo de uma pessoa.

Outline é um plano geral da estrutura (e às vezes de conteúdo básico) de algo que será escrito ou dito.

Teia de informações é um recurso visual que tem o objetivo de representar informações em torno de uma ideia central, ao redor da qual são adicionados elementos com informações adicionais sobre tal ideia, como se formando uma teia.

Como vimos na seção anterior, o processo de escrita deve ser apoiado em pensamentos e decisões encaminhados antes mesmo de se começar a escrever.

Tarefas como a apresentada na situação acima, que envolve a produção escrita de um texto informativo a ser lido por leitores que não têm conhecimento prévio sobre elementos do cenário educacional no Brasil, podem se beneficiar de uma preparação mais cuidadosa acerca das ideias a serem incluídas no texto. Desta forma, foi, sim, uma boa ideia encaminhar um *brainstorm* sobre possíveis ideias a serem incluídas no seu texto antes de começar a escrita propriamente dita.

No *brainstorm* reproduzido acima, o autor do texto listou algumas ideias relevantes para a produção do texto: aspectos estruturais da educação formal no Brasil (número de anos, linha 1; "nomes" dos segmentos, linha 2), cenários e seus elementos (tipos de escola, linha 3; áreas do conhecimento, linha 4; exames, linha 5). Em outras palavras, o *brainstorm* apresenta a estrutura global e o conteúdo básico do texto a ser escrito, gerando um *outline* que serve como orientação para a escrita. Nesse sentido, vale notar que a produção de *outlines* é especialmente recomendável quando estamos para começar a escrever um texto longo e sofisticado, como um artigo acadêmico, um relatório ou uma carta de recomendação.

No caso do texto a ser escrito na situação acima, por se tratar de um trabalho escolar envolvendo um pequeno texto, o *brainstorm* encaminhado poderia ter ocasionado uma geração mais rica de ideias, incluindo detalhes sobre cada uma dessas ideias básicas. Especificamente, o escritor poderia ter começado seu processo de *brainstorming* escrevendo o assunto principal (*Education in Brazil*) num círculo central e adicionando "pernas" a esse círculo, como se estivesse criando uma teia de informações ao redor dele. Cada nova perna levaria a outro círculo, e cada um desses novos círculos registraria as ideias a serem desenvolvidas sobre aquele assunto. Essas ideias, por sua vez, poderiam gerar novas "pernas" levando a alguns de seus detalhes. Adaptando o *brainstorm* acima para um formato de teia de informações, teríamos um esquema assim:

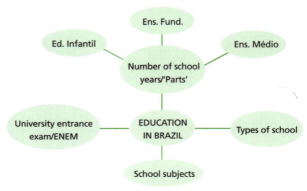

Ainda a respeito do *brainstorm* acima, dois aspectos merecem comentários. O primeiro é a retificação do autor, logo no início, acerca do idioma a ser usado no *brainstorm*: o aluno começa escrevendo em português ("Anos", linha 1) e, após cortar tal palavra, continua escrevendo em inglês (*Number of school years*, linha 1). Tal decisão é adequada, visto que o texto final será escrito em inglês. Um *brainstorm* realizado na língua em que o texto será escrito (ou que seja predominantemente nessa língua) já estabelece uma conexão mais direta entre o autor do texto e o texto que será produzido. O segundo aspecto de certa forma está relacionado com o primeiro, pois envolve o uso da língua portuguesa para registrar assuntos como "Ed(ucação) infantil", "Ens(ino) medio" (sic), " Ens(ino) fund(amental)" (linha 2). Aqui, a decisão é acertada: essa terminologia é específica do contexto brasileiro e deve ser mantida, adicionada de sua explicação, no parágrafo a ser escrito. Afinal, a tradução literal apenas (por exemplo, *Fundamental/Basic Teaching*) não teria sentido para um leitor cuja língua materna é o inglês; da mesma forma que a tradução literal para o português de termos tais como *Elementary*, *Middle* ou *High School*, relativos ao contexto educacional americano, ou *Key Stage 3* e *Key Stage 4*, relativos ao contexto britânico, não fariam sentido para um brasileiro que desconhece a organização do ensino nesses sistemas.

Durante o processo de geração de ideias para a escrita, outros pontos devem ser considerados:

- Colaboração com outras pessoas: É comum em contextos escolares e de trabalho fazerem-se *brainstorms* coletivos, envolvendo contribuições de diversas pessoas. Tal prática pode gerar uma maior amplitude de ideias do que um *brainstorm* feito individualmente. Voltaremos a tratar de colaboração ao escrever na seção "Escrevendo com outras pessoas".
- Fontes de referência: Pode-se pensar em potenciais fontes de referência (*sites* na Internet, textos em jornais, revistas, livros didáticos, trabalhos escritos feitos no passado, entre outros) que podem ser usadas como apoio no processo de escrita (leia mais sobre isso em "Pesquisando informações sobre o que será escrito").
- A organização do texto: A preparação para escrever deve incluir não apenas o conteúdo do que vai ser escrito, mas também a organização das ideias: o que vem antes e depois; como começar o texto e como terminá-lo (mais sobre isso em "Refletindo sobre a organização de um texto").
- Características dos leitores: Ao se preparar para escrever, é importante pensar quem serão os nossos leitores, o que eles sabem ou precisam saber sobre o que vamos escrever, quais potenciais

dificuldades podem ser contempladas na leitura do texto etc. Mais sobre isso em "Considerando as necessidades do leitor".

- Potenciais dificuldades de vocabulário, de estruturas e de adequação ao gênero podem ser listadas, e essa lista pode incluir formas de como contemplar tais dificuldades.

Nesta seção tratamos de estratégias de preparação para a escrita considerando-se o processo de geração de ideias do que será escrito, isto é, focando-se no conteúdo do texto. É importante lembrar, porém, que tal conteúdo depende de características do gênero textual e do propósito comunicativo do texto. Esse assunto será retomado na próxima seção.

Aplique a estratégia

1 > Imagine que você tenha de produzir uma apresentação em *slides* sobre um aspecto de seu trabalho ou sobre um argumento que você tenha de defender na escola ou universidade. Prepare, no seu bloco de notas, um *outline* para tal apresentação.

2 > Para cada um dos tópicos de escrita a seguir prepare, no seu bloco de notas, uma teia de informações como se estivesse gerando ideias para escrever sobre esses temas.

a. An unforgettable day in my life.
b. Schools of the future: what will they be like.
c. Are video games good or bad for children's development?

Sugestões adicionais

- Para uma apresentação em *slides* sobre geração de ideias no processo de escrita, visite o *site* <http://writing.pppst.com/prewriting.html>.
- Em <http://www.eslflow.com/brainstorming.html> encontram-se várias apostilas para acompanhar *brainstorms* em diversos tópicos no ensino de inglês como língua estrangeira.
- Para mais informações sobre *brainstorms* no mundo do trabalho, explore os *sites*: <http://www.mindtools.com/pages/Supplementary/BrainstormingExamples.htm> e <http://syque.com/quality_tools/toolbook/Brainstorm/example.htm>.
- Para saber mais sobre *outlines*, veja <http://www.lavc.edu/library/outline.htm>; <http://web.psych.washington.edu/writingcenter/writingguides/pdf/outline.pdf> e <http://www.albany.edu/eas/170/outline.htm>.
- Se você dá aulas de inglês, pode auxiliar seus alunos a compreender como encaminhar uma geração de ideias e como organizar essas ideias no papel, por meio da simulação de *brainstorming processes* em sala de aula, como se você estivesse pensando em voz alta e registrando suas ideias na lousa. Gradualmente vá passando a eles a responsabilidade do controle da geração de ideias e do seu registro. Estimule a troca de *brainstorms* e a discussão sobre as vantagens desse processo e dos produtos gerados (isto é, os *brainstorms* propriamente ditos).

- Mesmo aprendizes com pequena proficiência em inglês podem fazer *brainstorms* antes de escrever. Por exemplo, como preparação da produção escrita de textos descritivos simples sobre membros da família, pode-se completar um esquema como o seguinte, adicionando vocabulário específico a ser usado no texto (por exemplo, *tall/can play football well/is a musician/is quiet and loves fishing*). O esquema pode ser adaptado para a preparação da produção escrita sobre outros temas, colocando-se sempre o assunto principal do texto no espaço central do esquema.

Textos descritivos são aqueles cuja função principal é descrever, por exemplo, uma pessoa, um objeto, um lugar ou experiência.

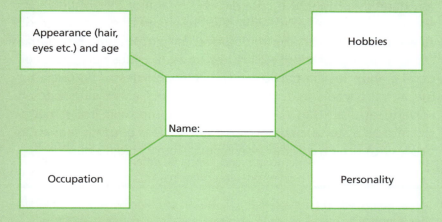

- Organize trabalhos colaborativos envolvendo a geração de ideias com outros aprendizes de inglês. Esse trabalho pode ser feito face a face ou virtualmente (usando-se *chats* ou *sites* de relacionamento para a comunicação).

3>> CONSIDERANDO A TIPOLOGIA E O GÊNERO TEXTUAL

A situação

Textos persuasivos são textos que têm a função de convencer o leitor a fazer algo.

Você dá aulas de inglês para crianças e gostaria de propor uma atividade de produção escrita em que os alunos deverão elaborar anúncios promovendo a escola. Você não sabe bem como introduzir a atividade e acaba optando por começar com uma familiarização de seus alunos sobre as características de textos persuasivos em geral e anúncios em particular. Um colega professor de outra turma, ao ver o trabalho de preparação que você e seus alunos desenvolvem, retruca: "Não vale a pena perder tempo com isso; é melhor ir direto ao assunto, pedindo aos alunos que produzam seus anúncios". Você fica na dúvida se seu colega tem razão ou não.

O texto

Transcrição:

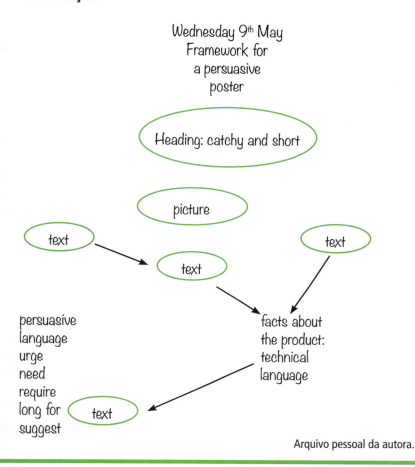

Arquivo pessoal da autora.

A estratégia

Não só vale a pena como é mesmo uma ótima ideia iniciar o processo de produção escrita com uma conscientização dos alunos sobre as características do tipo de texto (no caso acima, um texto persuasivo) e do gênero textual (no caso acima, um anúncio) a ser escrito. Escritores não inventam formas de se comunicar por escrito cada vez que escrevem; eles se apoiam em convenções previamente estabelecidas por seu grupo social e adotam formas de escrever (na sua forma, em seu conteúdo) que seguem tais convenções.

Isso faz com que haja características comuns em textos representantes da mesma tipologia e do mesmo gênero. Na situação descrita acima, o trabalho prévio sobre a tipologia e o gênero textual em foco trouxe à tona elementos a serem considerados na produção

Tipos de texto (*text types*, em inglês) são categorias usadas para descrever diferentes textos de acordo com seu **propósito comunicativo**, por exemplo, texto narrativo, texto argumentativo, texto persuasivo.

Imperativo é uma forma verbal que expressa uma ordem, comando, sugestão ou conselho. Uma frase no imperativo termina em ponto final ou de exclamação: *Do it!*; *Read that book.*; *Don't forget to call me.*

Caixa alta refere-se à escrita em letras maiúsculas (*capital letters*, ou *caps*, em inglês). O contrário de caixa alta chama-se caixa baixa (escrita usando-se letras minúsculas; *small letters*, em inglês).

Recursos tipográficos são recursos visuais que têm a função de chamar a atenção do leitor, por exemplo, negrito, itálico, sublinhamento.

Adjetivo é uma palavra que caracteriza um **substantivo** atribuindo-lhe qualidades (*generous woman*), aparência (*pretty woman*), estados (*healthy woman*) etc.

de anúncios: a presença de títulos pequenos e impactantes, o uso de linguagem persuasiva, a inclusão de imagens e informações sobre o produto.

Textos persuasivos têm outras características, tais como o uso de imperativos e do presente, uso de caixa alta e de pontos de exclamação, uso de *you/your* para tornar o texto mais pessoal, ausência de visão oposta, uso de recursos tipográficos que chamam a atenção para informações centrais no texto. No entanto, vale ressaltar que, para uma apresentação introdutória do assunto (a reflexão acima foi encaminhada com crianças de cerca de 10 anos), não seria aconselhável listar todas as características possíveis para não confundir os aprendizes, e o trabalho ilustrado acima provê um apoio básico suficiente para a produção de textos persuasivos.

Saber identificar o propósito de um texto ajuda o escritor a entender por que (e para quem) o texto será escrito e essa identificação, por sua vez, auxilia esse escritor a definir outros elementos importantes para que seu texto atinja seus objetivos.

Nem todos os textos têm o objetivo de persuadir o leitor a fazer algo. Há outros tipos de texto, e cada um deles tem diferentes objetivos e faz uso de diferentes recursos, sendo que mesmos tipos de textos tendem a ser organizados de forma similar e a usar recursos similares. O quadro abaixo contém mais informações:

Tipo de texto	Propósito	Recursos
Persuasivo (*Persuasive*)	Convencer; persuadir o leitor a fazer algo	Repetições Uso de caixa alta Uso de negrito e itálico Uso de *you/your* Uso de pontos de exclamação Inclusão de aspectos positivos sobre algo; omissão de seus aspectos negativos
Descritivo (*Descriptive*)	Descrever pessoas ou lugares	Uso de comparações (com *like*, por exemplo) Uso de adjetivos e advérbios Referências aos sentidos (*how something feels, looks, tastes, sounds and smells*)
Narrativo (*Narrative*)	Narrar eventos; entreter	Uso de *time expressions* (*then, after that, in the morning*) Uso de linguagem emotiva Uso de diálogos Uso de discurso direto e indireto Frequência de pronomes (*I, me, she, her...*)

Tipo de texto	Propósito	Recursos
Argumentativo (*Argumentative*)	Apresentar um ponto de vista	Uso de explicações Exemplos e comparações Avaliações Inclusão de diferentes pontos de vista
Informativo (*Informative*)	Informar sobre algo (fatos, eventos, objetos, serviços)	Uso frequente do presente Inclusão de fatos Pouca ou nenhuma repetição Apresentação de ideias de forma sucinta e clara, muitas vezes em tópicos
Instrucional (*Instructional*)	Instruir, ensinar como algo deve ser feito	Uso frequente de *must* e *must not* Escritos como se fosse uma conversa com o leitor (mas a palavra *you* não aparece com frequência) Uso do imperativo Uso de diagramas ou ilustrações para facilitar entendimento Linguagem direta

Note-se que as categorias acima não são independentes, e muitas vezes um mesmo texto apresenta características de dois tipos diferentes. Note-se, também, que um mesmo tipo de texto pode ser representado por meio de vários gêneros textuais. Por exemplo, um texto narrativo pode existir como um romance, uma lenda, um artigo de jornal; um texto instrucional pode aparecer como uma bula de remédio, um manual de instruções, entre outros. Desta forma, é necessário não confundir tipologia textual com gêneros textuais.

Uma dificuldade associada à aplicação desta estratégia é exatamente esta: quando pensamos em gêneros e tipos de texto há inúmeras combinações e possibilidades, e cabe ao escritor identificar as características do texto que escreve e utilizar os recursos adequados em cada situação de escrita (mais sobre isso em "Monitorando a escrita"). Outra dificuldade é a busca do equilíbrio adequado entre "apoio em convenções" (de gênero, de tipologia textual) e "uso de criatividade". As convenções relacionadas a certos textos não devem ser entendidas como camisas de força que anulam a individualidade e a criatividade do escritor, e escritores mais competentes saberão encontrar um equilíbrio adequado ao escrever. Retomaremos e ampliaremos esta discussão em outras seções deste livro, tais como "Refletindo sobre a organização de um texto", "Utilizando um texto similar como referência" e "Deixando sua 'impressão digital' no texto".

Advérbio é uma palavra que modifica o sentido do **verbo**, acrescentando a ele noções de modo (*He reads* carefully.), tempo (*Read this* now.), intensidade (*She reads* a lot.), entre outras. Os advérbios de intensidade também podem modificar **adjetivos** (*He's an* extremely *generous person*.) e outros advérbios (*Read this* very *carefully*.).

Discurso direto caracteriza-se pela reprodução exata da fala de uma pessoa ou personagem (*His father said: "You must be home by midnight."*).

Discurso indireto caracteriza-se pelo relato de uma fala de uma forma indireta (*His father told him to be back home by midnight*).

Aplique a estratégia

1 > a. Leia os textos a seguir e relacione as colunas:

Texto 1

Support for international students

We offer professional, confidencial, and non-judgemental support to help students with cultural and academic adjustment.

- One-to-one confidential support
- Drop-in service
- Ongoing orientation for incoming international students

Minicartaz *International students support:* helping you get the most from your time at Reading, University of Reading, Reino Unido.

Texto 2

Follow the directions below closely. You should ask your doctor or pharmacist if you are unsure how to use this medicine.

Alka-Seltzer Original tablets must always be dissolved in water before use.

Adults and children over 16:

Two tablets dissolved in half a glass (100ml) of water may be taken every 4 hours as required. You should not talke more than 8 tablets in 24 hours. […]

Bula do remédio Alka Seltzer.

Texto 3

He was a fine figure of a man: tall, quite heavy around the neck and shoulders, not a bit fat, with long legs. And he had a strong face, with a high forehead and a long jaw and bright blue eyes; not pretty, like a film star, but the kind of face that appealed to a woman. Except for the mouth - that was small and thin, and she could imagine him being cruel.

Follett, Ken. *Eye of the needle.* Londres: Pan Books, 1978. p. 8.

40 / COMO ESCREVER

Texto 4

Dozens of firefighters battled a blaze fuelled by 40 mph winds on the Yakima Indian Reservation Saturday night that consumed 20 homes, officials said. The fire apparently started in one house and then spread. Two firefighters were treated for minor injuries, said Sgt. George Town of the Yakima County Sheriff's Office.

USA Today, 14 fev. 2011. p. 9A.

TEXTO 1   (   ) Narrative
TEXTO 2   (   ) Descriptive
TEXTO 3   (   ) Instructional
TEXTO 4   (   ) Informative

b. Justifique suas respostas acima, identificando em cada texto pelo menos um recurso usado pelo autor a fim de produzir tal tipo de texto.

TEXTO 1	
TEXTO 2	
TEXTO 3	
TEXTO 4	

c. Com base nas respostas acima, escreva, em seu bloco de notas, um pequeno parágrafo para cada um dos itens propostos a seguir:
  I. A narração de uma sequência de eventos estressantes.
  II. A descrição de uma pessoa que você encontrou durante o dia.
  III. As informações sobre os serviços prestados por um lugar que você visitou durante o dia.
  IV. As instruções dadas em um folheto sobre relaxamento.

Sugestões adicionais

- Para saber mais sobre tipos de textos, veja o *site* <http://www.bbc.co.uk/skillswise/words/reading/typesoftext/index.shtml>. Além de informações, o *site* contém um jogo, um teste, exercícios e dicas para professores sobre o assunto.
- Para observar como diferentes autores tratam de um mesmo assunto de formas diferentes dependendo do tipo de texto que escrevem, faça uma busca por "*video games*" na Internet e observe como anúncios, depoimentos de usuários, instruções de uso, entre outros, usam recursos diferentes para atingir seus objetivos (persuadir, narrar, descrever, informar, argumentar, dar instruções). A partir dessa observação, escreva pequenos textos sobre o mesmo assunto (por exemplo, *A special celebration in Brazil*) em tipos e gêneros textuais diferentes.
- Se você dá aulas de inglês, ao pedir a seus alunos que escrevam algo, sempre os estimule a pensar antes da escrita: Que tipo de texto está para ser escrito (narrativo; descritivo; argumentativo)? Que gênero (*e-mail*; carta; cartaz; anúncio; folheto, entre outros)? Peça-lhes também que pensem nos elementos linguísticos associados à tipologia e ao gênero textual em foco.

4>> CONSIDERANDO AS NECESSIDADES DO LEITOR

A situação

Você conversa num *chat* com uma amiga, e ela comenta que seu dia foi diferente, inusitado. Você quer saber detalhes, e pede a sua amiga que lhe conte mais sobre seu dia. Ao fazer tal pedido, você imediatamente nota que a estrutura usada (*tell me about it*) é ambígua. Se entendida como representante de uma expressão idiomática muito comum na língua inglesa, será compreendida como "Nem me fale... Eu sei...", o que daria um fechamento abrupto (e potencialmente rude) ao assunto. Para ser entendida como "Fale-me mais sobre isso", a estrutura precisa ser entendida literalmente. Em situações de fala tal distinção fica clara a partir da entonação usada, mas na escrita a expressão fica mesmo ambígua. Percebendo essa ambiguidade, você esclarece o que quer dizer imediatamente e, refletindo sobre esse episódio mais tarde, pergunta-se se seu esclarecimento ilustra algum tipo de estratégia de escrita.

O texto

1	**[11:31:35 PM] thisismyname**	I've had a surreal day, it was a bit like in a film
2	**[11:31:43 PM] carlos1980**	tell me about it
3	**[11:31:52 PM] carlos1980**	i mean that literally, by the way
4	**[11:32:02 PM] thisismyname**	yeah i wasn't sure

Arquivo pessoal da autora.

A estratégia

Em seções anteriores vimos que, ao escrever, precisamos nos fazer algumas perguntas, tais como: que tipo de texto vou escrever? Que gênero textual? Como vou organizar meu texto? Que vocabulário devo usar? Nesta seção, vamos discutir outras perguntas importantes a serem feitas antes e durante a escrita, estas a respeito do leitor que você projeta ao escrever. Tais perguntas incluem:

> Para quem escrevo?
> O que o meu leitor sabe acerca do assunto sobre o qual escrevo?
> Qual a provável atitude do meu leitor com relação ao assunto sobre o qual escrevo?
> Como meu leitor deve reagir ao que estou escrevendo e a como estou escrevendo?
> Se eu estivesse no lugar do meu leitor, precisaria de algum esclarecimento?

Reparo é a forma usada em uma interação para se retificarem erros, mal-entendidos ou formas usadas sem querer.

Leitor potencial é o leitor projetado ao se escrever um texto.

Objetivo do texto é o **propósito comunicativo** que um texto tem, por exemplo, informar, instruir, comunicar, argumentar, convencer o leitor de algo, entre outros.

Princípio da Polidez é um princípio adotado por participantes de uma interação com o objetivo de indicar mútuo respeito e permitir que a conversa flua tranquilamente.

Ao dizer *i mean that literally, by the way* (linha 3) no trecho acima, o escritor carlos1980 demonstra que pensava no seu leitor ao escrever. Afinal, na linha 2 ele usou uma expressão que poderia ser interpretada de duas formas: ou "ao pé da letra", como era intenção do escritor; ou idiomaticamente, como não era sua intenção. Se carlos1980 não tivesse percebido que o que tinha escrito poderia ser interpretado de formas diferentes por seu leitor, haveria uma grande chance de se gerar um mal-entendido e uma construção de sentido, por parte de thisismyname, diametralmente oposta à intenção do escritor. Afinal, se entendida idiomaticamente, a expressão *tell me about it* levaria a uma percepção de desinteresse por parte do autor; se entendida literalmente, a uma percepção de interesse. O reparo de carlos1980 foi quase imediato, ocorrendo poucos segundos após a produção da expressão original. No entanto, a resposta de thisismyname mostra que o esclarecimento se fazia mesmo necessário: afinal, ela *wasn't sure* (linha 4) do que carlos1980 quis dizer ao usar *tell me about it*.

Não são apenas expressões idiomáticas que devem levar um escritor a refletir se há necessidade de esclarecimentos maiores ao escrever. Outros questionamentos são igualmente importantes, como noções sobre o conhecimento prévio do leitor potencial, o objetivo do texto que escrevemos e aspectos relativos ao Princípio da Polidez. Trataremos de cada um desses três pontos em seguida.

Ao escrever um texto é importante sempre considerar o que o nosso leitor potencial sabe ou não sobre o que escrevemos. Quando nos comunicamos na Internet com estrangeiros que têm pouco conhecimento sobre hábitos brasileiros, não podemos simplesmente dizer *I love* brigadeiros — ou, pior ainda, traduzir a palavra literalmente para *brigadier*, o que remeterá a noções militares e não a um doce de chocolate! Ao escrever sobre brigadeiros (ou quindins, ou festas de São João, ou axé, entre outros temas tipicamente

Competência gramatical envolve conhecimento e habilidade de uso da gramática de uma língua.

Ato ameaçador de face refere-se a falas ou ações que ameaçam a autoimagem pública de uma pessoa, por exemplo, uma ordem ameaça a face do ouvinte; um pedido de desculpa ameaça a face do falante. Existem dois tipos de face: **face negativa** ou **face positiva**.

Face negativa de uma pessoa refere-se à sua necessidade de liberdade de ação e independência. Uma ordem é um ato ameaçador da face negativa de um ouvinte; uma concordância para fazer algo que não se deseja é um ato ameaçador da face negativa de um falante.

Face positiva diz respeito à necessidade de conexão com outras pessoas, de ser aceito como membro de um certo grupo, de saber que se compartilha necessidades comuns com outros. Um pedido de desculpa ameaça a face positiva do falante; a recusa de uma sugestão feita pelo interlocutor ameaça a face positiva do ouvinte.

brasileiros), será necessário fazer maiores esclarecimentos sobre o assunto, incluindo elementos que auxiliem o entendimento do leitor. De forma similar, precisamos estar atentos a uso de termos técnicos que possam ser desconhecidos de nossos leitores, a uso de abreviações que possam ser igualmente obscuras, a menções a conceitos, fatos, eventos ou pessoas de que nosso leitor possa não ter conhecimento. Nesses casos, será necessário ou esclarecer esses termos, ou indicar ao nosso leitor meios pelos quais ele possa fazer tais esclarecimentos, ou mesmo evitar tais termos – é sempre importante refletir sobre a melhor decisão a tomar em cada caso.

Ao escrever, é também importante termos em mente o objetivo do nosso texto: informar nosso leitor? Convencê-lo de algo? Instruí-lo? Apresentar-lhe um argumento? Entretê-lo? Com base nas respostas a esse questionamento, e tendo em mente que um mesmo texto pode ter mais de um objetivo (por exemplo, um editorial de jornal pode ao mesmo tempo fornecer informações sobre um fato e propor um argumento sobre o assunto), um escritor estratégico deverá orientar sua escrita diante desses objetivos e manter seus leitores em mente o tempo todo. Este ponto é especialmente relevante em se tratando de atividades de produção escrita no contexto escolar. Ao pedirmos a nossos alunos que escrevam algo, devemos sempre propor condições para que os textos por eles produzidos cumpram realmente propósitos comunicativos (de informar, persuadir etc. um leitor projetado) e não sejam apenas formas de se comunicar com o professor a fim de mostrar competência gramatical utilizando vocabulário e estruturas previamente trabalhados. A fim de que nossos alunos se tornem escritores competentes, é necessário que eles concebam a escrita em inglês como tendo outros leitores além do professor.

Finalmente, um escritor estratégico deverá ajustar sua forma de escrever diante das noções de polidez configuradas em cada situação de escrita. Por exemplo, e conforme os pontos discutidos na seção anterior, ao escrever um *e-mail* a uma universidade americana pedindo informações sobre o processo de candidatura a uma vaga em um mestrado oferecido pela instituição, é importante estar atento a convenções do gênero textual *e-mail* (como começar, como terminar, como preencher o cabeçalho, que vocabulário incluir). É igualmente importante lembrar que fazem parte dessas convenções noções de polidez associadas ao fato de que o escritor, ao fazer um pedido, está cometendo um ato ameaçador de face. Nesse caso, ameaça-se a face negativa do leitor potencial e, diante disso, seria inadequado articular o pedido de forma direta demais (por exemplo, escrevendo *Send me some information about your*

Master's Degree in...). Uma forma mais adequada seria uma articulação mais indireta do pedido, como em *I would appreciate it if you could send me some information....*

Vale lembrar também que, ao planejar a escrita para as características dos leitores potenciais do texto que escrevemos, é importante estar atento a aspectos culturais relativos a esse leitor. Leitores situados em culturas anglófonas, de um modo geral, concebem *e-mails* e artigos acadêmicos de forma mais sucinta do que a concepção desses gêneros textuais no Brasil. Portanto, ao produzir esses gêneros tendo tais leitores em mente, é importante ajustar o formato dos textos de acordo com a expectativa dos leitores. Veja mais sobre isso na seção "Respeitando convenções do discurso escrito em inglês".

Concluindo, ao escrever, sempre devemos planejar nossa escrita considerando os leitores potenciais do nosso texto e perguntar-nos se esses leitores entenderão o que escrevemos, se estamos fazendo uso de linguagem apropriada para o cumprimento do objetivo de nosso texto e se contemplamos aspectos de polidez. Isso deve ser feito continuamente (mais sobre isso na seção "Monitorando a escrita") e, mesmo que não saibamos exatamente quem será (ou serão) nosso(s) leitor(es), temos de imaginar sua caracterização e escrever de acordo com essa projeção.

Aplique a estratégia

1 > a. Leia os textos a seguir e marque V (Verdadeiro) ou F (Falso) para cada uma das sentenças que os seguem.

> Garlic is known for its powerful smell and taste, but its protective powers are even stronger, ranging from fighting cancer to promoting weight loss. Its strongest properties stem from a rich supply of compounds containing sulphur, which is what creates that distinctive smell.
>
> Consulte a seção *Respostas dos exercícios* (p. 234) para saber a referência bibliográfica do texto.

> Garlic is one of the ingredients that makes pasta sauce taste so good. Now doctors think garlic has healing powers, too. Early tests show that it can kill harmful germs. Garlic also has been found to have a good effect on the blood. Doctors think it can help protect people against heart disease.
>
> Consulte a seção *Respostas dos exercícios* (p. 234) para saber a referência bibliográfica do texto.

(   ) Os dois textos tratam do mesmo assunto.

(   ) Os dois textos têm o mesmo propósito comunicativo.

(   ) Os dois textos têm nível semelhante de complexidade (de vocabulário, de estruturas).

b. Sabendo que um dos textos foi escrito para crianças e o outro, para adultos, é possível identificar qual texto é dirigido para qual tipo de leitor? Se sim, de que forma?

_____

_____

2 > a. Os dois *e-mails* a seguir foram escritos por universitários, a fim de estabelecer contato com o professor designado para orientar suas dissertações de mestrado. Compare os dois textos avaliando o uso da estratégia "Considerando as necessidades do leitor".

_____

_____

_____

_____

E-mail 1

Dear Dr. Williams,

I'm Fernando Rocha and I'm doing a Master's degree in Financial Maths. I was informed by Lesley Horn that you will supervise my dissertation. I want to know when you will be free for the tutorial. Thank you!

Best wishes,
Fernando

E-mail 2

Dear Linda,

Hello, Linda. I'm Suzana Marques, your MA student from ABC University. I am very glad to be your student. I look forward to seeing you soon.

When can we have our first meeting? I have sessions from Tuesday to Thursday in the following two weeks. Mondays and Fridays are free for me.

What are the best times for you?

Many thanks
Suzana Marques

b. Com base na avaliação feita durante a realização do exercício a, escreva um *e-mail* com o objetivo de organizar um encontro com uma pessoa que você ainda não conhece, e que detém maior poder interacional que você.

_____

_____

_____

_____

_____

_____

_____

> Poder interacional é um poder relativo entre participantes de uma interação. Esse poder varia de interação para interação e não é detido de forma fixa por um indivíduo. Uma pessoa pode ter poder interacional superior a outros em uma situação de trabalho, mas não em outras situações. O mesmo acontece entre familiares, vizinhos, na escola, entre outras situações.

Sugestões adicionais

- Para ler mais sobre a estratégia, visite o *link* <http://writingcenter.unc.edu/resources/handouts-demos/writing-the-paper/audience>, produzido pela University of North Carolina sobre o tema.
- Leia textos sobre o mesmo assunto, escritos para públicos diferentes, e identifique os recursos usados pelos autores ao considerar as necessidades dos leitores potenciais desses textos. Tal ideia pode ser encaminhada explorando-se, por exemplo, artigos de jornal sobre um mesmo tema em jornais para adultos e em jornais para jovens (por exemplo, <http://www.weeklyreader.com/wr/253>).
- Se você ou seus alunos estão estudando inglês com o intuito de prestar algum exame internacional (por exemplo, TOEFL® ou IELTS), é importante compreender as expectativas dos leitores potenciais dos textos a serem escritos (quer dizer, aqueles que verificarão tais textos e lhes darão um conceito). Tais expectativas podem ser projetadas a partir de uma leitura cuidadosa dos critérios de avaliação de tais exames.
- Se você dá aulas de inglês, peça a seus alunos que escrevam sobre tópicos de que têm muito conhecimento (o esporte que praticam, sua cidade de origem, seus animais de estimação etc.) pensando em leitores que não têm muito conhecimento sobre o assunto. Essa tarefa pode ser encaminhada com a utilização de vários gêneros textuais (ensaios, cartas, cartazes, *e-mails*, *blogs*, *wikis*, entre outros) e pode ser ajustada dependendo do nível de proficiência de seus alunos. Os mais iniciantes podem adicionar recursos visuais (colagens, desenhos) e organizar a escrita em tabelas ou listas.

> IELTS é o *International English Language Testing* que, assim como o **TOEFL®**, tem como objetivo verificar a proficiência de falantes não nativos de inglês nas quatro habilidades linguísticas em inglês.

5>> PESQUISANDO INFORMAÇÕES SOBRE O QUE SERÁ ESCRITO

A situação

No curso de inglês que você frequenta, para a aula da semana seguinte foi solicitada a tarefa de escrever um pequeno texto intitulado *Smoking in public places: should it be banned?* Você escreveu o texto bem antes do prazo e na véspera de sua entrega voltou a ele para uma verificação final. Ao ler o texto que escreveu, você tem a impressão de que, de um modo geral, ele está bem escrito do ponto de vista gramatical. No entanto, você reage à leitura achando que seu conteúdo está desinteressante. Você não sabe bem por que tem essa percepção negativa e pensa: "O que há de errado? Será que a aplicação de alguma estratégia de escrita poderia ter contribuído para a produção de um texto mais interessante?"

O texto

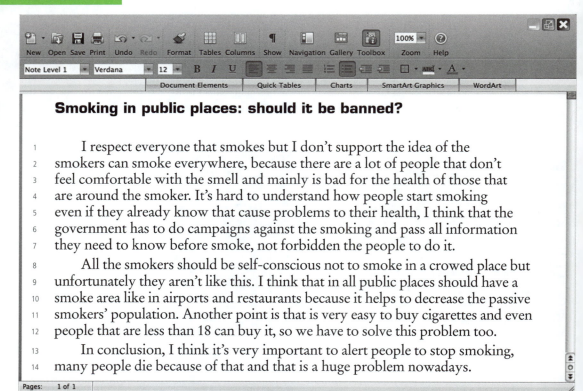

Arquivo pessoal da autora.

48 / COMO ESCREVER

A estratégia

De fato, o texto acima apresenta poucos problemas gramaticais (por exemplo, estrutura inadequada em *the idea of the smokers can smoke*, linhas 1-2; ausência de sujeito em *is bad*, linha 3; concordância verbal inadequada em *that cause*, linha 5; ou ausência do gerúndio em *before smoke* ou *forbidden*, linha 7). De um modo geral, o texto também não é caracterizado por problemas graves de organização: seguindo um formato frequente para textos argumentativos, ele é iniciado pela apresentação de um ponto de vista (parágrafo 1), estende-se com um desenvolvimento das ideias sustentadas (parágrafo 2) e fecha-se com uma conclusão que reitera o ponto de vista apresentado.

O maior problema com o texto não está relacionado à falta de clareza com relação ao ponto de vista apresentado, mas sim à superficialidade dos argumentos propostos. Especificamente, o texto é organizado em torno de três alegações básicas: (1) que o fumo faz mal à saúde dos fumantes e daqueles que os cercam (linhas 3-5); (2) que deve haver áreas especiais para fumantes (linhas 9-10); e (3) que há necessidade de campanhas educativas sobre os malefícios do fumo (linhas 5-7). Indiscutivelmente, esses são pontos importantes no debate sobre o fumo; no entanto, provavelmente não trazem nenhuma novidade ao leitor e consistem, de certa maneira, numa forma de escrever que poderia ser descrita como *writing about the obvious*, o que por sua vez torna o texto vazio e desinteressante. Textos com essa característica tornam-se ainda mais problemáticos quando são escritos como tarefas como a descrita acima: afinal, nesses casos, é provável que o leitor (no caso, o professor) leia vários textos sobre o mesmo tema. Coloque-se na posição desse professor-leitor e imagine sua reação a ler uma sequência de textos sobre "o óbvio", sem informações novas ou memoráveis: certamente você se sentiria entediado após a leitura de alguns textos!

A pesquisa de detalhes sobre o que escrevemos é uma estratégia que pode apoiar escritores na produção de textos mais informativos e, portanto, mais interessantes de serem lidos. O exemplo abaixo mostra como uma parte do texto acima poderia ser desenvolvida a partir de pesquisa sobre o assunto focalizado:

> **Sujeito** é a parte da **oração** que indica sobre quem ou o que se fala, ou quem ou o que cometeu uma certa ação.

> **Concordância verbal** refere-se às alterações que ocorrem com **verbos** para ficarem de acordo com seu **sujeito**. Por exemplo, o verbo "*live*" ganha um –s final (*lives*) se seu sujeito está na **terceira pessoa** do singular (*he, she, it*).

> **Gerúndio** (*gerund*, em inglês) refere-se a ações em andamento. Em inglês, o gerúndio se forma por meio da terminação –*ing* (*swimming, writing*).

Texto original	*It's hard to understand how people start smoking even if they already know that cause problems to their health* (linhas 4-5)

Perguntas a serem pesquisadas	Que problemas são ocasionados pelo fumo? Por que o fumo causa problemas?
Posssíveis fontes de pesquisa	Enciclopédias impressas ou *on-line* Instituições de saúde: World Health Organization; National Health Service (sistema público de saúde do Reino Unido); U.S. Department of Health and Human Services (EUA); Ministério da Saúde do Brasil Familiares e amigos que atuam na área Reportagens em jornais e revistas
Informações	Tobacco smoke contains a deadly mixture of more than 7,000 chemicals and compounds, of which hundreds are toxic and at least 70 cause cancer. Every exposure to these cancer-causing chemicals could damage DNA in a way that leads to cancer. Exposure to smoke also decreases the benefits of chemotherapy and other cancer treatments. Smoking causes more than 85% of lung cancers and can cause cancer almost anywhere in the body. One in three cancer deaths in the U.S. is tobacco-related. <http://www.hhs.gov/news/press/2010pres/12/20101209a.html>. Acesso em: 2 fev. 2012. Smoking is a leading risk factor for many debilitating and, in many cases, potentially fatal health conditions such as: • lung cancer • heart disease • stroke • chronic obstructive pulmonary disease <http://www.nhs.uk/conditions/smoking-(quitting)/Pages/Introduction.aspx>. Acesso em: 2 fev. 2012.
Reformulação da frase original	*According to the U.S. Department of Health and Human Services, tobacco smoke contains dozens of toxic chemicals and contact with those chemicals may affect our DNA, causing cancer. How can people start smoking if they know that it may cause cancer and increase the risk for other health conditions such as heart disease, stroke and pulmonary disease?*

O processo acima gerou a produção de um trecho mais informativo que o original, contendo mais detalhes (as doenças, a causa do risco, a presença de produtos químicos no fumo). A inclusão desses detalhes está, de certa forma, relacionada com as duas perguntas feitas inicialmente (na linha "Perguntas a serem pesquisadas" no quadro).

A formulação de perguntas sobre o que estamos por escrever é uma boa forma de se iniciar o processo de pesquisa e compilação de informações sobre o que escrevemos. Para responder a essas perguntas há várias fontes possíveis e a Internet é provavelmente a mais imediata de todas. O uso de ferramentas de busca (como Google, Yahoo!, Bing) abre as portas para um universo vasto de informações, mas é importante saber identificar quais *sites* são confiáveis e quais devem ser explorados mais criteriosamente. Alguns pontos a serem lembrados são:

- As "partes" componentes de URLs contêm informações sobre os *sites* a que correspondem, o que, por sua vez, sugere a confiabilidade desse *sites*. *Sites* mais confiáveis são os terminados em, por exemplo: ".gov" (entidade governamental); ".edu" (universidade norte-americana); ".ac.uk" (universidade britânica); ".org" (organização geralmente sem fins lucrativos).
- Informações em *wikis* são compiladas por vários autores: por definição, *wikis* são produzidos coletivamente por seus usuários (qualquer pessoa pode, por exemplo, contribuir para uma página na Wikipédia!) e nem sempre as informações são acompanhadas das referências de suas fontes.
- Jornais apresentam "uma" versão dos fatos narrados, e o mesmo fato pode ser apresentado de formas diferentes, dependendo do jornal.
- *Blogs* contêm depoimentos pessoais e não devem ser entendidos como "verdades absolutas".
- Anúncios (ou quaisquer outros textos publicitários) vão destacar as vantagens e omitir ou disfarçar as desvantagens de um produto ou serviço.

Ao pesquisar sobre um assunto na Internet, é aconselhável verificar mais de uma fonte, comparar resultados, identificar informações conflitantes, questionar o que se lê, verificar a confiabilidade das fontes. Sobretudo, ao pesquisarmos sobre o que escrevemos vale lembrar que além da Internet existem outras fontes de informações, incluindo livros, pessoas, sua própria experiência e a memória. E, claro, uma fonte importante de pesquisa para quem escreve em inglês é o dicionário: esse assunto será tratado na seção "Usando um dicionário".

E um último ponto: ao escrever em inglês, considere os recursos disponíveis para pesquisa (e potencial melhoria do seu texto) continuamente, durante todo o processo da escrita, e não apenas antes de começar a escrever. Nas seções "Considerando fontes externas para verificação do texto escrito" e "Compilando um banco de dados", retomaremos alguns aspectos desta discussão.

Ferramentas de busca (*search engines*, em inglês) são instrumentos de pesquisa na Internet (tais como Google, Yahoo, Bing) que permitem buscas de informações sobre um assunto.

URL é a sigla de *Universal Resource Locator* (em português, "Localizador Universal de Recursos"), que significa "endereço virtual", ou seja, um endereço de um *site*, imagem ou arquivo na *web*. Por exemplo, www.mec.gov.br é o URL do Ministério da Educação.

Aplique a estratégia

1 > Em seu bloco de notas, repita os procedimentos do exemplo no quadro desta seção com outros trechos do texto *Smoking in public places: Should it be banned?*, selecionando trechos que podem ser melhorados por meio de pesquisa. Ao registrar as informações potencialmente úteis, não se esqueça de anotar as fontes – e se for usá-las sem alteração na sua reformulação você deve citá-las.

2 > Escolha um ou mais de um dos assuntos sugeridos a seguir e preencha a tabela sobre possíveis formas de pesquisar informações sobre os temas escolhidos.

volcanoes	the invention of the sandwich	orangotangs	graffiti
violence in sports	the London 2012 Olympic Games

O assunto	
Perguntas a serem pesquisadas	
Possíveis fontes de pesquisa	
Respostas às perguntas (com fontes)	
Informações adicionais (com fontes)	

Sugestões adicionais

- Para uma lista de tópicos de textos argumentativos que podem ser explorados de forma similar ao Exercício 2 acima, vá ao *site* <http://homeworktips.about.com/od/essaywriting/a/argumenttopics.htm>. Repare que alguns tópicos apresentam *links* para fontes de informação.
- Uma forma de organizar a pesquisa sobre um assunto é usar o esquema KWL (*What I Know, What I Want to Know, What I've Learned*): antes de escrever liste o que você sabe (K) e o que você gostaria de saber (W) sobre o tema. Após a pesquisa registre o que aprendeu (L) e use tais informações ao escrever. Para uma sugestão de como incorporar o esquema KWL no apoio à pesquisa sobre conteúdo de escrita, veja o *link* <http://fc.niskyschools.org/~SSS_Resources/KWL%20Strategy.pdf>.
- Para ler mais sobre como identificar *sites* de informação confiáveis na Internet, leia o texto em <http://homeworktips.about.com/od/researchandreference/a/internet.htm>.

6>> REFLETINDO SOBRE A ORGANIZAÇÃO DE UM TEXTO

A situação

Você dá aulas de inglês para uma turma de jovens com pouca proficiência na língua e gostaria de propor um trabalho de produção escrita em que os alunos elaborassem um pequeno texto descrevendo seus familiares. Suas experiências prévias com a produção escrita de textos similares, sem maiores esclarecimentos de como o texto poderia ser organizado, levaram seus alunos a produzir textos sem coesão interna ou organização coerente das ideias. Desta vez, então, você resolve pedir a seus alunos que observem um texto similar e que reflitam sobre sua organização antes de começarem a escrever. No entanto, você se pergunta se essa estratégia pode mesmo trazer benefícios para os jovens escritores.

O texto

Transcrição:

1 My sister and I are very diferente. I like to sing, and she is an artist. She has brown
2 hair and I have yellow hair. She is 9 years old, I am 11 years old. She is organizet but
3 I'm not. but I like she very much. I think she likes me too.

Arquivo pessoal da autora.

A estratégia

O trabalho acima foi dividido em duas etapas principais: na primeira, os alunos observaram dois textos previamente preparados pela professora e fizeram, com seu apoio, uma análise de sua organização. Essa discussão levou o grupo a concluir que ambos os textos continham três partes principais:

- introdução, em que se apresentavam os personagens brevemente, destacando a diferença entre eles;
- desenvolvimento, em que detalhes sobre cada um dos personagens eram dados "em blocos" sequenciais;
- conclusão, em que se retomava a noção de diferença apresentada na introdução com a adição de informações e uma avaliação final.

Ainda como parte do processo de observação e análise da organização dos textos, as três partes de cada texto foram destacadas pelos alunos com cores diferentes e identificadas com os respectivos *"labels"*: *introduction, development, conclusion*. Em seguida, com base nas conclusões acima, os alunos escreveram seus parágrafos, comparando a si próprios com um membro de sua família.

O texto manuscrito reproduzido acima mostra uma produção que levou em conta as questões discutidas anteriormente, e que apresenta uma organização similar, com evidente uso de introdução (linha 1, primeira frase), desenvolvimento (de *I like*, linha 1 até *but I'm not*, linhas 2-3) e conclusão (a partir de *but I like*, linha 3, até o final). Em outras palavras, considerando-se que o objetivo da atividade era conscientizar os alunos sobre aspectos de organização textual e apoiá-los na produção de textos com organização adequada, pode-se dizer que a estratégia de refletir sobre a organização de um texto, seguida da aplicação dessas reflexões na geração de um novo texto, levou a aluna-escritora a produzir um parágrafo bem organizado, em que as ideias são apresentadas em sequência, de forma conectada, facilitando seu desenvolvimento (e entendimento).

A organização *Introduction-Development-Conclusion* é frequente em alguns gêneros textuais, tais como relatórios, textos acadêmicos e composições em exames. No entanto, é importante lembrar que esse não é o único tipo de organização textual possível e que há outras formas de organização comumente encontradas em textos em inglês, conforme comentários no quadro ao seguir. Ao escrever, devemos selecionar e aplicar uma estrutura apropriada para o encaminhamento de nossas ideias.

given – new	Neste tipo de estrutura, começa-se por uma informação já dada (*given*) e daí se segue para uma nova (*new*) informação. Este tipo de organização é frequente em manuais de instrução, artigos de jornais, entre outros.
(situation) – problem – solution	Padrão organizacional frequente em narrativas pessoais, histórias em quadrinhos, cartas formais, anúncios e outros gêneros. Nesses textos é comum apresentar-se um problema e, em seguida, a sua solução. Comumente esses textos são iniciados pela apresentação de uma situação anterior ao problema.
compare – contrast	Este tipo de organização é frequente quando há dois ou mais elementos sendo contrapostos no texto: inicia-se com os pontos de convergência entre esses elementos para, em seguida, tratar das divergências entre eles.
general – particular	Aqui uma generalização é seguida de detalhes. Este padrão de organização é frequentemente usado em enciclopédias ou outros textos informativos.
cause – effect	Esta organização parte da apresentação de uma pergunta ou afirmativa que é então seguida das consequências da informação original. É comum em artigos de jornais, anúncios e outros gêneros.
hypothetical – real	Nestes textos inicia-se com a apresentação de um fato ou argumento a ser caracterizado como inverídico ou irreal, seguido de alternativa que é apresentada como verdadeira. É frequente em resenhas e revisões críticas de literatura.

O quadro acima pode dar a impressão de que os tipos de organização apresentados são estanques, mas essa interpretação seria equivocada. Um mesmo texto pode apresentar uma combinação de estruturas e, quanto mais complexo for o texto, maior é a possibilidade de ele incorporar diferentes padrões de organização (artigos de jornal são bons exemplos de textos com múltiplas estruturas internas). Ao escrever, um escritor em inglês deve ter em mente que é aconselhável planejar e desenvolver seu texto ao redor de estruturas

Retórica Contrastiva (*Contrastive Rhetoric*, em inglês) é um ramo de estudo que conceitua a produção escrita como uma prática social e investiga as variações em expectativas quanto às normas convencionalizadas para a escrita em diferentes grupos sociais.

Anglófono é o falante de inglês.

familiares: inicialmente, essas estruturas podem ser trabalhadas isoladamente; quando se tem mais proficiência, pode-se tentar combinar mais de uma estrutura.

Outro ponto importante sobre esta estratégia é que as estruturas aqui descritas não devem ser entendidas como padrões universais de escrita, mas sim como formas culturais aceitas em determinados grupos sociais. Estudos em Retórica Contrastiva mostram que diferentes culturas podem ter preferências de organização textual bastante distintas e, para escrever em inglês, devemos conhecer as formas culturamente aceitas em contextos anglófonos. Voltaremos a tratar deste assunto na seção "Respeitando convenções do discurso escrito em inglês".

Nesta seção, até agora, tratamos da noção de organização textual de forma mais global, ou seja, considerando o texto como um todo. No entanto, ao falar de organização de textos é importante notar que, em inglês, muitos parágrafos seguem um padrão de organização particular, ou seja, tendem a apresentar uma organização interna previsível, caracterizada pela seguinte sequência: tópico frasal a desenvolvimento. Tópicos frasais (*topic sentences,* em inglês) são frases que indicam sobre o que é o parágrafo em que se encontram e às vezes até funcionam como um resumo do parágrafo. Comumente essas frases aparecem no início de um parágrafo, mas às vezes elas vêm no final, arrematando-o. Como ilustração, releia o parágrafo anterior: ele contém uma *topic sentence* na sua abertura.

A familiarização com padrões de organização textual em inglês pode deixar o aprendiz mais confortável no seu processo de aprendizagem de como escrever em inglês, oferecendo-lhe estruturas que podem orientar sua escrita. Na próxima seção ampliaremos essa discussão, examinando como a observação de textos similares ao que devemos escrever podem nos instrumentalizar não apenas a usar um padrão de organização aceitável, mas também a identificar elementos necessários à sua composição.

Aplique a estratégia

1 > a. Imagine que você tenha de escrever um pequeno texto intitulado *My Hometown*. Preencha o quadro a seguir anotando possíveis ideias para organizar seu texto seguindo cada uma das estruturas apresentadas na coluna à esquerda. Considere, para cada padrão organizacional, qual gênero poderia ser adequado.

Padrão organizacional	Ideias a serem incluídas no texto	Gênero?
given – new		

56 / COMO ESCREVER

Padrão organizacional	Ideias a serem incluídas no texto	Gênero?
(situation) – problem – solution		
compare – contrast		
general – particular		
cause – effect		
hypothetical – real		

b. Releia e avalie suas ideias: qual dos padrões organizacionais lhe parece ser o mais adequado? Por quê?

_____

_____

_____

c. Com base na sua decisão acima, escreva seu texto em seu bloco de notas.

2 > Para cada um dos parágrafos a seguir, escreva uma *topic sentence*.

a. _____.
It was already raining when I woke up, and by the time I got to the bus stop the roads were starting to get flooded. I stayed in my office the whole day and didn't leave for lunch, but every time I looked outside all I could see was a grey sky covered by clouds.

b. _____. First of all, travelling enables you to appreciate landscapes and landmarks from a perspective that photograhs or videos cannot offer you. Second, when you travel you have the chance to experience different tastes and smells. Finally, by travelling you get to see people in their everyday life, doing things that may look and sound unfamiliar to you, and that makes you think about your own habits.

3 > Para cada uma das *topic sentences* a seguir, desenvolva, em seu bloco de notas, um pequeno parágrafo:

a. The best thing about my work is [...complete accordingly].

b. It isn't always easy to have a healthy diet.

57 / PARTE 2: RECURSOS

Sugestões adicionais

- Você pode ler mais sobre as formas de organização textual mencionadas nesta seção, bem como outras formas adicionais, em <http://www.kimskorner4teachertalk.com/writing/sixtrait/organization/patterns.html>. Para explorar o *site* você pode "ler às avessas", isto é: comece pelos exemplos e tente identificar suas formas de organização.
- Em <http://learning.blogs.nytimes.com/2011/12/12/compare-contrast-cause-effect-problem-solution-common-text-types-in-the-times/>, você tem acesso a uma discussão sobre padrões organizacionais de textos no jornal *The New York Times*.
- Ao ler um texto que você aprecia, tente identificar sua organização. Em seguida, produza um texto semelhante.
- Se você dá aulas de inglês, você pode auxiliar seus alunos a conscientizarem-se sobre padrões de organização textual pedindo-lhes que, antes de escrever, observem textos similares e representem suas estruturas visualmente. Nos *sites* <http://www.eduplace.com/graphicorganizer/> e <http://edhelper.com/teachers/graphic_organizers.htm>, você pode encontrar inúmeros modelos que servem para apoiar tais representações.
- Para ler mais sobre parágrafos e *topic sentences*, visite o *site* <http://www.indiana.edu/~wts/pamphlets/paragraphs.shtml>.

7>> UTILIZANDO UM TEXTO SIMILAR COMO REFERÊNCIA

A situação

Você gostaria de enviar um *abstract* para avaliação e possível apresentação numa conferência em seu círculo profissional, mas está hesitante diante de alguns aspectos sobre o texto a ser escrito: qual deve ser a sua organização? Que conteúdo deve conter? Como as ideias devem ser apresentadas? Por exemplo, podem-se usar contrações? Os verbos devem vir em que tempo verbal? O vocabulário deve ser formal ou informal? Diante de tantos questionamentos, você pensa: "Será que a observação e análise de *abstracts* enviados a conferências no passado podem responder às minhas perguntas?".

> **Contrações** são formas curtas de algo que é dito ou escrito a partir da eliminação de letras na forma completa. Por exemplo, *what's* é a contração de *what is*; *let's*, de *let us*.
>
> **Verbo** é uma palavra que normalmente indica uma ação (*walk, work, run*), mas que também pode indicar um processo verbal (*say, tell, praise, respond*) ou mental (*think, like, feel, hear*).
>
> **Tempo verbal** é um conceito que descreve o tempo associado a um **verbo**, por exemplo, *Simple Present, Simple Past*.

O texto

Tu or O Senhor? Forms of address among heritage learners of European Portuguese

Gláucia Silva & Maria Teresa Valdez

University of Massachusetts Dartmouth

1 European Portuguese (EP) differentiates between forms of address used in formal and
2 informal situations, depending on several sociopragmatic factors. Forms of address
3 in EP range from the most informal *tu* 'you-inf-sg.' to the most formal *o/a senhor(a)*
4 *doutor(a)* 'sir/madam doctor'. Among heritage learners of EP, this range of forms is
5 often not realized. These learners, who are normally exposed only to familiar uses of
6 the language (Correa, 2011; Roca, 1997; Valdés, 2005; among others) produce *tu* for
7 almost all conversational situations, although they have no problem understanding the
8 other forms. When faced with situations that require other forms, these learners often
9 fail to use the most appropriate one (Montrul, 2008). Given this scenario, the goal of
10 this paper is to investigate whether formal instruction can help heritage learners acquire
11 various forms of address in EP. The study was performed in different stages with a
12 group of 10 learners enrolled in a heritage language course in an American university.
13 Firstly, they took a pre-test composed of dialogue completion tasks. Secondly, they
14 received formal instruction in the topic, which was followed by a post-test. About two
15 months later, the learners participated in a delayed post-test. Results suggest that formal
16 instruction is beneficial to heritage learners (Montrul & Bowles, 2010), although the

17 results of the immediate post-test were better than those of the delayed post-test (which,
18 nevertheless, showed improvement in relation to the pre-test administered). This study
19 shows that heritage learners can benefit from reinforced instruction of certain structures
20 throughout their academic experience.

Abstract submetido para apresentação na 65th Annual Kentucky Foreign Language Conference, 2012.

A estratégia

Registro é uma variação de uso linguístico de acordo com a situação, por exemplo com relação ao âmbito profissional ou ao nível de formalidade.

Jargão consiste nas formas de linguagem usadas por um grupo profissional.

A resposta à pergunta final da situação acima é "sim": a observação e análise de textos semelhantes ao que temos de escrever podem nos ajudar a compreender melhor como devemos compor nossos textos. Utilizando o texto acima como exemplo, podemos chegar às seguintes conclusões a partir de sua observação e análise:

- Em termos de organização global, o *abstract* é composto por um título, o nome das autoras do estudo e sua afiliação profissional. A essas informações iniciais segue-se o *abstract* propriamente dito;
- O texto central segue a seguinte organização: (1) apresenta-se o tópico do estudo e situa-se a pesquisa no seu nicho acadêmico (linhas 1-9); (2) apresenta-se o objetivo do estudo em foco diante do cenário descrito em (1) (linhas 9-11); (3) descreve-se a metodologia do estudo (linhas 11-15); (4) apresentam-se os resultados da pesquisa (linhas 15-18); (5) mencionam-se conclusões tiradas a partir do estudo (linhas 18-20);
- Não há uso de contrações no texto;
- Usa-se o *Past Simple* para se descrever o estudo propriamente dito, por exemplo: *was performed* (linha 11); *took* (linha 13); *received* (linha 14). Usa-se o *Simple Present* para se descreverem situações gerais (por exemplo, *these learners often fail to use*, linhas 8-9) e conclusões (*This study shows*, linhas 18-19);
- O registro utilizado no texto é formal (*is often not realized*, linhas 4-5; *given this scenario*, linha 9) e há uso de jargão (*sociopragmatic factors*, linha 2; *heritage learners*, linhas 4, 10, 16 e 19) desacompanhado de definições.
- Há uso de referências bibliográficas.

Como se vê acima, podemos inferir uma série de informações sobre as características de um *abstract* ao ler o exemplo acima, e a estratégia de utilizar textos similares ao que vamos escrever como referência pode, mesmo, ser benéfica ao escritor. No entanto, a aplicação desta estratégia deve ser orientada com base em reflexões mais amplas por parte daqueles que escrevem: o texto que uso como base é mesmo representativo do gênero? Ele é bem escrito? Ele tem falhas? Essas perguntas levam-nos a concluir que, na dúvida, é uma boa ideia observar e analisar um conjunto de textos representativos do gênero, e não apenas um.

Outra pergunta a ser feita ao se usar esta estratégia é: até que ponto o apoio no texto de referência serve como inspiração para o aprendiz-escritor? Até que ponto esse apoio funciona como "camisa de força", limitando a criatividade de quem quer aprender a escrever um texto semelhante (no caso do exemplo acima, um *abstract*) em inglês? Para responder a essas perguntas é importante revermos algumas considerações sobre uma abordagem conhecida em inglês como *genre-based approach to teaching writing*. Como discutido na parte "Fundamentos", essa abordagem é orientada pela noção de que qualquer produção escrita deve ser conceituada como a produção de gêneros textuais que, por definição, ocorre em contextos sociais e envolve aspectos contextuais que vão além dos também necessários, mas parciais, aspectos linguísticos (léxico, morfologia, sintaxe) envolvidos em tal produção.

> **Léxico** consiste no vocabulário de um idioma.
>
> **Morfologia** é área da gramática que estuda a estrutura e formação das palavras.
>
> **Sintaxe** é a área da gramática que estuda a sequência e a ordenação das palavras em **locuções** e **frases**, bem como as funções desempenhadas por esses elementos na frase.

Um desses aspectos contextuais é o propósito comunicativo do texto. De fato, essa é a noção central na caracterização de um gênero, de tal forma que ela costuma aparecer nas definições mais amplamente adotadas como a de Swales (1990: 58), que define gênero como "*a class of communicative events, the members of which share some set of communicative purposes which are recognized by the expert members of the parent discourse*". Em outras palavras, sob esta ótica, ao escrever o *abstract* acima as autoras pretendiam produzir um texto que situasse e descrevesse de forma sucinta o estudo que realizaram.

Além do propósito comunicativo, outros aspectos contextuais que caracterizam um gênero são: seu autor, seu leitor potencial, seu suporte (impresso, digital), o cenário em que ocorre (uma sala de aula, uma banca de jornal, dentro de um ônibus), sua organização, seu registro, seu estilo (digitado, escrito à mão), seus requerimentos, isto é, quais elementos não podem faltar no texto (assinatura, cabeçalho, contatos do autor, indicação de página).

O quadro a seguir reproduz uma análise dos elementos contextuais e lexicogramaticais presentes em uma carta ao editor de um jornal, de acordo com o modelo proposto por Brian Paltridge em seu livro *Discourse Analysis* (Paltridge, 2006: 87):

Author	Member of the public
Audience	Editor of the newspaper, the wider public
Purpose	To argue a point
Situation	A local newspaper
Physical form	Written on a sheet of paper
Pre-sequence	Dear Sir/Madam
Internal structure	sender's address + date + editor's address + salutation + body of the letter + sign off + signature + sender's name
Content	Topic of relevance to the readership of the newspaper
Level of formality	Medium level of formality
Style	Typed, use of the first person
Written language	Mostly complete sentences
Requirements	Letter must be signed, contact details must be given

Recapitulando, de acordo com o *genre-based approach*, para se produzir um texto escrito é necessário, primeiramente, familiarizar-se com o gênero que esse texto representa, o que pode ser feito por meio da observação e análise de exemplos ilustrativos desse gênero. Vale notar, porém, que esse processo não está necessariamente restrito a um momento anterior à escrita propriamente dita mas pode, também, ocorrer durante ou após a escrita. Voltaremos a tratar desse assunto nas seções "Monitorando a escrita" e "Considerando fontes externas para verificação do texto escrito".

Ao considerarmos esta estratégia vale, também, ter em mente que críticos desta abordagem alegam que oferecer "modelos" de textos antes da produção escrita pode inibir a criatividade dos escritores; defensores da abordagem, por outro lado, alegam que é impossível produzirmos um texto se não temos domínio das formas e funções do que vamos escrever – em outras palavras, se não compreendemos as características do gênero textual que vamos produzir. Para esses defensores, os modelos usados para observação e análise não devem ser encarados como uma camisa de força, mas sim como pontos de partida para os aprendizes-escritores aprenderem a usar, cada vez com mais autonomia, os recursos linguístico-discursivos disponíveis na produção de seus textos escritos.

Aplique a estratégia

1 > a. Selecione um texto de sua escolha e complete o quadro abaixo com as características do gênero representado pelo texto.

Autor	
Público	
Propósito comunicativo	
Situação	
Suporte	
Pré-sequência	
Organização interna	
Conteúdo	
Nível de formalidade	
Estilo	
Linguagem escrita	
Requerimentos	

b. Reflita: a análise acima auxiliou-o a identificar elementos do texto que poderiam passar despercebidos se você tivesse de escrever um texto semelhante em inglês? Se sim, em quais aspectos?

_____

_____

_____

2 > A tabela a seguir lista alguns dos gêneros textuais representados neste livro (bem como a página em que os respectivos exemplos se encontram). Selecione um ou mais gêneros que gostaria de produzir em inglês. Observe e analise o exemplo no livro (para tal, você pode utilizar um quadro semelhante ao da página anterior) e depois escreva um texto semelhante no seu bloco de notas.

E-mail	Chat	Abstract	Brain-storm	Artigo de jornal	Anotação	Comen-tário em blog	Carta
114	42	59	31	104	166	211	147

Sugestões adicionais

- Compare textos representativos de um mesmo gênero textual em inglês (por exemplo, artigos de jornal, *blogs*, *chats*, *e-mails*) tentando identificar seus pontos similares. Para tal, você pode se basear na lista de categorias apresentadas no quadro acima nesta seção. Uma ampliação desta sugestão é comparar as conclusões da análise anterior com textos em português que representam o mesmo gênero.
- Compare textos representativos de diferentes gêneros e reflita: em quais elementos contextuais e lexicogramaticais tais gêneros divergem?
- Se você dá aulas de inglês, antes de pedir a seus alunos que escrevam um texto, comece explorando um texto ilustrativo: auxilie seus alunos a analisar a organização do texto, o tipo de vocabulário e de estruturas gramaticais utilizados. As perguntas a seguir podem apoiar tal trabalho. Numa segunda etapa, construa um texto junto com seus alunos; posteriormente, os alunos produzem seus textos individualmente.
  - Quem é/são o/s provável/is autor/es do texto?
  - Para quem o texto foi escrito?
  - Qual o propósito comunicativo do texto?
  - Onde esse texto poderia ser encontrado?
  - Qual o nível de formalidade do texto?
  - Quais os requerimentos do texto?
  - Qual o conteúdo do texto?
  - Qual a organização do texto?
- Para ler mais sobre *genre-based approach to teaching writing*, leia o artigo disponível em <http://www.britishcouncil.org/portugal-ie2006s-richard-sidaway.pdf>. Mais ideias podem ser encontradas em <http://www.tesl-ej.org/wordpress/issues/volume3/ej11/ej11a2/>.

8>> REFLETINDO SOBRE O PROCESSO DE FORMULAÇÃO

A situação

Ao escrever em inglês, você sente dificuldade em "juntar as palavras" a fim de formar frases completas. Você tem a impressão de que não tem uma metodologia sistemática que o auxilie a escrever de forma tranquila e contínua. Ao contrário, desconfia que segue diferentes métodos ao escrever, que coexistem de forma aleatória. Você resolve, então, gravar em áudio um processo de *think-aloud* enquanto escreve um parágrafo comparativo entre seu primeiro emprego e seu emprego atual. Seu objetivo, ao gravar tal *think-aloud* para posterior escuta e análise, é poder responder a duas perguntas: (1) Quais métodos você realmente utiliza ao escrever em inglês?; (2) Desses métodos, quais seriam mais e menos aconselháveis?

> *Think-aloud* é uma prática que envolve "pensar em voz alta" ao mesmo tempo em que se encaminha uma tarefa.

O texto

1 OK. Tenho de comparar meu primeiro emprego e meu
2 emprego atual. Vou começar escrevendo o título ((escreve o título
3 no alto da página)) *My first job and my current job*. Vou dividir
4 meu texto em duas partes. Primeiro vou falar de *my first job* e
5 depois escrevo sobre *my current job*. OK. ((escrevendo)) *My first*
6 *job was very…* O que posso dizer aqui? *Interesting? Exciting?*
7 Hmm… Talvez "desafiador" seja melhor. Isso. *Challenging…* E
8 agora? Preciso justificar minha frase, ((escrevendo)) *because…*
9 E agora? O que digo? Num texto que li recentemente lembro
10 que havia um trecho assim: "*In the business world it is vital*
11 *to be familiar with new technologies*". Então, vou escrever *be*
12 *familiar with new technologies*, mas vou mudar um pouco o
13 resto, ((escrevendo)) *I wasn't familiar with some of the new*
14 *technologies*. Vou agora falar dos colegas. Hmm… ((escrevendo))
15 *My colleagues were nice…* não… não devo usar *nice* aqui, *nice* é
16 muito informal… *friendly* é melhor *My colleagues were friendly*
17 *and…* como continuo? Quero dizer que elas me ensinaram e
18 me ajudaram. Hmm… Mas não sei dizer "ensinaram" em inglês.
19 Tenho de usar "ajudaram" apenas. Hmm… ((lendo o que já está
20 escrito)) *My colleagues were friendly and they helped me when I*
21 *needed their…* ((escrevendo)) *support*.

A estratégia

Locução (*phrase*, em inglês) é um conjunto de palavras que não forma uma **frase** completa, mas que, em seu conjunto, tem significado próprio. Na frase *"The competent reader is able to understand the gist of a text"* são locuções *the competent reader; is able to understand; the gist of a text.*

Frases são enunciados com sentidos completos, que podem ter ou não **verbos**. *Help!* e *I need help* são exemplos de frases.

Orações (*clauses*, em inglês) são sequências de palavras que contêm um **verbo**, podendo ser uma frase completa ou parte dela. Em *I read the book that you recommended to me* há duas orações: *I read the book* e *that you recommended to me.*

L1 é a primeira língua ou língua materna de uma pessoa.

L2 é a segunda língua de uma pessoa.

Língua-alvo, também conhecida como **L2**, é a língua que se aprende.

A situação e o texto acima ilustram o uso de reflexão para entendimento de como se formula ao escrever em inglês. Formulações, por sua vez, envolvem processos cognitivos e metacognitivos que ocorrem durante a geração de palavras, locuções, frases, orações, parágrafos (e assim por diante) em algum suporte (papel, tela, tecido, entre outros).

Retomando a pergunta (1) na situação acima, o encaminhamento, gravação e análise de um *think-aloud* ao escrever podem mesmo trazer à tona importantes *insights* sobre como o escritor compõe seu texto. No exemplo acima, podemos identificar as seguintes estratégias de formulação:

Identificação de alternativas	Enumerando-se possibilidades potencialmente adequadas para a produção do texto (linhas 6-7).
Recombinação	Usando-se vocabulário e estruturas conhecidas (*set phrases*) no contexto da escrita (linhas 11-12).
Reformulação	Criando "blocos" (*chunks*) através da modificação de vocabulário e estruturas conhecidas (linhas 12-13).
Tradução de L1 a L2	Usando a língua nativa como ponto de partida para a produção de uma palavra, locução ou frase na língua-alvo (linhas 17-18).
Evitação de um problema	Abandonando-se uma ideia após a conclusão de que ela não será bem-sucedida (linhas 18-19).
Pensamento em L2	Encaminhando e desenvolvendo o pensamento na língua-alvo, recuperando e selecionando ideias na língua-alvo (linhas 20-21).

No entanto, a pergunta (2) formulada originalmente, e seu foco na identificação de "melhores" ou "piores" estratégias de formulação, deve ser contemplada com cautela. Todas as formas utilizadas para formular o texto no exemplo acima são válidas, e instrumentalizaram o escritor a produzir seu texto de forma aceitável. Em outras palavras, o objetivo ao se compor um texto não é usar uma ou outra estratégia de formulação todo o tempo, mas conhecer as opções e flutuar entre elas de acordo com a necessidade e adequação dessas estratégias no momento da escrita.

Neste momento o leitor poderia argumentar: "Mas traduções são mesmo recomendáveis? Sempre ouvi dizer que elas devem ser evitadas ao se escrever em inglês!" Uma crítica similar poderia ser levantada sobre a evitação de problemas: "E se eu me defrontar com uma série de problemas ao escrever? Se eu evitá-los o tempo todo, poderei me achar paralisado, sem saber como desenvolver minha escrita!" Tais argumentos são válidos e precisam ser considerados: traduções e evitações de problemas não devem ser utilizadas como estratégias de formulação preferenciais ao escrever. No entanto, se usadas com critério, e se empregadas esporadicamente, elas podem trazer benefícios ao escritor conforme ilustrado na situação acima.

Como sempre acontece com estratégias, a listagem acima apresenta opções (e não regras) a serem contempladas durante o ato de escrever. Cabe ao escritor estar ciente das possibilidades e selecioná-las criteriosamente diante de suas necessidades ao escrever. Portanto, é recomendável que escritores desenvolvam um trabalho sistemático de avaliação das decisões tomadas durante o processo de escrita. Em outras palavras, em se tratando de formulação ao escrever, deve-se refletir sempre que possível sobre as formas encontradas para se escrever (procurar alternativas, recombinar, reformular etc.), bem como sua adequação (ou não) diante da tarefa de produção escrita.

Uma pergunta crucial a ser feita, então, no sentido de entender os processos desenvolvidos ao escrever é: como identificar as decisões do escritor ao escrever? Afinal, essas decisões envolvem processos mentais não observáveis e possivelmente encaminhados de forma automática por indivíduos ao escrever. O uso de *think-alouds* pode dar acesso a alguns desses processos, mas é importante ter em mente que o ato de "pensar alto" de certa forma altera o encaminhamento do próprio pensamento e consequentemente do processo de escrita. Apesar de seus problemas, os pesquisadores da área tendem a concordar que *think-alouds* dão acesso a informações que não seriam disponíveis se não fosse por esses processos de pensar em voz alta!

Outra forma de ter acesso às etapas de formulação de um escritor é por meio de *keystroke logging*, isto é, registros de todos os movimentos de um escritor-digitador ao usar um editor de texto. Esses registros incluem estatísticas sobre o número e local de pausas, o que foi escrito, apagado, recortado, colado, os movimentos do *mouse*, o tempo em que cada um desses eventos ocorreu, entre outros. Há programas (por exemplo, *Inputlog*) que contêm, além dos detalhes mencionados acima, um mecanismo que permite repetir o que foi sendo escrito na tela, incluindo as revisões feitas. Pesquisas em produção escrita em L2 usando o programa *Inputlog* revelam que aprendizes de uma língua estrangeira, ao observar repetições

---

Keystroke logging consiste no registro de todos os movimentos de um escritor-digitador ao usar um **editor de texto**. Esses registros incluem estatísticas sobre o número e o local de pausas, o que foi escrito, apagado, recortado, colado, os movimentos do *mouse*, o tempo em que cada um desses eventos ocorreu, entre outros.

Editor de texto é um programa usado para se escrever no computador.

Thesaurus é um tipo de dicionário que apresenta listas de termos que se relacionam com os verbetes pesquisados. Por exemplo, ao consultar a palavra "*love*" num *thesaurus*, o leitor irá encontrar uma relação de outros termos que incluem *affection, appreciation, devotion, friendship, passion, enjoyment.*

de sua escrita e analisar dados sobre seus comportamentos para pausar (onde tendem a pausar ao escrever? – no meio de palavras, entre palavras, entre frases) ou para rever seus textos podem chegar a importantes conclusões sobre seus hábitos e avaliar sua adequação. Por exemplo, ao perceber que leva muito tempo pausando antes de escrever um verbo no passado, o aprendiz-escritor pode concluir que precisa de maior agilidade ao escrever tais verbos – e, com isso, pode preparar um plano de estudo sobre esse assunto.

A reflexão sobre processos de formulação ao escrever pode ser enriquecida se, ao avaliar alternativas ao escrever, um escritor considerar o uso de material de referência (um dicionário, *thesaurus*, a Internet, o livro didático) para verificação de alternativas previamente contempladas ou geração de novas alternativas. Essa reflexão está associada a outras estratégias de que trataremos neste volume, tais como "Monitorando a escrita" e "Considerando fontes externas para verificação do texto escrito".

Aplique a estratégia

1 > Complete as frases a seguir e, ao final da escrita, responda: das estratégias de formulação listadas na caixa, qual(is) você utilizou para compor seu texto?

Identificação de alternativas	Evitação de um problema
Recombinação	Pensamento em L2
Reformulação	Outra estratégia (Indicar qual)
Tradução de L1 a L2	

a. If you go to Brasilia, don't forget to _____

_____

Estratégia(s) utilizada(s): _____

b. The first thing I do when I wake up is _____

_____

Estratégia(s) utilizada(s): _____

c. Last night I _____

_____

Estratégia(s) utilizada(s): _____

d. My favorite meal is _____

Estratégia(s) utilizada(s): _____

2 > a. No seu bloco de notas, escreva um pequeno parágrafo sobre um tema de sua escolha (para ideias de tópicos para escrita, consulte o *site* <http://www.eslgold.com/writing/topics.html>). Durante o processo de escrita conduza um *think-aloud*, pensando em voz alta ao mesmo tempo em que escreve. Grave o *think-aloud* e ao final da escrita escute a gravação, identificando as estratégias usadas para escrever cada parte do texto.

b. Complete a ficha abaixo avaliando seu processo de escrita:

Date: __/__/__ Writing Task: _____

While writing, I…

(   ) thought in Portuguese and then translated my thoughts into English.

(   ) thought in English and retrieved words and structures from memory.

(   ) used words and phrases I knew.

(   ) recombined phrases I knew.

(   ) avoided words and structures I wasn't quite comfortable with.

(   ) looked up a few, essential words in the dictionary.

(   ) checked my textbook for inspiration of words and phrases.

(   ) evaluated my decisions.

---

c. Agora reflita: você utilizou uma gama variada de estratégias de formulação? Alguma estratégia poderia ter sido utilizada de forma mais eficiente? Alguma estratégia adicional poderia ter sido utilizada?

Sugestões adicionais

- Para ampliar seu repertório de estratégias de formulação, experimente diferentes estratégias ao escrever pequenos textos: numa primeira ocasião, escreva usando tradução do português para o inglês. Num segundo momento, escreva usando reformulação tendo outros textos como referência. Depois, escreva usando a procura de alternativas. E assim por diante, com as outras estratégias de formulação discutidas nesta seção. Ao final de cada ciclo reflita sobre os benefícios e dificuldades associados a cada uma das estratégias.
- Para ler mais sobre como usar *thesauruses*, vá a <http://www.wikihow.com/Use-a-Thesaurus>.
- Se você dá aulas de inglês, para iniciar o processo de conscientização dos seus alunos sobre os processos de formulação existentes, modele um *think-aloud* como o apresentado no texto ilustrativo desta seção e comente sobre as estratégias envolvidas nesse processo. Em seguida os alunos fazem um *think-aloud* ao escrever, gravando-o e ouvindo a gravação em seguida. Ao ouvir o áudio, os alunos anotam as estratégias usadas ao escrever, conversam e refletem sobre elas.

9>> USANDO UM DICIONÁRIO

A situação

Você tem de escrever um texto comparando a vida há 15.000 anos e atualmente como tarefa para a sua aula de inglês. Como não tem muito tempo, escreve o texto em um único impulso e resolve fazer uma verificação final, após escrever. No entanto, ao fim da escrita, você se pergunta: Como posso verificar se há, e quais são, os problemas da minha escrita? Será que um dicionário poderia me ajudar nesta tarefa?

O texto

1   Life 15,000 years ago very nice, because the cavepeople drew animals in the cave.
2 They did it because they think if they drew animals the animals will come to them. And
3 they hunted animals to eat, and after they put the skin to protect their bodies.
4   Life nowadays is very cool, because we have many machines and computers. We
5 wear cloth clothes, and we put coat to protect us. Life nowadays is very cool but I
6 prefere life in the past.

Arquivo pessoal da autora

A estratégia

A consulta ao dicionário não funciona como o uso de uma varinha mágica que vai solucionar quaisquer problemas de uma escrita. Como acontece com outras estratégias, "usar um dicionário" ao escrever requer decisões fundamentadas sobre quais termos devemos consultar, e como devemos lidar com as informações dadas. Mais fundamentalmente, a decisão básica a ser tomada é: que dicionário devemos consultar? A seguir vamos explorar essas perguntas.

Para um aprendiz de inglês, a pergunta "qual dicionário devo consultar?" envolve uma escolha inicial entre um dicionário bilíngue (inglês-português e vice-versa) ou um dicionário monolíngue (todo em inglês). Se o escritor formula em L1, o dicionário bilíngue será de maior utilidade; se o escritor procura alternativas e quer verificar usos dos termos focalizados, dicionários monolíngues são potencialmente mais úteis. No caso acima, supondo-se que a escritora não soubesse como dizer a palavra "caçar" em inglês, uma consulta a um dicionário bilíngue daria a tradução rápida do verbo, bem como sua forma no passado – ambas as informações seriam úteis para a composição do texto. No entanto, um dicionário bilíngue talvez não ajudasse tanto ao procurar alternativas para o adjetivo *cool* (repetido duas vezes em um mesmo parágrafo, linhas 4-5): aqui, uma consulta a um dicionário monolíngue, ou um *thesaurus*, poderia oferecer outras opções tais como *good, exciting, interesting.* E um ponto adicional que merece cautela: um dicionário monolíngue (ou um *thesaurus*) provavelmente incluiria outros adjetivos, tais como *excellent*, *marvelous*, *fantastic*, que não poderiam substituir *cool* no caso do texto acima em razão do uso de *very* antecedendo o adjetivo. Em inglês, não se usa *very* antes de adjetivos que dão ideia "extrema" (de muito ou pouco): por exemplo, não se diz *very wonderful* ou *very frozen*. Em outras palavras: dicionários são rica fonte de informações sobre "palavras" e "expressões", mas nem sempre nos dizem tudo o que precisamos saber sobre os usos do vocabulário que procuramos. Para tal, *Frequency dictionaries* (dicionários que apresentam seus verbetes acompanhados de seus "vizinhos" usuais na linguagem em uso) são aconselháveis.

Outra dificuldade relativa ao uso de um dicionário envolve a decisão sobre "o que consultar". Ao escrever, não é viável consultarmos tudo o que nos causa dúvida! Mas, sob o ponto de vista da aprendizagem da língua inglesa e da aplicação da estratégia focalizada nesta seção, vale a pena lembrar que as seguintes áreas são potencialmente causadoras de dificuldades aos brasileiros que escrevem em inglês e que consultas a dicionários podem ajudar nesses casos:

> **Palavras derivadas** são aquelas formadas a partir da adição de **prefixos** ou **sufixos** a outra palavra: *nation* não é uma palavra derivada, mas *national*, *international* e *internationally* o são.
>
> **Prefixo** é um elemento usado no início de uma palavra a fim de adicionar um novo sentido à palavra original. Por exemplo, *re-* é um prefixo que indica "fazer novamente" e é encontrado em *rename, redo, rewrite,* entre outros.
>
> **Sufixo** é um elemento usado no final de uma palavra a fim de adicionar um novo sentido à palavra original. Por exemplo, *-ment* é um sufixo formador de substantivos e é encontrado em *development, settlement,* entre outros.
>
> **Palavras compostas** são formadas pela junção de duas palavras, formando uma única com ou sem o uso de hifens, por exemplo, *grandmother, elsewhere, self-evaluation, thirty-one.*
>
> **Ortografia** é a parte da gramática que observa como se escreve em uma língua, incluindo áreas como por exemplo pontuação, uso de letras maiúsculas, uso de hifens.

Áreas potencialmente causadoras de dificuldade	Como a consulta a um dicionário pode ajudar
Palavras derivadas	Na dúvida, por exemplo, se o prefixo para negação em *mortal* é *un-* ou *im-*, pode-se consultar o verbete *mortal*. Um bom dicionário vai apresentar o antônimo da palavra.
Palavras compostas	Ao escrever *cavepeople,* algumas dúvidas poderiam surgir: é uma palavra só ou são duas? Se for uma, escreve-se com hífen ou não? Dicionários são muito úteis quando estamos na dúvida sobre a ortografia de palavras compostas.

Phrasal verbs são **locuções** compostas por um **verbo** e um outro elemento cujo sentido é diferente do sentido de suas partes componentes, por exemplo: *put away, put off, look for, look after.*

Palavras homônimas são palavras que se pronunciam da mesma forma, mas têm grafia e sentidos diferentes, tais como *there/their; no/know; bear/bare; heir/air; steak/stake; isle/aisle.*

Áreas potencialmente causadoras de dificuldade	Como a consulta a um dicionário pode ajudar
Expressões idiomáticas	Antes de usar uma expressão idiomática "traduzida ao pé da letra" você pode verificar se ela existe em inglês de tal forma. Procuras pelas palavras centrais da expressão podem levá-lo a confirmar algumas hipóteses (por exemplo, uma busca por *better* para consulta de *Better late than never*) ou a perceber diferenças importantes: por exemplo, *kick the bucket* não é "chutar o balde", mas sim "morrer".
Phrasal Verbs	Em inglês, a adição de partículas como *in, on, for* a um mesmo verbo pode mudar completamente o sentido do verbo. Se você não tem certeza do que escreve, é sempre uma boa ideia consultar o dicionário antes de usar expressões como *take in, take on, take away* etc.
Separação de sílabas	Neste caso, é melhor evitar separar sílabas em inglês. Não sendo possível, sempre consulte um dicionário. Geralmente as separações de sílabas são indicadas por pontos, assim: *knowl.edge*
Formação de plurais e do passado	Se a autora do texto acima tivesse dúvida em como escrever o plural de *body* (*bodys*? *Bodies*?), uma consulta ao dicionário daria a informação necessária. O mesmo aconteceria com o passado de *draw* ou *hunt*, ou qualquer outro verbo.
Palavras homônimas	Em inglês há muitas palavras que "soam" da mesma forma mas têm ortografia diferentes, tais como *there/their/they're; night/knight; one/won; route/root*. Na dúvida sobre tais ortografias, uma consulta a um dicionário é sempre útil!

Uma dificuldade adicional relacionada ao uso de dicionários é como saber lidar com as informações dadas. Em outras palavras: como identificar o que é relevante à nossa procura, ou qual termo corresponde à palavra que procuramos? O texto acima sugere que sua escritora não soube fazer uma consulta adequada ao optar pelo uso de *cloth* em *We wear cloth clothes* (linhas 4-5). É provável que ela tenha pensado em português ("Roupas de pano") e tenha feito uma procura por "pano". É provável, também, que sua procura lhe tenha fornecido o verbete *cloth*,

72 / COMO ESCREVER

levando-a a usar tal termo. O problema é que *cloth* é um substantivo que significa "pedaço de pano", "paninho", e a composição *cloth clothes* não faz sentido em inglês. Este caso é mesmo complexo e se o dicionário não apresentar o uso da locução
"de pano" (*made of fabric*) o usuário não terá como chegar a
essa conclusão!

No entanto, esse é um caso especial. Um bom dicionário inclui-
rá os vários sentidos que uma palavra pode ter e poderá assim auxiliar o escritor a identificar o vocabulário de que necessita. Quanto
mais frequentemente você usar um dicionário, mais apto se tornará
a identificar soluções e problemas associados ao seu uso!

> **Substantivo** é um nome que designa um ser (*Mary*), lugar (*London*), obje-to (*computer*) ou ideia abstrata (*generosity*).

Aplique a estratégia

1 > Traduza as frases a seguir para o inglês. Para cada uma das palavras sublinhadas,
consulte o *site* <http://dictionary.reverso.net/portuguese-english/> e responda: qual o
termo equivalente em inglês? Como o dicionário lhe permite identificar a opção de que
você precisa?

a. Vamos sentar naquele banco ali na sombra?

_____

b. Fale com aquela caixa que está segurando uma caixa de biscoitos.

_____

c. Você prefere camisas de manga curta ou comprida?

_____

d. O quarto dela fica no quarto andar.

_____

e. Onde posso achar pilhas para o microfone?

_____

2 > Complete as frases a seguir e, em cada uma das frases, selecione uma (e apenas uma)
palavra a ser consultada num dicionário. Use o quadro após as frases para registrar o
termo procurado e outras informações sobre a sua consulta, conforme os títulos das
colunas. Para sua consulta, alterne o uso de dicionários bilíngues (como o sugerido no
exercício anterior) ou monolíngues (como no *site* <http://dictionary.reference.com/>).

a. Bilingual dictionaries can _____.

b. When I write in English I think it's important to _____
_____.

c. The last time I wrote in English I _____.

d. I use an English dictionary when _____.

e. On-line dictionaries are _____.

73 / PARTE 2: RECURSOS

	Termo consultado no dicionário	Dificuldades associadas à consulta	Como eu lidei com tais dificuldades
a			
b			
c			
d			
e			

Sugestões adicionais

- Para mais informações sobre como usar um dicionário de forma eficaz, visite o *site* <http://esl.fis.edu/learners/advice/dic.htm>; para informações sobre qual dicionário usar ou comprar, visite o *site* <http://www2.warwick.ac.uk/fac/soc/al/learning_english/leap/reading/dictionaries/#guidelines>.
- Para exercícios aplicando a estratégia, vá ao *site* <http://www.uefap.com/vocab/vocfram.htm>. Lá clique em "*Learning*", depois em "*Dictionary use*" e em seguida desça a página até "*Production*".
- Escreva um pequeno parágrafo sobre um tema de sua escolha e, neste processo, selecione duas ou três palavras para consultar num dicionário. Para cada uma delas faça uma consulta em um dicionário bilíngue e em outro monolíngue, observando os tipos de informações dadas sobre a mesma palavra nos diferentes dicionários. Reflita: qual dicionário atendeu melhor os objetivos de sua busca?
- Se você dá aulas de inglês, o *site* <http://www.scribd.com/doc/3135197/Telecurso-2000-Ensino-Fund-Ingles-Vol-01-Aula-09> pode ser útil: ele oferece instruções básicas sobre o uso de um dicionário bilíngue.
- Para praticar a estratégia com seus alunos, peça-lhes que, ao escrever, sublinhem ou listem as palavras que procuraram no dicionário. Em sala de aula, promova um debate: por que fizeram as consultas: ortografia? Uso? Pronúncia? Outra razão? A consulta facilitou a produção do texto? Quais as dificuldades encontradas? Como a estratégia poderia ser mais bem aplicada no futuro?

10>> USANDO UM EDITOR DE TEXTO

A situação

Você e dois colegas de trabalho conversam sobre suas aprendizagens de inglês. Especificamente, vocês falam dos textos que vocês vêm escrevendo recentemente como parte do curso que fazem. Uma de suas colegas comenta: "Eu sempre uso o computador ao escrever; ontem mesmo escrevi um texto sobre minha primeira escola e para revê-lo eu prestei atenção nos itens destacados pelo revisor de ortografia e gramática". Seu outro colega retruca, "Eu também escrevo no computador, mas não uso o revisor. Ele não registra o que é importante e marca trechos que estão certos!". Você pensa: "Qual dos meus dois colegas tem razão?"

O texto

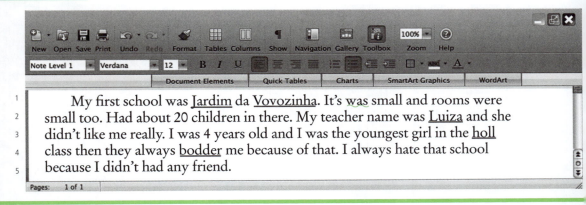

1. My first school was Jardim da Vovozinha. It's was small and rooms were
2. small too. Had about 20 children in there. My teacher name was Luiza and she
3. didn't like me really. I was 4 years old and I was the youngest girl in the holl
4. class then they always bodder me because of that. I always hate that school
5. because I didn't had any friend.

A estratégia

Na realidade, os autores dos comentários feitos acima sobre editores de texto estão ao mesmo tempo certos e errados. Estão certos porque o uso do computador para escrever, através de um programa de edição de textos, dá ao escritor acesso a uma vasta gama de recursos, entre eles a possibilidade de destacar problemas ortográficos e gramaticais. O segundo comentário é equivocado precisamente por ignorar as vantagens que tal possibilidade traz. O primeiro comentário, por outro lado, equivoca-se ao atribuir ao revisor ortográfico-gramatical toda a responsabilidade de identificar os problemas no texto: tal recurso deve ser visto como um instrumento de apoio, a ser usado criteriosamente pelo escritor, e não como um solucionador de todos os problemas de ortografia e gramática nos textos que escrevemos.

Vejamos o texto acima. Nele estão sublinhados em cinza os trechos em que o revisor identifica problemas de ortografia; problemas de gramática são sublinhados em verde. Além de registrar os problemas, o revisor também propõe soluções, reproduzidas na segunda coluna do quadro a seguir. A terceira coluna inclui comentários adicionais sobre as contribuições trazidas pelo uso do revisor em cada um dos casos registrados na revisão:

Problema / categoria: O = ortografia G = gramática	Opções apresentadas para solução do problema	Comentários
Jardim / Vovozinha (linha 1) / O	Jardim → *Jar dim* Vovozinha → *(no spelling suggestions)*	O revisor não reconhece "Jardim" nem "Vovozinha". Para "Jardim" sugere quebra da palavra em duas palavras que existem em inglês, mas que obviamente devem ser rejeitadas pelo escritor. Não há sugestão para "Vovozinha".
was (linha 1) / G	*been*	Há identificação de um problema gramatical, mas a solução proposta é inadequada. Não se quer dizer *It's been* mas *It was* nesse caso.
Luiza (linha 2) / O	*Liza, Louisa, Louis, Lisa, Lucia, Liz*	O revisor reconhece que a palavra consiste num substantivo próprio e fornece sugestões de nomes de pessoas semelhantes.
holl (linha 3) / O	*hull, holly, hall, hell, hill, hold, holy, howl, hole, hollow*	Todas as sugestões envolvem palavras que começam por *h* (como a palavra inexistente *holl*). Com isso as sugestões não se aproximam da intenção da autora do texto, que era escrever *whole*.
bodder (linha 4) /O	*bidder, border, bolder, odder, bonder, fodder, bode*	Novamente, as sugestões não incluem a forma desejada: *bother*.

Acima, dos cinco problemas identificados pelo revisor ortográfico, dois deles (os que envolviam nomes em português) estavam corretos no texto original. Revisores ortográficos programados para rever a escrita em língua inglesa não irão reconhecer palavras em português; eles também não costumam reconhecer termos usados em nichos profissionais. Nesses casos deve-se ignorar os alertas ou adicionar os termos ao revisor. Os três problemas adicionais consistiam mesmo em erros de natureza ortográfica (*holl*/ *bodder*) ou gramatical (*It's was*): no entanto, em nenhum desses casos o computador ofereceu solução adequada ao problema.

O exemplo acima ilustra como o revisor eletrônico pode ajudar, mas como também é necessário que o escritor disponha de outros mecanismos (conhecimento de vocabulário e/ou gramática; habilidade de usar estratégias adicionais) para solucionar os problemas identificados. Tal necessidade fica ainda mais evidente diante de problemas gramaticais que o revisor gramatical não detecta! No exemplo acima, há alguns desses casos: o uso de *have* ao invés de *there + to be* para indicar existência (*Had about 20 children in there*, linha 2); ausência de *'s* em *My teacher name...*, linha 2; verbos no presente quando deveriam estar no passado (*bodder/bother*, linha 4; *hate*, linha 4); má formação de negativa no passado (*I didn't had*, linha 5).

> **Plágio** é o uso do que foi dito ou escrito por uma pessoa por outro indivíduo, o qual expressa tais ideias como se elas fossem de sua autoria.

Os pontos considerados até aqui nesta seção restringem-se a um recurso do editor de textos: o revisor ortográfico-gramatical. Ao tratarmos do uso de editores de texto como estratégias de escrita devemos considerar outros recursos, tais como a facilidade de retificar/reformular o que é escrito, de adicionar imagens, de usar recursos tipográficos como negrito ou sublinhamento, de formatar o documento, de fazer tabelas, entre outros. Outros recursos são especialmente úteis quando se escreve em colaboração (mais sobre isso em "Escrevendo com outras pessoas"), por exemplo, o uso de comentários ou marcação de mudanças no texto. O conhecimento desses recursos em português pode e deve ser aplicado por quem escreve em inglês; no caso de utilizar um editor de texto cujos comandos estejam em língua inglesa, um escritor precisará se familiarizar com o vocabulário correspondente em inglês (*copy/cut/paste/format/draw table/insert comments/track changes*, entre outros).

Ao se usarem editores de texto para escrever em inglês, atenção especial deve ser dada ao uso de *copy/paste*. Esse recurso facilita a edição de um texto (e o remanejametno de partes dentro de uma composição textual), mas, ao escrever, nunca devemos copiar trechos inteiros de outras fontes e colá-los *verbatim* no que escrevemos. Essa prática é caracterizada como plágio (*plagiarism*, em inglês) e pode ter consequências graves em produções de textos acadêmicos como dissertações, teses, artigos, entre outros.

Aplique a estratégia

1 > Em cada uma das frases a seguir há pelo menos um erro ortográfico. Use um editor de texto (copiando os trechos e usando o recurso de revisão ortográfica para a língua inglesa) para identificar tais erros e retificá-los.

a. I like tea but I prefere coffee. _____

b. My brother dosen't live in Canada; he lives in Australia. _____

c. This is a great oportunity and I won't miss it! _____

d. What a wonderful ideia! _____

2 > Repita os procedimentos do exercício anterior: aqui os problemas são gramaticais e não ortográficos.

a. Everybody are wearing brown this autumn in London.

_____

b. Mr. Brown really likes the way you talk to customers. You will be promote soon!

_____

c. You can not use my car without asking for my permission!

_____

d. I wish I have more time to spend with my family!

_____

3 > Usando um editor de texto, escreva um pequeno parágrafo sobre um assunto que lhe seja familiar (algum aspecto de seu trabalho ou de sua família, por exemplo). Você deve escrever rapidamente, sem fazer correções nem pensar muito sobre a correção de vocabulário e estruturas. Em seguida, em seu bloco de notas, complete a tabela com base nos resultados da revisão feita pelo revisor ortográfico-gramatical:

Número de trechos sublinhados em vermelho	As alternativas dadas para revisão ortográfica ajudaram? Por quê (não)?	Número de trechos sublinhados em verde	As alternativas dadas para revisão gramatical ajudaram? Por quê (não)?

Sugestões adicionais

- Inúmeras sugestões sobre como praticar a estratégia individualmente ou com seus alunos, caso você dê aulas de inglês, podem ser encontradas em:
  - <http://www.eslcafe.com/idea/index.cgi?display:947317559-9282.txt>;
  - <http://edvista.com/claire/wp.html>;
  - <http://www.ehow.com/how_6052577_use-word-processing-esl.html>.
- Para ler mais sobre *plagiarism* (o que é, como evitar, entre outros), explore o *site* <http://www.plagiarism.org/>.
- Se você dá aulas de inglês e se houver um computador disponível na sua sala, pode propor trabalhos de escritas integrados à sua aula com frequência: durante a aula, os alunos se alternam vindo ao computador para (1) escrever uma história usando, por exemplo, vocabulário e estruturas trabalhadas na aula; (2) escrever um resumo da aula no *blog* da turma; (3) trocar *e-mails* entre si sobre algum assunto de seu interesse etc. Pode-se também usar esse recurso para que os alunos deem *feedback* sobre os textos escritos pelos colegas (mais sobre isso em "Dando *feedback*").

11>> USANDO E MONITORANDO *COLLOCATIONS*

A situação

Ao escrever um texto em inglês, você quer usar a expressão "fazer o máximo de si". Você sabe que a expressão correspondente, em inglês, usa a palavra *best*, mas está na dúvida entre *I've done my best* ou *I've made my best*. Você está escrevendo no computador e resolver fazer uma busca na Internet pelas duas opções, a fim de observar qual das duas é usada. No entanto, a sua busca não lhe dá a resposta que deseja, pois você encontra *hits* para usos de ambas as formas. Sua dúvida então é acrescida por um novo elemento: além de continuar sem saber como é a expressão em inglês, você também se pergunta se vale a pena fazer esse tipo de busca na Internet para tirar dúvidas semelhantes.

O texto

BUSCA 1

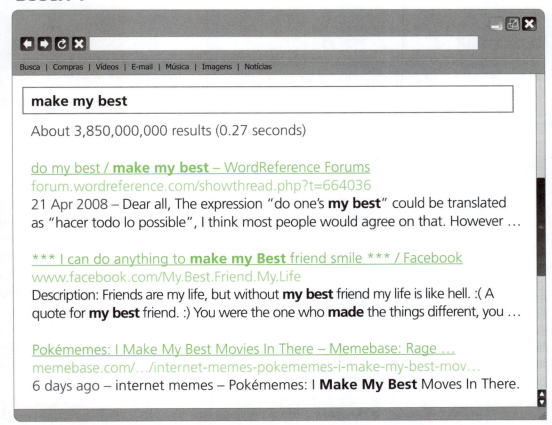

BUSCA 2

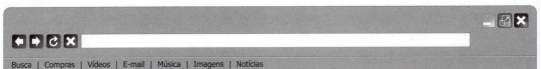

A estratégia

Conhecimento sistêmico é o conhecimento sobre o sistema de organização de uma língua, e envolve aspectos de **fonética** e **fonologia, morfologia, léxico** e **semântica**, e **sintaxe**.

Fonética é um ramo de estudos que investiga aspectos físicos da produção e da percepção dos sons da fala humana.

Fonologia é a área da gramática que estuda o sistema de sons de uma língua e seus padrões de uso e organização.

Ao decidir fazer uma busca na Internet para verificar a forma de uma expressão em inglês, o escritor estava (talvez mesmo até sem saber...) fazendo uso de várias estratégias de escrita: estava refletindo sobre o processo de formulação (ao considerar uma forma de compor seu texto através de pesquisa); estava considerando fontes para essa pesquisa (ao decidir fazer uma busca na Internet); estava ativando conhecimento sistêmico sobre a língua inglesa (pois sabia que "*[?] + one's best*" é uma expressão fixa que usa um determinado verbo na sua composição). Nesta seção vamos tratar exatamente de um aspecto dessa última estratégia: o uso e o monitoramento de *collocations*.

Collocations são duas ou mais palavras que tendem a ocorrer juntas e em determinadas sequências. Em português, dizemos "café com leite" (e não "leite com café") e descrevemos arquivos eletrônicos com vários *megabyte* como "arquivos pesados". Em inglês, usa-se *fish and chips* (e não *chips and fish*) e descrevem-se arquivos pesados como *large* ou *big* (mas não *heavy*). E por que isso acontece? Bem, isso acontece "porque é assim" que os usuários dessas línguas usam tais termos. Não há uma "causa" para tal uso; a questão aqui é a frequência de uso dessas formas. E porque são frequentes essas formas tornam-se mais "aceitáveis". Em português, para expressar a ideia de "tomar uma decisão", haveria uma sensação de estranhamento se lêssemos (ou ouvíssemos) "fazer uma decisão"; em inglês, porque se costuma dizer *make a decision* nessa situação, haveria uma reação de estranhamento diante do uso de *do a decision*.

Há vários tipos de *collocations* em inglês, entre elas: *adjective + noun* (*fast food* e não *quick food*); *noun + noun* (*a round of applause* e não *a circle of applause*); *verb + noun* (*cease fire* e não *stop fire*); *adverb + verb* (*strongly recommend* e não *heavily recommend*). *Collocations* são estudadas pela Linguística de Corpus e avanços tecnológicos recentes permitiram a compilação de vastos bancos de dados de usos da língua inglesa. Desses, os mais importantes são os seguintes:

- Corpus of Contemporary American English (COCA): contém mais de 400 milhões de palavras compiladas em usos orais e escritos em inglês americano. Em <http://corpus.byu.edu/coca/>, podem-se pesquisar usos orais e escritos de palavras em fontes diversas como revistas, ficção, jornais, entre outros. O *site* fornece resultados de diferentes formas, incluindo KWIC (*Key Words In Context*), em que o termo procurado aparece em *concordance lines* e têm seus vizinhos categorizados por cor (verbos, substantivos, adjetivos etc.).
- British National Corpus (BNC): contém mais de 100 milhões de palavras compiladas de usos orais e escritos da língua inglesa. A versão demo, que é gratuita, permite a procura de palavras, dando a frequência de uso do termo na amostra e até 50 exemplos desses usos (<http://www.natcorp.ox.ac.uk/>).

Pesquisas nesses bancos de dados, por sua vez, têm levado pesquisadores a produzir *collocation dictionaries* (nestes, não são dados os sentidos das palavras, mas sim seus "vizinhos" mais frequentes) ou a utilizar informações sobre frequência de uso ao se produzirem dicionários convencionais. Atualmente as acepções de verbetes em dicionários costumam ser apresentadas de acordo com a frequência dessas acepções, sendo as mais frequentes apresentadas antes das menos frequentes.

Semântica é a área da gramática que estuda a relação entre as palavras e seus significados.

Linguística de Corpus é o ramo da Linguística que compila e estuda bancos de dados de usos de linguagem em suas formas orais e escritas.

Concordance lines são formas de se apresentar o uso de termos investigados numa busca em ***corpora***: o termo pesquisado aparece numa sequência de linhas com algumas palavras que o antecedem e que o seguem, permitindo ao pesquisador observar os "vizinhos" (*collocates*) frequentes do termo buscado.

Corpora (singular, *corpus*) são coleções de textos (escritos ou orais) em bancos de dados eletrônicos que permitem pesquisa sobre como as palavras são usadas (com que "vizinhos"), sobre a frequência de uso de palavras, entre outros.

Todas essas informações podem estar fazendo o leitor se perguntar: "Diante de tantos detalhes sobre *collocations*, qual é então a melhor forma de monitorar seu uso ao escrever?".

Não há respostas fáceis a tal questionamento, e um escritor estratégico saberá avaliar os benefícios e dificuldades associados a diferentes recursos. Na situação de abertura desta seção, talvez a forma mais rápida de obter resposta para a dúvida entre o uso entre *do* ou *make* com *best* seria numa consulta a um dicionário (*on-line* ou impresso; monolíngue ou bilíngue): é esperado que o verbete *best* inclua tal informação. Consultas a *corpora* também levariam o escritor à sua resposta: ao escrever este parágrafo, uma busca por *"make your best"* no British National Corpus (<http://bnc.bl.uk/saraWeb.php?qy=do+your+best&mysubmit=Go>) levou a 3 usos, sendo todos eles seguidos de substantivos (*best shots, best case, best efforts*), o que indica que *best* nesses casos não está associado à expressão em si mas ao substantivo que o segue. Já a busca por *"do your best"* no mesmo *corpus* indicou 61 registros de uso, 50 dos quais foram apresentados em *concordance lines*: nestas, nenhum uso de *do your best* é seguido por substantivo.

Finalmente, buscas mais amplas na Internet como as reproduzidas na parte "O texto" desta seção trazem informações potencialmente úteis (o número de usos, os usos em contexto, as fontes), e o usuário precisa levar esses elementos em consideração ao avaliar as informações. Nas duas buscas os números de *hits* estão na casa dos bilhões, o que indica frequência tanto de *make my best* quanto de *do my best*. O próximo passo então é avaliar alguns desses usos e tirar uma conclusão: com uma pequena amostragem, pode-se concluir que *"make my best"* (Busca 1) é seguido por substantivos (*moves, friend*), o que não ocorre com *"do my best"* (Busca 2). Nessa segunda busca, os usos apontam mesmo para a expressão: no primeiro *link*, o foco é exatamente o sentido da expressão; no segundo, há reprodução de promessas de escoteiros, que estão associadas à noção de "fazer o melhor de si"; no terceiro, vemos um *blog* em que seu autor faz uso da mesma expressão. Permanecendo a dúvida, aquele que consulta poderia ainda examinar outros *links*. Esse processo pode parecer demorado mas ele oferece àquele que vai escrever fontes de inspiração adicionais sobre assunto, vocabulário e estruturas que podem ser adaptadas em seu próprio texto. Obviamente neste processo é importante fazer uso de outras estratégias já comentadas, como a avaliação da confiabilidade das fontes e o cuidado com plágio.

Aplique a estratégia

1 > O que há de errado com as seguintes frases? Conserte o erro em cada uma das frases usando verbete reproduzido a seguir como referência:

a. She uses lipstick every day.

_____

b. My mother is the woman who has red lipstick.

_____

c. I need to put some lipstick.

_____

---

lipstick *noun*
... **OF LIPSTICK dab** ◊ *She put on a quick dab of ~ and rushed out.*
VERB + LIPSTICK have on, wear | apply, put on | reapply, touch up ◊ *She touched up her ~ in the mirror.* **| remove, take off, wipe off | smear, smudge**
LIPSTICK + VERB smear, smudge ◊ *Her ~ had smudged and she looked terrible.*

McIntosh, C. (Org.). *Oxford collocations dictionary for students of English.* 2. ed. Oxford: Oxford University Press, 2009. p. 487.

---

2 > As lacunas a seguir devem ser completadas com *make* ou *do*. Para preenchê-las, faça uma busca na Internet pelas expressões correspondentes (por exemplo, "*do my bed*" e "*make my bed*") e, com base na avaliação dos resultados de sua pesquisa, complete as frases.

a. I always _____ my bed when I wake up in the morning.

b. Do you _____ your homework every day?

c. I don't like to _____ business with him; he's not totally reliable.

d. When you have a big task ahead of you, the important thing is to _____ some progress every day.

e. Let's _____ some research before it before we _____ a decision.

Sugestões adicionais

- Para ler mais sobre *collocations*, vá ao *site* <http://esl.about.com/od/engilshvocabulary/a/collocations.htm>. O *site* <http://www.englishclub.com/vocabulary/collocations.htm> também contém informações adicionais, listas de *collocations* e testes. Para exercícios sobre o tema, faça uma busca por "*collocations esl exercises*" e você encontrará inúmeros *links* para explorar!

- Para uma clara e sucinta apresentação sobre *concordance lines*, veja o *link* <www.llas.ac.uk/resourcedownloads/2244/hunston.pps>.

- Visite o *site* <http://www.webcorp.org.uk/live/>. Nele você pode fazer buscas na *web* sobre os termos que deseja, e os resultados vêm organizados em *concordance lines*.

- Se você dá aulas de inglês, explore o *site* <http://www.eslflow.com/collocationsandphrasalvebs.html>. Nele você encontra vários outros *links* com sugestões de exercícios.

12>> USANDO TRADUÇÕES

A situação

Você quer escrever um *e-mail* em inglês para convidar uma pessoa a participar de um evento que está organizando, mas não está seguro do seu inglês para compor tal texto. Resolve, então, escrever o que quer dizer em português e em seguida traduzir seu texto para o inglês usando um tradutor *on-line*. Ao ler a versão traduzida, no entanto, fica mais inseguro ainda, pois percebe que há vários problemas. Você se pergunta, então: "Será que traduções devem ser evitadas a todo custo quando escrevemos? Ou será que elas são uma estratégia válida que posso aprender a desenvolver de alguma forma?"

O texto

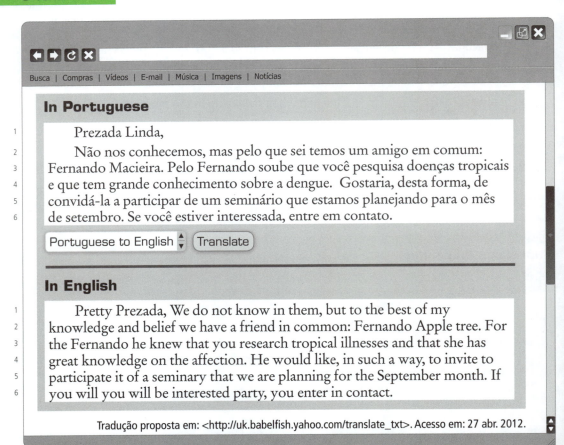

84 / COMO ESCREVER

A estratégia

Vamos começar pelo primeiro questionamento levantado na situação acima: se traduções devem ser evitadas a todo custo quando escrevemos. Bem, não necessariamente. Como vimos na seção "Refletindo sobre o processo de formulação", traduções são um recurso a ser considerado por quem escreve em inglês, contanto que usadas com critério. Traduções não são recomendáveis em todas as situações de escrita, nem todo o tempo que escrevemos em língua estrangeira, pois, por definição, elas requerem um tempo duplo na composição do texto: o tempo para se compor em L1 e o tempo para se recompor o texto em L2.

Além disso, por mais que pareça um processo simples, fazer uma tradução é um processo complexo, pois muitas vezes não há equivalência de termos (ou de ideias) nas duas línguas envolvidas. Um exemplo comumente citado sobre a interface entre a língua portuguesa e a inglesa é a ausência da ideia "saudade" em inglês. De fato, em inglês existe o verbo *to miss* (sentir falta, sentir saudade), mas não existe uma opção que corresponda exatamente ao substantivo "saudade" de forma mais genérica. Da mesma maneira, existem algumas noções que podem ser expressas em língua inglesa mas que não têm, em português, correspondência exata: como traduzir *serendipity*, por exemplo? A palavra expressa o dom de se fazer descobertas por acaso e não há um vocábulo com esse sentido em português.

Traduções são tão complicadas que, de acordo com um adágio italiano ("*traduttore, traditore*"), todo tradutor é um traidor. Mas mesmo diante da dificuldade que certas traduções impõem, não devemos dizer que elas sejam impossíveis, ou mesmo abomináveis como estratégias de formulação em um processo de escrita. Nesses casos, traduções podem ser úteis quando escrevemos sobre um assunto que aprendemos em língua materna. Por exemplo, um brasileiro provavelmente ouviu falar de capitanias hereditárias, ou do agreste nordestino, ou de carros alegóricos, em sua socialização (escolar ou familiar) em português. Esses conceitos, e os assuntos que a eles correspondem, farão parte do conhecimento prévio do brasileiro em língua portuguesa. Ao escrever sobre esses assuntos em inglês, é possível que tais ideias "surjam" em português, e traduções são uma forma possível de construir tais ideias em inglês. Nesses casos, vale checar dicionários e tradutores automáticos *on-line* para achar a melhor correspondência de termos e vale, também, verificar os usos desses termos (conforme discutido na seção anterior) na Internet ou em *corpora*.

Tais verificações são também necessárias quando se usa um tradutor automático *on-line*, conforme visto no exemplo acima. Especificamente, o tradutor não soube lidar com os seguintes itens:

Pronome reflexivo (*reflexive pronouns*, em inglês) é a palavra que indica que o **sujeito** da ação também é seu objeto (*I cut myself; They saw themselves in the mirror*). Pronomes reflexivos também são usados em inglês para indicar ênfase: *She herself did all the cooking.*

Sujeito elíptico existe em formas verbais em que o **sujeito** da oração não é explicitamente articulado, por exemplo na parte sublinhada em: '*She woke up at 8 but got out of bed only at 8:30*'.

Trecho em português	Tradução em inglês	Comentários
Prezada Linda	*Pretty* Prezada	O tradutor reconheceu "Linda" como um adjetivo (*Pretty*) e não como um substantivo próprio: desta forma, inverteu a ordem dos termos, seguindo a estrutura inglesa (*adjective+ noun*), e considerou "Prezada" como um substantivo próprio.
Não nos conhecemos	*We do not know in them*	O tradutor não soube lidar com o pronome reflexivo "nos" e interpretou-o como um complemento do verbo *know*.
pelo que sei	*to the best of my knowledge and belief*	Optou-se por uma expressão formal (*To the best of my knowledge and belief*) para corresponder ao informal "pelo que sei". A opção foi inapropriada: uma ideia melhor seria usar *As far as I know*.
Fernando Macieira	*Fernando Apple tree*	Aqui há outro exemplo de má identificação de substantivos próprios: o sobrenome "Macieira" é traduzido literalmente como *Apple tree*, o que é inadequado.
Pelo Fernando soube	*For the Fernando he knew*	É dada uma tradução literal, que não faz sentido em inglês: aqui seria melhor termos algo como *Fernando has told me*. Destaca-se aqui também o fato de que o tradutor não sabe lidar com a ausência do sujeito do verbo "soube" (no caso, "eu"): a tradução gerada considera "ele"/ *he* como o sujeito do verbo.
e que tem grande conhecimento sobre a dengue	*and that she has great knowledge on the affection.*	Novamente, o sujeito verbal elíptico é percebido erroneamente (originalmente é "você", mas o tradutor o interpreta como *she*). O tradutor também não reconhece a palavra "dengue", o que é surpreendente, já que o termo é idêntico na sua ortografia em inglês (geralmente seguido de *fever, dengue fever*).
Gostaria, desta forma,	*He would like, in such a way,*	Mais um exemplo de inabilidade do tradutor de lidar com sujeito elíptico ("[Eu] gostaria" é traduzido por *He would like*). O uso de *in such a way* também não é ideal: aqui seria mais plausível usar-se, por exemplo, *therefore*.

Trecho em português	Tradução em inglês	Comentários
de convidá-la a participar de um seminário	*to invite to participate it of a seminary*	Na tradução, há ausência do complemento de *invite* (*invite you*). A estrutura *participate it of a seminary* está incorreta, além do termo correspondente a "seminário" neste contexto: deveria ser *participate in a seminar.*
para o mês de setembro	*for the September month*	A tradução literal não funciona. Aqui deveria ser apenas *for September.*
Se você estiver interessada	*If you will be interested party,*	O tradutor não soube lidar com o imperfeito do subjuntivo em português ("Se você estiver") e sugeriu uma tradução literal (*If you will be*), estrutura essa que não existe em inglês: aqui deveria ser *If you are.* A inclusão do termo *party* é equivocada.
entre em contato	*you enter in contact*	A tradução em inglês não deveria incluir *you*; além disso, o uso do imperativo em inglês seria mais adequado com a inclusão de *please.*

Como vemos, ao usarmos tradutores automáticos *on-line*, não podemos presumir que a tradução gerada não contém falhas! Caberá, então, ao escritor identificar os problemas e ignorar as soluções inadequadas. Esse ponto nos leva ao segundo questionamento levantado na situação descrita no início desta seção: podemos desenvolver nossa habilidade de utilizar essa estratégia? A resposta a essa pergunta é "sim", e algumas ideias nesse sentido são:

- A prática de *back translation* pode conscientizar um escritor quanto a aspectos importantes em uma tradução: para tal, seleciona-se um trecho em inglês que represente o gênero (por exemplo, *e-mails* de trabalho) ou o assunto (por exemplo, carros) sobre o qual costumamos escrever e traduz-se tal trecho para o português (a tradução de L2 para L1 é sempre mais fácil). Depois, tenta-se reverter o trecho em português de volta para o inglês, observando-se o vocabulário e as estruturas que causam mais dificuldade;
- A observação crítica de versões de textos em inglês e em português (encontrados em folhetos turísticos, *sites*, revistas em aviões, manuais de instruções) pode também alertar aquele que escreve em inglês sobre potenciais dificuldades ao se transpor um texto do português para o inglês, no que concerne, por exemplo, à ordem de palavras, uso de preposições, entre outros.

> **Preposições** são palavras que ligam duas palavras, por exemplo, *from* e *of* em *I come from Brazil* e *He's a friend of mine.*

- Havendo a possibilidade de troca de ideias com outros aprendizes-escritores de inglês, pode-se tentar traduzir trechos simples individualmente e em seguida compartilhar problemas e soluções encontrados no processo de tradução.

Como toda e qualquer estratégia, o bom uso de traduções ao escrever em inglês requer prática e apoio em outras estratégias de monitoramento e verificação da escrita.

Aplique a estratégia

1 > No seu bloco de notas, traduza o trecho a seguir para o português. Depois de algumas horas retorne ao seu bloco de notas: nessa segunda vez você deve reverter a sua tradução em português para o inglês. Durante esse processo, reflita sobre as dificuldades encontradas ao traduzir e avalie: o que essa tarefa me ensinou sobre o uso de traduções para se escrever em inglês?

One of the most important things you can do to prepare for an emergency is to spend a few minutes putting together a household emergency plan and making sure all your family know about it.

There are many types of emergencies that could disrupt your daily life, some of which can leave you isolated from immediate help.

Folheto *Are you ready?*, produzido por Thames Valley Local Resilience Forum, Reino Unido, s/d. p. 4.

2 > Usando um tradutor automático *on-line* (por exemplo, <http://babelfish.yahoo.com/> ou <http://translate.google.com/>) escreva um pequeno texto em português e traduza-o para o inglês. Em seguida, avalie a tradução, fazendo comentários similares aos feitos na análise desta seção. Ao final de sua análise reflita: em que áreas o tradutor *on-line* parece ter mais problemas?

Sugestões adicionais

- Pratique a estratégia observando *sites* que contêm versões em português e em inglês dos textos (algumas fontes interessantes são seções de turismo de estados e cidades brasileiras, o *site* dos Jogos Olímpicos Rio 2016, *sites* de restaurantes): leia as versões nas duas línguas e pense: se você tivesse de traduzir o texto do português para o inglês escreveria da mesma forma? Quais aspectos de vocabulário ou gramática iriam provavelmente lhe causar dificuldade?
- Utilizando ou não um tradutor *on-line*, traduza textos simples (por exemplo, os encontrados em enciclopédias para crianças) para o inglês, refletindo sobre as dificuldades e soluções encontradas.
- Para *links* de tradução automática *on-line*, consulte o *site* <http://www.clubedoprofessor.com.br/traduz/>.

13>> USANDO PARALINGUAGEM

A situação

Você está interagindo por escrito num *chat on-line* com uma pessoa desconhecida. A interação gira em torno de pedidos e fornecimentos de esclarecimentos que, por sua vez, envolvem ideias paralelas tais como hesitação, dúvida e ênfase. Você se pergunta se há formas de incorporar essas ideias ao que escreve.

A interação a seguir ilustra uma situação similar. Ela reproduz a interação por *chat* entre as personagens Iris e Amanda no filme *The Holiday*. Na interação, as personagens trocam informações sobre suas casas enquanto decidem se querem fazer um *house swap*, isto é, uma troca de casas para passarem suas férias.

O texto

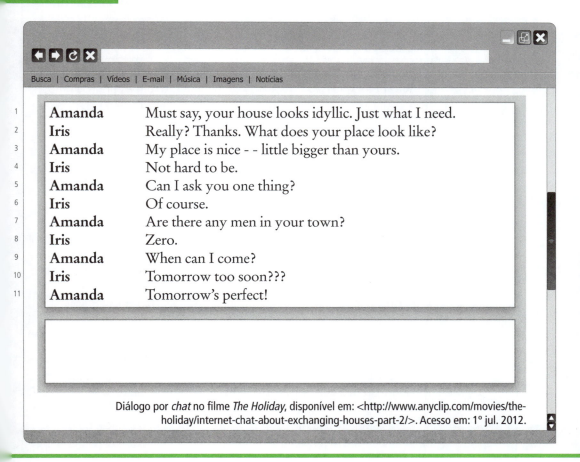

1	Amanda	Must say, your house looks idyllic. Just what I need.
2	Iris	Really? Thanks. What does your place look like?
3	Amanda	My place is nice - - little bigger than yours.
4	Iris	Not hard to be.
5	Amanda	Can I ask you one thing?
6	Iris	Of course.
7	Amanda	Are there any men in your town?
8	Iris	Zero.
9	Amanda	When can I come?
10	Iris	Tomorrow too soon???
11	Amanda	Tomorrow's perfect!

Diálogo por *chat* no filme *The Holiday*, disponível em: <http://www.anyclip.com/movies/the-holiday/internet-chat-about-exchanging-houses-part-2/>. Acesso em: 1º jul. 2012.

A estratégia

A transcrição acima mostra que é possível, sim, expressar ideias como hesitação, dúvida e ênfase por escrito e não apenas oralmente. As personagens acima são capazes de informar essas ideias por meio de recursos que acompanham a linguagem, especificamente o uso de pontuação: -- (linha 3) indica hesitação por parte da escritora; ??? (linha 10), dúvida; ! (linha 11), ênfase.

Esses recursos ilustram o que se conhece como paralinguagem: o que acompanha a linguagem, adicionando-lhe sentido ao que é comunicado. Os seguintes elementos são exemplos de recursos paralinguísticos que podem acompanhar a linguagem escrita:

Recursos paralinguísticos	Comentários
Sinais de pontuação	Como vimos acima, pontos de interrogação podem indicar outras ideias além da formulação de perguntas; pontos de exclamação também podem ser usados repetidamente, dando ideia de maior ênfase. Vírgulas, ponto e ponto e vírgula têm a função de expressar pausas de diferentes tamanhos e seu uso também pode estar associado à expressão de certeza ou incerteza.
Emoticons	Populares em *chats*, mensagens de texto e mesmo *e-mails*, *emoticons* indicam a expressão do escritor, variando entre tom alegre [:-) ou 😊], jocoso [;-) ou 😜] , sonolento [|-) ou 😴], raivoso [:-@ ou 😡], etc.
Uso de negrito, itálico, sublinhamento	O que em linguagem oral seria expresso com maior tom de voz ou dito pausadamente para ênfase pode ser destacado em linguagem escrita com o uso de negrito, itálico ou sublinhamento. O uso do editor de texto popularizou esses recursos diante da facilidade de sua incorporação ao que escrevemos.
Tipo de fonte	Mudanças de tipos de fontes podem indicar ênfase (como nesta frase). Alternância de tipos de fontes também pode estar associada a partes diferentes em um texto e a própria seleção de fontes deve estar associada ao gênero e ao leitor do texto. Fontes manuscritas são apropriadas para reproduzir ou simular bilhetes ou outros gêneros escritos à mão; *Comic Sans* é popular entre as crianças.
Tamanho da fonte	Alternância de fontes **maiores** e menores indica relevância (maior ou menor, respectivamente) do que é escrito.
Layout	A decisão de como organizar o texto e seus componentes numa página afeta a comunicação. Por exemplo, a escolha de uma tabela para incluir estas informações sobre recursos paralinguísticos faz com que a listagem seja mais direta e o texto, mais econômico, do que se fosse escrito em parágrafos.

Recursos paralinguísticos	Comentários
Uso de imagens	Diz o ditado que "uma imagem vale mais que mil palavras". Exageros à parte, é notável que imagens comunicam ideias que podem reforçar, detalhar, decorar ou mesmo contradizer o que é escrito – sua função comunicativa é inegável!
Uso de cores	Seleção e uso de cores comunicam assim como o texto propriamente dito que acompanham. Se esta frase fosse escrita em outra cor certamente causaria um impacto maior na sua leitura!
Suporte	Este texto que você lê agora é escrito em folhas de papel impressas, compiladas sob a forma de um livro. Se as ideias aqui apresentadas estivessem contidas numa madeira pintada ou num papiro, você teria uma experiência diferente na sua leitura.

Ao escrever, devemos considerar a adequação e possibilidade de uso dos elementos acima, e nesse processo vale lembrar alguns pontos importantes: primeiramente, é preciso ter sempre em mente que o uso de elementos paralinguísticos está associado a convenções socioculturais. Escritores não inventam códigos ao escrever, mas adotam (e adaptam) convenções estabelecidas na cultura. Se neste parágrafo, por exemplo, eu decidisse criar novas convenções (por exemplo, usando ‖ para indicar a ideia mais importante do parágrafo ou §§ para sugerir ao leitor que vou apresentar uma ideia controversa), certamente minhas intenções não seriam compreeendidas!

Uma questão paralela é que convenções sobre uso de paralinguagem não são necessariamente idênticas em grupos sociais diferentes. Um bom exemplo é o uso de caixa alta em *e-mails*: enquanto no Brasil tal uso significa ênfase, em inglês caixa alta é um tabu, pois dá a ideia de que o escritor está gritando com seu destinatário. Caixa alta deve ser, pois, evitada em *e-mails* em inglês não apenas no corpo do texto, mas também nos títulos das mensagens. Outro exemplo de diferenças: o uso de "xxxx" ao final de *e-mails* ou bilhetes em inglês indica "beijos", ao passo que o uso de "oooo" indica "abraços". Variações ocorrem também com relação a convenções de normas ortográficas: diálogos em português são indicados com o uso de travessões; em inglês, usam-se aspas. Nos Estados Unidos e no Canadá é mais comum o uso de aspas duplas; no Reino Unido, de aspas simples. Norte-americanos e britânicos também divergem quanto ao uso de vírgulas numa sequência que inclui mais de dois elementos: a oração *I saw John, Mary, and Sally* segue convenção norte-americana (usando uma vírgula antes do *and* que precede o elemento final da sequência de três elementos). Britânicos não

Variantes linguísticas são as diferentes formas em que uma mesma língua é falada, dependendo de diferenças regionais, sociais, de idade, entre outros. Do ponto de vista linguístico, todas as variantes são igualmente legítimas e não há uma que seja "melhor" do que a outra.

usariam tal vírgula. Trataremos de outras diferenças entre variantes linguísticas do inglês nas seções "Respeitando convenções do discurso escrito em inglês".

Um ponto final a ser destacado sobre o uso de paralinguagem ao escrever é que tal uso está relacionado ao gênero textual produzido: gêneros que se aproximam do discurso oral (tais como mensagens de textos e *chats*) fazem uso frequente de recursos paralinguísticos a fim de reproduzir elementos como tom de voz, olhar, gestos, entre outros. Neles, *emoticons*, sinais de pontuação em excesso e caixa alta são frequentes. Desta forma, pode-se argumentar que esses gêneros contribuem para a criação de novas convenções: uma delas é o uso de asterisco ao final de palavras em *chats* para indicar correção de outra palavra previamente escrita de forma incorreta. Assim, um escritor pode usar *untied* numa linha e, logo em seguida, em outra linha, escreve *united**, retificando seu erro.

Aplique a estratégia

1 > Em seu bloco de notas, reescreva o diálogo a seguir, eliminando as explicações entre parênteses e incorporando-as ao texto propriamente dito utilizando elementos paralinguísticos.

(The first speaker says, enthusiastically) Hi what's up
(The second speaker says not very enthusiastically) Hi
(The first speaker asks) What's the matter with you is anything wrong
(The second speaker says hesitantly) I'm going to be a father
(The first speaker asks in a very surprised tone) What
(The second speaker says in a neutral way) Sue's pregnant
(The first speaker says in a very excited way) That's great pal congratulations
(The second speaker says in a disturbed way) Yeah I know but it's two of them not one
(The first speaker reacts in shock) So you're having twins that's amazing

2 > Você recebe uma mensagem de texto de um amigo com quem está para se encontrar em alguns minutos. Na mensagem se lê: *I'll be a few minutes late*. Responda à mensagem expressando as ideias a seguir. Nas suas respostas, use OK acompanhado de algum elemento paralinguístico.

a. Você reage de forma neutra ao aviso.

_____

b. Você reage de forma resignada ao aviso.

_____

c. Você reage de forma calorosa.

_____

3 > Para cada uma das situações a seguir, escreva um pequeno *e-mail*, em seu bloco de notas. Em suas mensagens inclua algum elemento paralinguístico apropriado ao contexto.

	A quem você escreve	Sobre o que você escreve
a	Seu amigo Paul	Você quer dar a notícia de que foi aceito para o programa de mestrado de uma universidade norte-americana.
b	Seu chefe	Você quer retificar um mal-entendido e esclarecer que há três (e não dois) problemas no relatório a ser enviado ao cliente.
c	Sua cunhada Kate	Você quer dizer que a viu no caminho para o trabalho hoje, e que ela parecia estar especialmente feliz.

Sugestões adicionais

- Para ler mais sobre *emoticons*, vá a:
  - <http://www.netlingo.com/word/emoticons.php>.
- Para saber mais sobre o uso de sinais de pontuação em inglês, explore os *sites:*
  - <http://grammar.ccc.commnet.edu/grammar/marks/marks.htm> (para convenções norte-americanas);
  - <http://www.bristol.ac.uk/arts/exercises/grammar/grammar_tutorial/page_03.htm> (para convenções britânicas).
- Para ler mais sobre a relação entre "palavras" e "imagens", vá a:
  - <http://openlearn.open.ac.uk/mod/oucontent/view.php?id=399191>.
- Prepare uma apresentação em *slides* com o conteúdo desta seção. Selecione criteriosamente as opções escolhidas para fundo, *layout* dos *slides*, cores etc. Varie os elementos escolhidos ao longo da apresentação. Em seguida, veja a apresentação e reflita sobre o impacto gerado a partir das suas várias escolhas de recursos paralinguísticos.

14>> CONSIDERANDO OPORTUNIDADES PARA SISTEMATIZAÇÃO DE VOCABULÁRIO E GRAMÁTICA

A situação

Você dá aulas de inglês e costuma encaminhar revisões de gramática e vocabulário por meio de exercícios escritos e orais com foco específico nos conteúdos trabalhados. No entanto, seus alunos reagem negativamente a essas revisões, dizendo que elas são maçantes. Você se pergunta se o desenvolvimento de um projeto de produção escrita ao longo do ano, que crie oportunidades de sistematização desse conteúdo, poderia apoiar seus alunos na aprendizagem do vocabulário e das estruturas trabalhadas. Mesmo na dúvida se vale a pena prosseguir com essa ideia, você resolve desenvolver com a turma um projeto intitulado *My Imaginary Country*, em que os alunos criam um país ficcional e vão gradualmente adicionando informações sobre tal país, registrando-as em fichas.

O texto

Texto 1: The weather in my country

> the Weather in My contry is always
> Warm We don't have lots of rain, or
> hot days We always have sunny and
> cold days or sunny and warm.
> We have lots of lightning but we
> don't have hurricanes, tornados or
> things like that.

Transcrição:

1. the weather in my contry is always warm We don't have lots of rain, or hot days we always have
2. sunny and cold days or sunny and warm. We have lots of lightning but we don't have hurricanes,
3. tornados or things like that.

Texto 2: A typical bird in my country

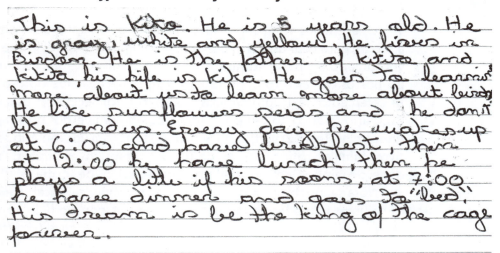

Transcrição:
1. This is Kiko. He is 5 years old. He is gray, white and yellow. He lives in Birdon. He is the father
2. ok Kikito and Kikita, his hife is Kika. He goes to learning more about us to learn more about birds.
3. He like sunflowers seeds and he don't like candys. Every day he wakes up at 6:00 and have
4. breakfest, then at 12:00 he have lunch, the he plays a litle if his soons, at 7:00 he have dinner
5. and goes to "bed". His dream is be the king of the cage forever.

Texto 3: A poem about my country

Transcrição:
1. It's big and stange it's nice
2. and warm, it's beatifull and
3. confortable. It makes
4. me feel as a princess

A estratégia

Os exemplos acima mostram como uma jovem aprendiz utilizou a escrita para criar aspectos de seu país imaginário, apoiando-se no vocabulário e nas estruturas trabalhadas em sala de aula. Os temas propostos de certa forma estabeleceram a necessidade do uso de tais elementos lexicogramaticais: no Texto 1, foi necessário usar vocabulário relativo ao tempo e clima apoiado em verbos no *Simple Present*; no Texto 2, verbos no *Simple Present* com vocabulário relativo a famílias, rotinas e cores; no Texto 3, temos um exemplo de um gênero mais livre em que a aluna usou adjetivos de forma criativa.

Nota-se, nos exemplos acima, que nem sempre tal vocabulário e estruturas são usados de forma adequada (veja, por exemplo, *tornados* no Texto 1; *he don't like candys, Everyday he ... have breakfast, he have lunch, a litle if his soons, he have dinner*, no Texto 2; e *stange, beatifull, confortable, fell* – ao invés de *feel*, no Texto 3). No entanto, é importante ressaltar que os textos são informativos, coerentes e interessantes de ler, e que os eventuais erros não comprometem a construção de sentido por parte do leitor. O que eles fazem (e o que é importante sob o ponto de vista da aprendizagem da língua inglesa) é sinalizar áreas que necessitam de maior sistematização por parte do escritor do texto. A partir dos exemplos acima, por exemplo, o professor pode retomar a ortografia de adjetivos e verbos, o contraste entre *have* e *has*, o uso de *don't* e *doesn't*. Esse trabalho, por sua vez, pode culminar com uma revisão dos textos por parte da aluna-escritora.

Há muitas vantagens em se encaminhar projetos de produção escrita como esse, e algumas delas são: eles costumam ser motivadores e gerar interesse por parte dos alunos; eles estabelecem situações de uso genuínas para sistematização do vocabulário e gramática trabalhados em sala de aula; eles criam oportunidades de conscientização dos aprendizes sobre aspectos de produção de textos que envolvem seu gênero, seu suporte, seus potenciais leitores, suas fases de formulação e revisão, entre outros.

Se você é autodidata, pode praticar a estratégia a partir da seleção de áreas de vocabulário e gramática que lhe causam dificuldade. Em seguida, defina tópicos que podem gerar produção escrita em torno dessas áreas, por exemplo: se você quer aprimorar seu conhecimento e habilidade de uso de termos relativos à economia e a *if-clauses*, pode escrever uma carta a um jornal descrevendo o cenário da economia brasileira e especificando condições (passadas, presentes, futuras) ao redor desse cenário. O trabalho de produção escrita pode ser feito à mão ou no computador (conforme discutido em "Usando um editor de texto"). Ao escrever você pode aplicar ainda outras estratégias previamente apresentadas, tais como "Pesquisando informações sobre o que será escrito" ou "Usando paralinguagem". Reflexões sobre o processo de formulação ao escrever podem levar o aprendiz-escritor a concluir que determinadas estruturas, ou áreas lexicais, requerem mais prática (por exemplo, se elas são evitadas) ou reconsideração do seu processo de formulação (por exemplo, se elas não geram alternativas suficientes ou possibilidade para recombinação). Finalmente, se aplicada sistematicamente, esta estratégia pode ser implementada por meio da criação de um *blog* cujo objetivo seria precisamente sistematizar o vocabulário e a gramática de seu autor.

> *Syllabus* é um plano que contém o resumo dos tópicos a serem abordados em um curso.

Como acontece com qualquer estratégia, há algumas dificuldades relacionadas à estratégia discutida nesta seção. Se você é professor e pretende trabalhar a estratégia com seus alunos, a maior dificuldade situa-se provavelmente no pouco tempo normalmente disponível para as aulas de inglês; no entanto, vale a pena considerar a possibilidade de substituir o trabalho com algum conteúdo do seu *syllabus* por um trabalho que envolveria menos quantidade mas melhor qualidade no processo de sistematização. Se você é autodidata, a maior dificuldade relacionada à aplicação desta estratégia estará possivelmente associada à criação do hábito de procurar, intencionalmente, usar vocabulário e estruturas recém-apresentados durante a escrita. Como sempre, é recomendável apoiar o uso da estratégia com reflexões sobre seus benefícios e dificuldades, bem como sobre alternativas possíveis para minimizar ou mesmo sanar tais dificuldades. É importante também sempre refletir se os textos escritos atendem às convenções do gênero textual que eles representam e se têm coesão interna. Desenvolveremos esse assunto na próxima seção.

Aplique a estratégia

1 > a. Das opções na coluna à esquerda da tabela, selecione uma ou mais áreas que lhe causa(m) dificuldade. Em seguida, escolha um tópico para escrita apropriado para emprego da(s) área(s) selecionada(s) e escreva um pequeno texto sobre tal tópico.

Áreas gramaticais	Tópicos para escrita
A. Simple Present	I. My Hometown: Problems and Solutions
B. Simple Past	II. Houses of the future
C. Future with will/going to	III. The best holiday I've ever had
D. If clauses / Wish	IV. You can do it!
E. Articles	V. Should we have pets?
F. Modal Verbs	VI. Important things to do when you learn a
G. Prepositions	foreign language
H. _____ (Please specify)	

97 / PARTE 2: RECURSOS

b. Releia seu parágrafo prestando atenção ao uso das áreas gramaticais focalizadas. Responda: tais usos estão adequados? Se não estão, o que é preciso fazer para consertar os erros? Na dúvida, consulte uma gramática impressa ou *on-line* tal como <http://www.cybergrammar.co.uk/>.

c. Reflita sobre o uso da estratégia: ela teve impacto positivo na sua produção escrita ou na sua aprendizagem de inglês de um modo geral?

2 > a. Vá à página principal de um jornal *on-line* em inglês (para uma seleção de jornais, vá ao *site* <http://www.onlinenewspapers.com/>) e selecione uma reportagem de seu interesse. Ao ler, anote na caixa abaixo cinco palavras que compreende mas que provavelmente não se lembraria de usar se tivesse que escrever sobre o tema lido.

b. Agora escreva um pequeno parágrafo utilizando o vocabulário acima destacado.

c. Pense: o uso intencional do vocabulário selecionado auxiliou a sua aprendizagem de tais termos?

Sugestões adicionais

- Ao ler em inglês, anote sistematicamente o vocabulário que você considere importante aprender. Tal registro pode ser feito no computador ou no seu bloco de notas; pode, também, ser organizado em uma lista geral ou ao redor de áreas temáticas. Consulte suas anotações com frequência, e use o vocabulário anotado ao escrever.
- Consulte listas de vocabulário e produza pequenos textos uitilizando alguns desses termos. No *site* <http://iteslj.org/links/ESL/Vocabulary/Lists/>, você encontra *links* para vários outros *sites* com listas de vocabulário em inglês.
- No *site* <http://a4esl.org/q/h/grammar.html>, você encontra vários testes de gramática, organizados por área. Faça alguns desses testes e tome nota das respostas corretas de todas as atividades em que você cometeu um erro. Depois, produza pequenos parágrafos utilizando as formas anotadas. Se possível, peça para outra pessoa ler e verificar o que escreveu.

15>> USANDO MARCADORES DO DISCURSO

A situação

Como tarefa da aula de inglês, você escreveu um pequeno parágrafo sobre a rotina do fim de semana de um personagem fictício. Ao reler seu parágrafo, no entanto, você nota que há algo errado com ele. O problema não está nos verbos: você os conferiu e concluiu que estão sendo usados adequadamente. O problema está localizado no sequenciamento de ideias: ao ser lido, o texto parece uma sequência de ações relatadas "em soluço". Você se pergunta se há alguma estratégia de escrita que poderia ser usada para remediar esse problema.

O texto

1 Jack's weekend

Use these verbs to write about Jack's weekend. They are all regular verbs.

Saturday: play tennis, paint his room
   talk on the telephone   watch TV.

Sunday: cook breakfast, repair his bicycle,
   play the guitar.

On Saturday, Jack played tennis. Then he painted his room. Then he talked on the fone. Then he watched TV. On Sunday, Jack cooked breakfas. Then he repaired his bycicle. Then he played the guitar.

Transcrição:

1 On Saturday, Jack played tennis. Then he painted his
2 room. Then he talked on the fone. Then he watched TV.
3 On Sunday, Jack cooked breakfas. Then he repaired his
4 bycicle. Then he played the guitar.

Arquivo pessoal da autora; atividade baseada em:
Littlejohn, A.; Hicks, D. *Cambridge English for the World:* Teacher's Book
One. Cambridge: Cambridge University Press, 1996. p. 168.

A estratégia

Costura textual consiste na produção de elementos integrados, mutuamente dependentes, na construção de um texto, fazendo com que todos os seus elementos tornem-se interligados, como se formando uma teia.

De fato, no texto acima, todos os verbos no passado estão formados adequadamente. O problema não reside, então, na adequação gramatical do texto, mas sim na sua costura textual: as ideias não estão concatenadas e são apresentadas isoladamente, fazendo com que a leitura mais pareça uma sequência de soluços independentes entre si do que uma sucessão de eventos fluindo ao longo do tempo da narrativa.

Há duas questões importantes a serem contempladas nesta discussão. A primeira delas é que a tarefa proposta é mesmo restrita, e tem como objetivo principal testar o conhecimento do aluno-escritor sobre as formas do verbo no passado (em detrimento de, por exemplo, uma tarefa de produção escrita com um propósito comunicativo). Diante disso, e também diante do fato de que, nesse nível de aprendizagem da língua inglesa, é mesmo provável que o aluno-escritor tenha um conhecimento limitado da língua-alvo, o leitor pode estar se perguntando: até que ponto é possível construir um texto que apresente uma costura textual mais satisfatória nessas circunstâncias?

O trecho a seguir ilustra uma forma de encaminhar a tarefa proposta de modo que as ideias sejam mais bem conectadas, tornando o texto mais coeso:

> On Saturday, Jack played tennis. Then he painted his room and after that he talked on the phone. At the end of the day he watched TV.
>
> On Sunday, Jack cooked breakfast and after that he repaired his bicycle. He played the guitar in the afternoon.

Uma leitura em voz alta do texto original e da alternativa acima demonstrará que, enquanto os fatos no primeiro são apresentados "em soluços", no segundo são mais bem concatenados e as ideias fluem mais suavemente, sem lacunas entre uma e outra. O texto poderia ainda ser melhorado com a adição de informações complementares (onde e com quem ele jogou tênis, de que cor pintou seu quarto e por quê, com quem falou no telefone etc.). Mas o ponto a ser destacado aqui é que apenas a adição de marcadores temporais além do *then* (*after that, at the end of the day, in the afternoon*), bem como do conectivo *and*, já contribuem para a coesão textual de forma que sua leitura se torne mais interessante.

Os elementos adicionados nessa segunda versão do texto, chamados de marcadores do discurso (também conhecidos como *transition words, linking words, cohesive devices* ou *cohesion markers*), têm função de conectar e facilitar o desenvolvimento das ideias em um texto; portanto, sua utilização torna o texto mais claro, o que, por sua vez, facilitará a sua leitura.

A tabela a seguir apresenta algumas das noções expressas por marcadores do discurso, bem como alguns exemplos desses termos.

Idea	Examples
Addition	*too, moreover, on top of that, in addition, as well, also, besides, and*
Contrasting ideas	*however, nevertheless, but, even so, whereas, on the contrary, on the other hand*
Concession	*although, even though, though, despite, in spite of*
Cause	*because, due to, given that, for this reason, that's why*
Result	*therefore, thus, consequently, so (that), then*
Purpose	*so that, in order to, so as to*
Examples	*for instance, for example*
Emphasis	*actually, indeed, in fact, as a matter of fact*
Conclusion	*in sum, in conclusion, to sum up, in short*
Change of subject	*as far as ... is concerned, regarding, as regards*
Condition	*if, as long as, unless, assuming that*
Rephrasing/Giving alternatives	*in other words, that is, instead of*
Giving/Reporting opinion	*in my opinion, according to*
Time	*when, while, after (that), before (that), as soon as*

O quadro acima pode levar o leitor a alguns questionamentos sobre o uso de *discourse markers* na escrita, por exemplo:

1. A listagem acima é muito longa e parece ser complicada. Ela deve ser usada como referência apenas por aprendizes-escritores mais proficientes?

Não. A listagem deve ser trabalhada gradualmente, desde o início da aprendizagem da língua inglesa. Aprendizes com pequena proficiência linguística podem focar apenas no uso de elementos de coesão simples como *and*, *but* e *or*. Aos poucos vão-se adicionando novos elementos, permitindo ao aprendiz indicar outras ideias por meio do uso de marcadores do discurso.

2. O uso de marcadores do discurso é obrigatório em um texto?

Muitas vezes o uso de *discourse markers* é opcional. Na tarefa acima, por exemplo, os alunos poderiam ter simplesmente descrito a rotina de Jack sem elementos de transição: *He played tennis, he painted his room, he talked on the telephone* etc. Mas seu uso, como observado acima, torna as ideias mais evidentes e mais bem conectadas, o que por sua vez faz com que a escrita (e consequentemente a leitura) torne-se mais clara e fluida. Cabe ao escritor, então, decidir quando e quais elementos usar ao escrever. Em outras palavras, sua presença funciona mais como um guia para o leitor do que como um elemento indispensável para o texto estar correto gramaticalmente.

3. Os exemplos dados para cada ideia são equivalentes?

Nem sempre. Pode ocorrer que elementos que apresentem a mesma ideia sejam mesmo intercambiáveis (por exemplo, *therefore* e *consequently*); pode ocorrer que suas ideias sejam semelhantes mas que seu uso seja diferente (por exemplo, *so* tem o mesmo sentido que *therefore* e *consequently* mas é usado em situações mais informais). Alguns marcadores de discurso que indicam ideias similares envolvem estruturas diferenciadas (por exemplo, *Although he is tall, he can't play basketball/ Despite being tall, he can't play basketball*). É importante apoiar o uso desta estratégia com outras que permitam verificação de uso e com a aprendizagem desses elementos.

Aplique a estratégia

1 > Combine as ideias a seguir usando os elementos de transição apresentados entre parênteses:

a. I work a lot. I never have time for a holiday. (that's why)

_____

b. I work a lot. I never have time for a holiday. (because)

_____

c. I live in France. I can't speak French. (but)

_____

d. I live in France. I can't speak French. (although)

_____

e. My son can speak 4 languages. He is multilingual. (In other words)

_____

f. I can ride a motorbike. I can fly a plane. (as well)

_____

g. I can ride a motorbike. I can fly a plane. (also)

_____

2 > Reescreva o trecho a seguir utilizando elementos de transição.

I had a terrible day yesterday. I woke up late. I missed my bus. The morning meeting had finished when I arrived at work. Everybody gave me a funny look. I went to bed too late last night. I shouldn't have done that. I felt bad for the rest of the day. It's impossible to go to bed early every day. I'll try to be good in the future.

_____

_____

_____

_____

_____

_____

Sugestões adicionais

- O *site* <http://owl.english.purdue.edu/owl/resource/574/1/> contém informações sobre transições em textos escritos, incluindo exemplos de trechos em que tais transições não são ideais, e suas revisões.
- Observe o uso de marcadores do discurso em textos que você lê (em textos impressos, sublinhe tais elementos; em textos *on-line,* marque-os com sombreamento em cor) e para cada uso reflita: por que o autor do texto usou tal elemento? De que forma tal uso contribui para a coesão e coerência do texto?
- Compile frases ou pequenos parágrafos retirados da Internet que contenham alguns *discourse markers* (não se esqueça de anotar as fontes). Na sua compilação, retire tais elementos e substitua-os por uma linha em branco. Cole os elementos retirados num boxe único, em ordem diferente daquela em que aparecem nas suas frases originais. Depois, use os elementos do boxe para completar as lacunas. Ao final do exercício, avalie: suas escolhas foram as mesmas dos textos originais? Se foram diferentes, pense: a alternativa que você usou é adequada?
- Para uma lista longa de elementos de coesão em inglês, veja os *sites*:
  - <http://www.smart-words.org/transition-words.html>;
  - <http://home.ku.edu.tr/~doregan/Writing/Cohesion.html> (na parte "Transitional Words");
  - <http://library.bcu.ac.uk/learner/writingguides/1.33.htm>. Neste *site,* além da lista você pode encontrar alguns exercícios também.
- Em <http://www.slideshare.net/cupidlucid/cohesion-in-english-presentation> você tem acesso a uma leitura mais detalhada sobre coesão de um modo geral.

16>> USANDO NÍVEL DE FORMALIDADE ADEQUADO AO ESCREVER

A situação

O assunto de um artigo de jornal que você lê é um texto escrito por um juiz norte-americano. No artigo (parcialmente reproduzido abaixo), o texto do juiz é descrito como *humorous* (linha 1). Apesar de perceber que há algo errado com o texto, você não consegue identificar qual seria o problema; você não consegue tampouco perceber essa ideia de humor no texto. Tal incompreensão o conduz a alguns questionamentos: "O que fez esse juiz ao escrever que levou seu texto a se tornar assunto de jornal? Quais lições esse episódio pode me ensinar sobre o processo de escrita em inglês?"

O texto

Judge 'happier than a tick on a fat dog' that he doesn't have to preside at trial

By Jennifer Hewlett

1 A humorous order issued by Kenton Circuit Judge Martin Sheehan is making
2 the rounds in legal publications throughout the country, including the American Bar
3 Association Journal.

4 Sheehan, obviously happy that a lawsuit filed in 2009 had been settled before it
5 was to go to trial, wrote the order on July 19.

6 News of the settlement has "made this Court happier than a tick on a fat dog
7 because it is otherwise busier than a one-legged cat in a sand box and, quite frankly,
8 would rather have jumped naked off of a twelve foot step ladder into a five gallon
9 bucket of porcupines than have presided over a two week trial of the herein dispute, a
10 trial which, no doubt, would have made the jury more confused than a hungry baby
11 in a topless bar and made the parties and their attorneys madder than mosquitoes in a
12 mannequin factory," Sheehan wrote in the order canceling the trial.
13 […]

Disponível em: <http://www.kentucky.com/2011/08/02/1831687/judge-happier-than-a-tick-on-a.html>.
Acesso em: 7 fev. 2012.

A estratégia

O texto acima causa um estranhamento ao leitor (e é esse estranhamento que o torna engraçado) principalmente por causa do uso frequente de comparações inusitadas, como *happier than a tick on a fat dog* (linha 6), *busier than a one-legged cat in a sand box* (linha 7), *more confused than a hungry baby in a topless bar* (linhas 10-11) e *madder than mosquitoes in a mannequin factory* (linhas 11-12).

É importante notar, porém, que não é a originalidade dessas comparações em si que torna o texto engraçado. Tal percepção de humor é ocasionada pelo uso inesperado, não convencional, de expressões tão informais numa ordem judicial. Afinal, textos legais são caracterizados por grande formalidade. Nossa surpresa ao ler o texto ganha ainda uma intensidade adicional ao nos depararmos com a justaposição de uma locução formal (*of the herein dispute*, linha 9) e um trecho bastante informal (*would rather have jumped naked off of a twelve foot step ladder into a five gallon bucket of porcupines*, linhas 8-9).

Uma vez que, no texto acima, o descompasso entre nossas expectativas sobre o que vamos ler e o que lemos de fato causa esse estranhamento, a questão básica a ser explorada é: por que temos uma expectativa de formalidade quando lemos textos legais? A resposta a essa pergunta está na noção de gênero textual que, como ressaltamos anteriormente, faz os membros de uma comunidade discursiva reconhecerem, definirem, descreverem (e, por conseguinte, produzirem) certos textos a partir de características convencionalizadas na cultura.

Algumas convenções que aprendemos em nosso contato com gêneros textuais incluem noções de formalidade em alguns textos (por exemplo, cartas de recomendação, artigos acadêmicos, contratos) e informalidade em outros (por exemplo, bilhetes, mensagens de texto, *chats*). É importante ressaltar que a caracterização de um gênero como "formal" ou "informal" não deve ser percebida como uma relação estática, isto é, não é que os gêneros textuais devam ser caracterizados ou como formais ou como informais. É mais adequado perceber as noções de formalidade e informalidade ao longo de um contínuo em que certos gêneros vão apresentar maior ou menor marca de formalidade do que outros, assim como sugerido no esquema a seguir.

> **Comunidade discursiva** é um grupo de indivíduos que compartilham práticas linguístico-discursivas em um certo ambiente comunicativo, por exemplo, os membros de uma associação profissional, os participantes em um *blog* sobre culinária, os professores participantes de uma conferência profissional etc.

− LEVEL OF FORMALITY +

message	e-mail	contract
text message	horoscope	religious document
on-line chat	shopping list	report
notes	recipe	job application
letter to a friend		letter of complaint

Subordinação é uma forma de se construir ideias através do uso de duas ou mais **orações** em relação de dependência, isto é, uma ou mais orações são subordinadas a uma outra, como em: *In spite of the bad weather, I'm going camping this weekend.*

Voz passiva é uma forma de se usar um **verbo** em que o receptor da ação funciona como **sujeito** da **oração** (por exemplo, *Hamlet was written by Shakespeare*). Nesse caso, "Shakespeare" é o agente da ação (*write*) mas não é o sujeito do verbo da frase (*was written*). A voz passiva é usada quando se quer dar destaque ao receptor/objeto e não ao agente da ação.

Elipse é a omissão de certas partes de estruturas gramaticais, por exemplo, em *I'll ring her and remind her of the time*, estão elípticos *I'll* (antes de *remind her*) e também a informação sobre a que a hora mencionada se refere.

Coordenação ocorre quando duas ou mais **orações** são acopladas sem relação de dependência entre elas, isto é, nenhuma das orações é subordinada à outra, como em: *I like coffee and I enjoy drinking tea, too.*

Voz ativa é uma forma de se usar um **verbo** em que o agente da ação funciona como **sujeito** da **oração** (por exemplo, *Shakespeare wrote Hamlet*). Nesse caso, "Shakespeare" é tanto o agente da ação (isto é, quem escreveu) quanto o sujeito do verbo da frase (*wrote*).

Acrônimo é uma palavra formada utilizando-se as letras ou partes iniciais de uma palavra, por exemplo, FAQ (*frequently asked question*), ASAP (*as soon as possible*) e AIDS (*acquired immune deficiency syndrome*).

Vale lembrar ainda que há gêneros que podem ter variações em seus níveis de formalidade de acordo com outros elementos contextuais (por exemplo, o leitor em potencial e/ou o assunto): um *e-mail* a um membro de nossa família que tem o objetivo de relatar o nosso fim de semana será mais informal do que um *e-mail* a um professor justificando nossa ausência na aula anterior. Caberá ao escritor decidir quais recursos deverá usar a fim de compor seu texto de acordo com o nível de formalidade adequado.

Com base nas informações acima, alguns aspectos devem ser lembrados ao escrever, como resumido no quadro a seguir:

Registro	Elementos textuais	Exemplos
Formal	• frases completas • frases mais longas, amplo uso de subordinação • uso de voz passiva • ausência de contrações • uso de vocabulário considerado formal, incluindo palavras de origem latina • atenção a regras de ortografia e pontuação	• *I received the message.* • *In spite of the bad weather, he went to work.* • *The ceremony was attended by over 2,000 people.* • *She is alive; They have done it; We were not there.* • *type of, children, become; cancel, reprimand, ameliorate* • *Which slot do you prefer: 10 a.m. or 4:30 p.m.?*
Informal	• elipses • frases mais curtas, uso frequente de coordenação • uso de voz ativa • uso de contrações • abreviações e acrônimos • uso de vocabulário considerado informal, incluindo *phrasal verbs* • menor preocupação com ortografia e pontuação	• *Received the message.* • *The weather was bad but he went to work.* • *Over 2,000 people attended the ceremony.* • *She's alive; They've done it; We weren't there.* • *gr8, c u soon, 4u, omg* • *sort of/kind of; kids; get* • *Which slot do you prefer 10 am or 4 pm?*

Os dados acima têm a função de servir como apoio e referência a quem escreve em inglês e não devem ser vistos como uma listagem de regras a serem seguidas indiscriminadamente. Cabe ao escritor refletir sobre as condições de produção de escrita (o que se escreve, sobre o quê, para quem, com que objetivo, em que suporte etc.) e escolher os elementos adequados ao nível de formalidade do contexto. Esses pontos serão retomados na próxima seção, em que trataremos das diferenças entre linguagem oral e escrita.

Outro fator a ser observado com relação ao uso da estratégia focalizada nesta seção é que a escrita de textos similares em línguas diferentes pode requerer níveis de formalidade também diversos. Ampliaremos este ponto na seção "Respeitando convenções do discurso escrito em inglês".

Aplique a estratégia

1 > Leia os textos a seguir e responda: você os classificaria como formais ou informais? Por quê?

a. "Looking for an unusual gift idea for your friends and family? Well, Beale Park has the answer with Animal and Tree sponsorships, Keeper Sessions and Annual Season Tickets."

(Folheto *Wildlife Park and Gardens*, Beale Park, Park Guide 2011, Reino Unido.)

b. "For most people, it is advisable to have an eye examination (another name for the 'sight test') every two years, and to attend earlier if any eye problems occur, or if advised by your optometrist.'

(Folheto *What's new at Specsavers*, produzido por Specsavers ®, Reino Unido, 2012.)

c. "It is hard to imagine that the new Globe is only fifteen years old. It has scored its image so deep into the grain of our cultural and educational life, it is almost bewildering that it is still in its early teens."

(Folheto *2012 Theatre Season*, Globe Theatre, Reino Unido, 2012.)

d. "Idiot Test Description: How dumb r ya? Take the idiot test to find out! Hint: The square is blue."

(Disponível em: <http://www.bored.com/game/play/151348/Idiot_Test.html>. Acesso em: 6 mar. 2012.)

_____

_____

2 > Se você tivesse que escrever os textos a seguir, procuraria caracterizá-los como formal (F), informal (I) ou neutro (N)? Por quê?

a. ( ) Apresentação pessoal em um _blog_.
b. ( ) Folheto publicitário sobre o local onde você trabalha.
c. ( ) Recado para um "amigo" numa rede social.
d. ( ) _E-mail_ a um professor comunicando sua ausência na próxima aula.
e. ( ) Cartão-postal para um amigo durante as suas férias.
f. ( ) Carta de reclamação sobre os serviços prestados em restaurante a que você foi recentemente.

Sugestões adicionais

- Para praticar a estratégia, selecione uma ou mais opções do Exercício 2 acima e escreva os textos correspondentes.
- Para informações e prática sobre as diferenças entre cartas formais e informais, veja os *sites*:
    - <http://www.bbc.co.uk/schools/ks3bitesize/english/writing/formal_informal/test.shtml>;
    - <http://www.esl-lounge.com/student/reading/3r8-formal-informal-letter.php>;
    - <http://www.englisch-hilfen.de/en/words/letters.htm>;
    - <http://www.tefl.net/alexcase/worksheets/writing/email/formality/formal-informal-links/> (este também contém informações sobre *e-mails*).
- Em <http://www.courses.vcu.edu/ENG-652/tbuchanan/levels.htm> pode-se ler mais sobre o assunto. O *site* inclui sugestões sobre como promover a conscientização de escritores sobre noções de formalidade/informalidade, e como tornar mais adequadas suas escolhas ao escrever.
- Para uma listagem de conjunções e suas caracterizações (formais, informais) com exemplos, veja <http://learnenglishbetter.com/content/index.php?option=com_content&view=article&id=46:list-of-conjunctions-with-levels-of-formality&catid=1:latest-news&Itemid=50>.
- O uso de nível de formalidade adequado ao escrever está associado a outros cuidados durante a escrita. Esses cuidados envolvem, por exemplo, a adequação (ou não) do uso de jargão especializado, de gírias e expressões idiomáticas, de linguagem potencialmente ofensiva ou preconceituosa. Leia mais sobre o assunto em <http://owl.english.purdue.edu/owl/resource/608/01/>.

> Conjunções são palavras que ligam duas **orações** ou duas partes similares em uma mesma frase, por exemplo, respectivamente, em "I live in New York *but* I've never been to the Bronx" e "It's small *but* cosy in here".

17>> CONSIDERANDO DIFERENÇAS ENTRE MODALIDADE ORAL E ESCRITA

A situação

Você combinou de se encontrar com um amigo na British Library, em Londres, mas o plano ficou de ser confirmado no dia do encontro. Além da confirmação do encontro, outros detalhes precisam ser acertados (hora, local exato do encontro). Esses arranjos são feitos, então, por meio de mensagens de texto. Ao escrever, você se pergunta como pode proceder para garantir que suas mensagens fiquem mesmo "com jeito" de mensagens de texto e não causem estranhamento ao seu leitor.

O texto

Mensagem 1: Hi if we are to meet at the bl at 1 I need to leave home in about an hour. Pls confirm your plans cheers

Mensagem 2: yes I'll come. Might need to be 1.30 and we newd to talk about where to meet

Mensagem 3: 1 30 ok. U tell me where it's best 2 meet

Mensagem 4: no lets make it 1.00. ok? novotel corner of ossulton street and euston road, right outside bl

Mensagem 5: ok see u there at 1

Mensagem 6: good!

Later

Mensagem 7: Arriving in pdton in a fewminutes. I might run a bit late. Trains...

Mensagem 8: In minicab. If before you, will wait inside novotel hotel

Mensagem 9: Ok I'm in the tube

A estratégia

Locuções nominais (*noun phrases*, em inglês) são grupos de palavras que descrevem um **substantivo**, por exemplo, em *"The very tall speaker on the left is my father"*, há duas locuções nominais: *The very tall speaker* e *my father*.

Hedges são palavras ou expressões que têm a função de suavizar ou enfraquecer o impacto do que é dito.

Sobreposições (*overlaps*, em inglês) referem-se a turnos de fala que se sobrepõem um ao outro, isto é, que ocorrem simultaneamente.

Sua preocupação em escrever suas mensagens de texto de forma que elas demonstrem as características do gênero textual produzido é louvável, como discutido na seção "Considerando a tipologia e o gênero textual". No caso específico de mensagens de texto há um elemento adicional a se considerar: apesar de produzido sob a forma escrita, esse gênero textual é caracterizado por diversos elementos normalmente associados ao discurso oral, entre eles o uso de elipses, abreviações, frases incompletas, reparos etc.

O quadro abaixo apresenta mais detalhes sobre diferenças entre o discurso oral e o escrito:

Características normalmente associadas à escrita	Características normalmente associadas à fala
• A escrita é permanente e estática • A escrita é planejada, organizada e estruturada, levando à utilização frequente de recursos tais como: • Frases longas • Estrutura frasal mais complexa, com uso frequente de subordinação • Fronteiras entre frases claramente marcadas • Locuções nominais compactas (*remarkably successful basketball player*) • Formalidade (uso de vocabulário formal e ausência de contrações)	• A fala é transitória e dinâmica • A fala é não planejada, rápida e espontânea, levando à utilização frequente de recursos tais como: • Pausas, hesitações • Repetição (*My sister, she's a famous writer*) • Hedges (*sort of, a little*) • Interrupções • Sobreposições • Fronteira entre frases nem sempre evidente • Expressões que apresentam comentários (*I think, I gather, I would say*) • Estrutura frasal simples, caracterizada por coordenação • Elipses • Informalidade (uso de vocabulário coloquial, gírias, contrações)

Para melhor entendimento do quadro acima é importante destacar que nem toda linguagem produzida através de recursos escritos apresentará características normalmente associadas ao discurso escrito: por exemplo, mensagens de texto (como no texto ilustrativo desta seção), *tweets, chats,* bilhetes, notas para si próprio, entre outros, apresentarão características normalmente associadas ao discurso oral. De forma similar, alguns gêneros textuais produzidos oralmente, como palestras, noticiário de TV, discursos políticos, terão elementos normalmente associados ao discurso escrito. Um segundo ponto a ser destacado é que tais características não estão necessariamente vinculadas a gêneros textuais específicos: um *e-mail* pode ser configurado com elementos associados ao discurso escrito (se escrito por um candidato a um emprego, por exemplo) ou pode ser caracterizado por elementos associados ao discurso oral (se escrito entre amigos acerca de um evento no fim de semana). Um escritor estratégico saberá usar os recursos adequados ao contexto de escrita em cada caso.

Retomando o texto ilustrativo da seção, notamos que ambos os interlocutores utilizam elementos normalmente associados à fala em suas mensagens, entre eles vocabulário informal (*ok*, 3;4;5;9); elipses (*[It] Might need to be*, 2; *[We should meet at] novotel corner of ossulton street and euston road*, 4; *[I'll] see u there*, 5; *[I'm] Arriving*, 7; *[I'm] In minicab. If [I arrive] before you, [I] will wait inside novotel hotel*, 8. As abreviações usadas (*bl = British Library*, 1; *Pls = please*, 1; *u = you*, 3;5; *2 = to*, 3; *pdton = Paddington Station*, 7) são também apropriadas ao gênero textual, pois economizam tempo e espaço disponível para as mensagens, dando agilidade à conversa.

Outras características da troca de mensagens anteriormente reproduzida que "vão contra" normas de gramática associadas à escrita mas que estão perfeitamente de acordo no contexto de produção de mensagens de texto incluem: ausência de preocupação com correção ortográfica (veja *newd* onde se quer dizer *need*, 2; *lets* no lugar de *let's*, 4; *fewminutes* ao invés de *few minutes*, 7; ausência de pontos finais ou vírgulas (*Pls confirm your plans cheers*, 1; *yes I'll come*, 2).

Em outras palavras, todos esses usos são apropriados à situação aqui discutida, e ambos os escritores lançaram mão de recursos apropriados ao produzir seus textos. Tal adequação indica não apenas que os interlocutores têm conhecimento dessas expectativas na produção de mensagens de texto, mas também que sabem colocar tais normas em prática. Desta forma, conhecimento e habilidade de emprego dos diversos recursos listados no quadro acima são componentes importantes para se escrever bem em inglês, e o desenvolvimento dessas competências pode ser apoiado por estratégias como "Usando um texto similar como referência", "Usando nível de formalidade adequado ao escrever", entre outras.

Aplique a estratégia

1 > a. Dos dois textos abaixo, um contém a transcrição de uma interação em uma aula de inglês e o outro, uma "recriação" posterior da interação sem preocupação de ser fiel ao que foi exatamente dito na interação. Leia os textos e identifique a transcriçao e a "recriação", justificando suas respostas com base nas características do discurso oral discutidas nesta seção.

Texto 1

T	Okay, open your books on page eight.
S1	Page eight?
T	Yes. We have already done page eight, and what we're going to do now is to revise the vocabulary about types of music and to write that vocabulary in your notebooks.
S2	Can you repeat that, please?
T	Do you remember the types of music we went over last class?
S2	Yes, I do.
S3	In what part are we going to write down the vocabulary?
T	Hum?
S3	What part in our notebook are we using to record the vocabulary?
T	What part do you think? Vocabulary, right? So get your notebook and write down the kinds of music that you have discussed last class =
S2	= In which part?
T	Vocabulary

Texto 2

T	Okay, let's do then, book page eight. Open your books, page eight. This one.
S1	Page eight?
T	Page eight. We have already done page eight so you're gonna talk which are, we're gonna discuss the types of music, you're gonna write it down in your notebook
S2	Hum?
T	Remember the types of music? We went over last class?
S2	Ah!
S3	What part?
T	Hum?
S3	What part?
T	What part do you think? Vocabulary, right? So get your notebook and write down the kinds of music that you have discussed last class =
S2	= Which part?
T	Vocabulary

Nota: = indica fala contígua; T indica *Teacher;* S seguido de número indica *Student 1, Student 2* etc.

___

b. Descreva os eventos acontecidos na interação como se estivesse elaborando um relatório dos acontecimentos a serem lidos por colegas ausentes à aula.

___

2 > a. Pense nas diferenças entre discurso oral e escrito como um contínuo ao longo da reta abaixo: quanto mais para a esquerda, mais fortes as características normalmente associadas ao discurso escrito; quanto mais para a direita, mais fortes as características frequentemente associadas ao discurso oral.

DISCURSO ESCRITO   DISCURSO ORAL

Em que local no contínuo você se situaria se tivesse de escrever os textos listados a seguir:
I. Um *blog* sobre sua experiência ao aprender sobre estratégias de escrita.
II. Um *chat* entre amigos contando sobre sua experiência ao ler esta seção.
III. Um parágrafo teórico sobre as diferenças entre o discurso oral e escrito.
IV. Um *e-mail* a um professor pedindo esclarecimento sobre um aspecto discutido nesta seção.

b. Escolha um ou mais de um dos textos propostos acima e escreva-os, em seu bloco de notas, atentando para as marcas de oralidade e escrita que eles devem conter com base na sua posição no contínuo acima.

Sugestões adicionais

- Para perceber melhor as diferenças entre a fala e a escrita, grave um pequeno trecho em que você converse em inglês com um amigo (um minuto ou dois de gravação) e transcreva tal conversa. Outra alternativa é usar, como fonte para sua transcrição, um vídeo na Internet que contenha uma conversa informal. Durante e após a transcrição, reflita: quais as dificuldades que você teve ao transcrever? Quais surpresas a transcrição final lhe causa? O que o processo de transcrever um texto pode lhe ensinar sobre a escrita de diálogos informais em inglês?
- Para ler mais sobre diferenças entre o discurso oral e o escrito, explore os *sites*:
    - <http://englishonline.tki.org.nz/English-Online/Exploring-language/Speaking-and-Writing>;
    - <http://www.uefap.com/speaking/feature/complex.htm>;
    - <http://www.universalteacher.org.uk/lang/speech.htm>.

18>> RESPEITANDO CONVENÇÕES DO DISCURSO ESCRITO EM INGLÊS

A situação

Você tem de responder a um *e-mail* que recebeu recentemente, mas está na dúvida sobre como deve proceder. Ao ler o *e-mail* original (reproduzido abaixo), você não encontrou dificuldades para entender o seu vocabulário e teve, portanto, bom entendimento do seu conteúdo. O que o deixou na dúvida sobre como deve responder ao *e-mail* é que ele parece conter vários assuntos diferentes, e você não consegue identificar qual o seu propósito comunicativo.

Você se pergunta: "Para responder a este *e-mail* devo dar espaço equivalente a todos os assuntos nele tratados ou não?". E amplia seus questionamentos: "Será que posso usar alguma estratégia de escrita para me ajudar a escrever minha resposta?"

O texto

◄ 💬 Hairdresser!

1 **From:** Katherine Souza
2 **Sent:** Tuesday, 16 August 2011 22:15
3 **To:** Mariana Souza

4 Hi,
5 I hope you're having a good week. I was just wondering if you'd be able to
6 send me the contact details of Sandra the hairdresser you mentioned, for future
7 reference. I could do with a haircut – I've not had one for months and I'm
8 ready for a change!

9 Marcos tells me he has lent Alexandre a DVD of the Dog Whisperer that he
10 loves so much at the moment – so I'm sure before long, you'll be watching it too!

11 If you're free, then you're all very welcome to come over here for the usual
12 Thurs evening, or we can meet you at yours, or somewhere else if suits!
13 All the best
14 Kxxx

Adaptado de arquivo pessoal da autora.

A estratégia

Ao justificar sua dificuldade em identificar o propósito comunicativo do *e-mail* com o argumento de que o texto continha muitos assuntos, você cometeu um erro básico: associar "propósito comunicativo" a "assunto". O propósito comunicativo do *e-mail* acima é fazer pedidos. Tal propósito envolve um ato ameaçador de face (no caso, a face negativa do leitor) e, para minimizar tal ameaça, muitos escritores em língua inglesa usam a estratégia de incluir assuntos adicionais em seu pedido. Essa prática poderia ser interpretada como uma forma de tornar o pedido mais indireto a partir de sua inclusão no meio de outros tópicos.

Conhecer essas tendências ajuda, pois, não apenas na leitura (e consequente entendimento) do texto lido, mas também no apoio à escrita da resposta. A observação do *e-mail* acima ilustra a adoção de outras convenções associadas à produção de *e-mails* em inglês que podem apoiar a escrita de textos similares, entre elas:

- Iniciou-se o *e-mail* com um cumprimento informal (*Hi,* linha 4);
- O primeiro parágrafo começa com *I hope you're having a good week* (linha 5), que não tem função referencial (de informar, comunicar algo), mas sim uma função interpessoal de estabelecer/manter relação pessoal com o interlocutor;
- Parte-se então para o pedido propriamente dito: os contatos da cabeleireira (linhas 5-6). Note-se que o pedido vem acompanhado de justificativas e explicações (de *for future reference* até *for a change*), sendo essas estratégias adicionais para mitigação da ameaça da face negativa do leitor;
- O restante do texto então trata de assuntos adicionais: um DVD sobre o qual a autora do texto e sua leitora têm conhecimento; planos para um encontro no futuro (linhas 9-10 e 11-12, respectivamente);
- O fechamento do texto consiste em duas linhas, uma contendo um cumprimento informal (*All the best*, linha 13), e outra contendo a assinatura da autora, que é feita com a inicial do seu nome (*K*) e a adição de *xxx* que, em inglês, significa *kisses, love*.

Os procedimentos acima necessitam de comentários adicionais para que as convenções de escrita a que eles remetem sejam mais facilmente entendidas. Primeiramente, o uso de *hi* (linha 4) sem o nome do destinatário da mensagem é uma prática comum em inglês. A não ser que o *e-mail* seja um pouco mais

---

Função referencial é uma função da linguagem caracterizada pela expressão de uma ideia ou informação de forma objetiva, como em *Tomorrow is a holiday*.

Função interpessoal é uma função da linguagem caracterizada pelo estabelecimento ou fortalecimento de relações sociais entre **interlocutores** ou entre autor-leitor ou pela indicação de como um escritor ou falante se posiciona com relação ao texto produzido. Ao dizer "*I'm sure you'll enjoy this.*", cumpre-se uma função interpessoal.

Interlocutores são as pessoas que participam de uma conversa com outra(s) pessoa(s).

Pragmalinguistic failure é um problema linguístico que ocorre na interface entre o que é dito e o que se pretende dizer, quando um falante inadequadamente transfere recursos usados na sua língua materna a fim de expressar uma intenção em língua estrangeira.

Sociopragmatic failure é uma falha na comunicação ocasionada quando os participantes têm definições diferenciadas sobre o que é considerado apropriado ao interagir. Por exemplo, um brasileiro que dá um tapinha no ombro de alguém que acabou de conhecer comete um *sociopragmatic failure* num contexto anglófono, já que essa prática não é apropriada em tal grupo social.

formal (iniciando-se, neste caso, por *Dear [nome do destinatário]*), não é frequente a menção do nome do leitor a que se destina. Em segundo lugar, o uso de uma frase inicial com função de aproximar o autor e o escritor é muito comum em *e-mails* em inglês: a autora poderia ter escrito outras frases como *I hope this e-mail finds you well; I hope all is well with you.* Como já foi dito, a inclusão dos assuntos adicionais no *e-mail* (o DVD, o encontro futuro) pode ser analisada como estratégias de minimização da ameaça de face ocasionada pelo pedido: afinal, é possível que a autora do texto não escrevesse apenas para falar desses assuntos – eles provavelmente foram mencionados como "adornos" ao assunto principal, o pedido dos contatos da cabeleireira. Finalmente, o fechamento do *e-mail* seguiu normas típicas da língua inglesa para esse gênero textual: cumprimento informal (*all the best;* poderia ter sido sua abreviação *ATB*, ou *Best wishes,* ou a forma curta *Best,* esta mais comum em contexto norte-americano). A assinatura também fez uso de escolha frequente nesse tipo de produção escrita (a letra inicial do autor do texto; os símbolos "xxx" – que poderiam ter vindo também acompanhados de "ooo", que significa *hugs*, mas seria improvável ter as palavras *kisses* ou *hugs*). Vale também notar que a autora não usou caixa alta em nenhum momento (nem no título, nem no corpo do texto), o que seria tido como rude em um *e-mail* em inglês.

Muitas das escolhas descritas acima diferem de convenções mais frequentemente adotadas em *e-mails* similares escritos em português. Como discutido previamente, o que a autora desse *e-mail* fez não foi "inventar" uma forma de escrever, mas adotar formas aceitas e normalmente usadas em seu grupo social. Da mesma forma que essas escolhas podem causar um estranhamento a um leitor que escreva em outro meio social, as decisões normalmente adotadas por brasileiros ao escrever *e-mails* podem não ser bem entendidas por leitores anglófonos. Os brasileiros poderão, por exemplo, incluir o nome do destinatário, cumprimentos como "Bom dia" ou "Boa tarde", pedidos mais diretos, finalizações com as palavras "beijos" ou "abraços", texto em caixa alta: tais decisões, se transportadas para um *e-mail* escrito em inglês, poderiam ser configuradas com o que se descreve na literatura como *pragmalinguistic failure* (no caso do uso de termos como *Good morning* ou *kisses*) ou *sociopragmatic failure* (no caso da construção de um pedido direto ou do uso de caixa alta).

Concluindo, é importante estar atento a normas de escrita que podem divergir entre nossa língua materna e a língua estrangeira em que escrevemos. Nesta seção focamos em *e-mails;*

outros gêneros podem ter convenções variadas em português e inglês (ou entre variantes da língua inglesa) e alguns exemplos são:

> *Content words* são palavras que carregam sentido (por exemplo, *"house"* ou *"run"*, e se distinguem de *function words* (como *"of"* ou *"for"*), as quais têm a função de estabelecer relações sintáticas.

- O uso de voz passiva não é tido como recomendável em textos acadêmicos em inglês americano. Assim, revisores automáticos em editores de texto tendem a sublinhar em verde trechos como *Short paragraphs were written by participants.*
- Em títulos de artigos de jornais, relatórios, apresentações em *slides*, entre outros documentos, usam-se letras maiúsculas para todas as letras iniciais de *content words* em inglês americano. Desta forma, se o título desta seção estivesse seguindo tal norma, ele seria escrito assim: *Respecting Conventions of Written Discourse in English.* Em inglês britânico isso não aconteceria – apenas *English* e *Respecting* teriam letras maiúsculas iniciais (*Respecting*, por ser a primeira palavra da sequência; *English* porque nomes de idiomas são sempre escritos com letras maiúsculas em inglês).
- Uma convenção norte-americana adotada em qualquer gênero escrito envolve a representação escrita do número "sete": tal símbolo (7) nunca tem o corte que brasileiros às vezes incluem na linha inclinada do número. E mais: a presença do corte pode fazer o número parecer uma letra F para muitos norte-americanos, o que pode causar surpresa ou mesmo incompreensão do que está escrito.
- Em cartões ou cabeçalhos em mensagens enviadas de uma pessoa para outra, usa-se em português a ordem "De + nome de quem envia" seguida de "Para + nome do destinatário". Em inglês, a ordem é inversa: primeiro temos *To*; depois, *From*.

Para concluir, é sempre uma boa ideia analisar criticamente os usos de gêneros textuais na língua-alvo se tivermos de produzir textos semelhantes. Um cuidado a ser tomado nesse processo consiste em evitar generalizações indevidas ("Todos os norte-americanos escrevem assim"; "Todos os britânicos escrevem dessa maneira"); afinal, há variações entre membros de um mesmo grupo e cabe aos autores observar as normas vigentes nos (sub)grupos em que participa e fazer escolhas ao escrever de forma criteriosa.

Aplique a estratégia

1 > Com base nos pontos apresentados nesta seção, leia os *e-mails* a seguir e responda: eles respeitam convenções para *e-mails* em inglês? Justifique sua resposta.

E-mail 1

Subject: Department Meeting

Dear All,

Our department meeting is confirmed for tomorrow. It will take place from 8pm to 9pm in Room 181 and the agenda is attached.

I am aware that several members of our group will not be able to stay until the end of the session, but have decided to go ahead with the meeting.

Best wishes
Jason

E-mail 2

Subject: DEPARTMENT MEETING

Good morning.
The meeting is confirmed: Room 181, 8-9hs.
Shame that some of you can't make it.
Bye.

___

2 > Um escritor brasileiro que não conheça convenções de escrita *on-line* em inglês será capaz de entender o humor da situação abaixo? Por que (não)?

Star2, Tuesday 15 Nov. 2011. p. 23.

Sugestões adicionais

- Usando fontes similares em inglês e em português (por exemplo, jornais impressos com qualidade similar, como *Folha de S.Paulo*, *The Guardian*, *The New York Times*), recorte exemplos de mesmos gêneros textuais nesses jornais (por exemplo, artigos, cartas para o editor, anúncios classificados, anúncios publicitários, charges, indicadores econômicos, gráficos, entrevistas, obituários, horóscopos, previsão do tempo) e analise as semelhanças e diferenças das representações desses gêneros nas duas línguas.
- Se você dá aulas de inglês, compartilhe os pontos tratados nesta seção com seus alunos. Em seguida, peça-lhes que escrevam *e-mails* em inglês fazendo pedidos. Os *e-mails* escritos pelos alunos podem ter destinatários diversos: os próprios alunos, professores, diretores da escola, membros de outra comunidade escolar.
- Para diferenças entre gêneros virtuais no inglês e no português, leia o artigo:
  - <http://www.pucsp.br/isfc/proceedings/Artigos%20pdf/43dc_shepherd_895a920.pdf>.

19>> MONITORANDO A ESCRITA

A situação

Como tarefa para a sua aula de inglês, você tem de escrever um pequeno parágrafo sobre um planeta de sua escolha. Você escreve à mão e usa uma caneta: para retificar o que escreve você risca o que foi feito e faz a emenda de uma forma que deixe claro ao leitor o que você quer incluir no texto final. Quando termina de escrever você dá uma olhada rápida no seu texto e nota que ele está um pouco rasurado demais. Você diz ao seu professor que vai passar o texto a limpo antes de entregá-lo, mas ele retruca: "Não precisa fazer isso; as suas mudanças no papel me revelam alguns dos seus pensamentos ao escrever". Você fica na dúvida de que pensamentos seriam esses; pergunta-se, também, se um melhor entendimento sobre tais pensamentos poderiam servir de apoio para o desenvolvimento de alguma estratégia de escrita.

O texto

Transcrição:

1 ((incomprehensible)) My planet is Uranus. It doesn't have a mountains but haves a lot of rivers.
2 There are Sometimes ha there are clouds in the sky. ((incomprehensible)) ((incomprehensible))
3 The animals are living there. Therey are have a 10 ten legs, one eyes. Therey are very no nice. Therey
4 are making some food for to the Earth people.

Arquivo pessoal da autora

120 / COMO ESCREVER

A estratégia

As retificações visíveis no trecho podem realmente dar, tanto ao leitor quanto ao escritor do texto, uma boa ideia de pensamentos e decisões encaminhados por aquele que escreveu o texto. O quadro a seguir dá mais detalhes:

Linha	A retificação	O que a retificação sugere
1	Há algo cortado: uma letra T? (não é claro).	Não se pode concluir.
1	*a* é cortado.	O escritor planejou dizer *a mountain* e depois resolveu usar *mountains*?
1	*have* é mudado para *has*.	O escritor percebeu que *It* deveria ser seguido de *has* e não de *have*?
2	*There are* é cortado.	O escritor resolveu começar a nova frase com *Sometimes*.
2	*ha* é cortado.	O escritor lembrou que para se dizer "tem nuvens" usa-se *there are* e não *have*?
2	Dois elementos são cortados.	Não se pode concluir.
3	*There* é emendado para *They*; *are* é cortado.	O escritor mudou de planos, ao invés de *There are* resolveu começar a nova frase com *They*.
3	*a* é cortado.	O escritor lembrou que *ten legs*, adiante, não seria precedido de *a*?
3	"10" é cortado e substituído por *ten*.	O escritor achou que seria melhor escrever *ten* por extenso?
3	*s* final em *eyes* é cortado.	O escritor lembrou que *one* é seguido de *eye* e não *eyes*?
3	*There* é cortado e substituído por *they* duas vezes.	O escritor faz confusão entre *There are* e *They are* ou simplesmente mudou de ideia?
3	*no*(?)é cortado, e substituído por *nice*.	O escritor retificou a ortografia da palavra?
4	*to* é cortado e substituído por *for*.	O escritor lembrou-se da distinção entre *for* e *to*?
4	*Earth* é cortado e substituído por *people*.	O escritor mudou de plano no encaminhamento do texto?

Como se vê, há muitas mudanças num pequeno trecho (como visto nas descrições da segunda coluna) e é impossível determinar com precisão as razões que levaram a essas mudanças (esta é a razão dos pontos de interrogação ao final de cada linha na terceira coluna). Mas podemos ter certeza de que as mudanças ocorreram e podemos concluir que foi algum tipo de monitoramento ao escrever que levou o autor do texto a fazer tais retificações.

Monitorar um texto ao escrever é pensar sobre o que você escreve e como você escreve; é perguntar-se se há formas de melhorar o texto ou as estratégias que você utiliza ao escrever. Os exemplos acima sugerem que houve alguns tipos de monitoramento sobre o texto produzido: especificamente, eles ilustram monitoramento de conteúdo e de forma do texto durante a escrita. Monitoramento de conteúdo envolve decisões quanto à adequação dos elementos escolhidos para serem incluídos na produção do texto (um exemplo acima é a mudança *Earth → people*). Monitoramento de forma envolve atenção a aspectos como ortografia, ordem e terminação das palavras (exemplos acima incluem as mudanças envolvendo *nice, eyes → eye, 10 → ten, There are → Sometimes there are*). Algumas vezes esses dois tipos de monitoramento convergem, já que a fronteira entre "o que escrever" e "como escrever" é tênue. Algumas mudanças no texto acima ilustram esse ponto: não é possível afirmar com precisão se os movimentos de *They are* para *There are* ou *They have* envolveram preocupação do autor do texto com relação à sua forma, conteúdo, ou os dois aspectos ao mesmo tempo.

Há outros tipos de monitoramento, e alguns deles também podem ter sido encaminhados durante o processo de escrita do texto reproduzido acima. Eles são:

- Monitoramento auditivo, que envolve uma indagação se o texto "soa adequado" quando ele é lido em voz alta ou em pensamento.
- Monitoramento visual, que envolve uma reflexão por parte do escritor se o texto "parece adequado" quando se olha para ele.
- Monitoramento de coerência e coesão, quando o escritor se pergunta se o texto está fluindo bem ao se observar a sequência de seus elementos (palavras, locuções, frases, períodos, parágrafos, capítulos etc.) e também ao se indagar se cada parte faz sentido diante de outras partes do texto.
- Monitoramento de convenções do gênero textual, quando se observa a adequação quanto às necessidades do leitor, propósito comunicativo do texto, adequação com relação a seu suporte, requerimentos etc.
- Monitoramento de senso comum, ao se perguntar se o texto faz sentido diante do que seu escritor sabe sobre o assunto em foco.
- Monitoramento de dificuldades pessoais, que ocorre por meio da atenção a potenciais problemas que se costuma ter ao escrever. Trataremos desse tipo de monitoramento na próxima seção.

Pesquisas na área de estratégias de escrita demonstram que escritores eficientes monitoram os textos que escrevem. Este fato nos leva a concluir que é uma boa ideia desenvolvermos e aplicarmos estratégias de monitoramento ao escrever em inglês – ou, se você é professor, é recomendável auxiliar seus alunos a compreenderem seus processos de monitoramento de escrita, aprendendo a avaliar como encaminham tais processos e o que podem fazer para melhorá-los.

A dificuldade relacionada às conclusões acima é que os processos de monitoramento são, por definição, de natureza cognitiva e não são, portanto, observáveis. A fim de melhor compreender esses processos, temos de nos apoiar em seus "traços" (como as mudanças visíveis no texto acima), em *think-alouds,* em diários, em questionários, em programas que registram *keystrokes* ao se escrever. No entanto, é importante ressaltar que todos esses instrumentos de pesquisa têm as suas limitações e nenhum deles irá nos dar uma exata noção de como um escritor monitora sua escrita, já que muitos desses processos não são observáveis ou mesmo conscientes.

Sob um ponto de vista conceitual, é importante distinguir monitoramento (que, por definição, envolve autorreflexão) de verificação (*checking*): este último processo acontece quando o escritor usa uma fonte externa ao texto para tirar alguma dúvida. Essas fontes incluem dicionários, *thesauruses*, outros livros de referência como enciclopédias, e também pares mais competentes como um colega ou o professor. Vamos tratar dessas questões na seção "Considerando fontes externas para verificação do texto escrito".

Aplique a estratégia

1 > a. Escreva em seu bloco de notas um pequeno texto sobre um tema de sua escolha (para sugestões de tópicos, consulte o *site* <http://unrestrictedarea.com/esl/compositiontopics.html>).

b. Ao terminar seu texto, preencha a ficha de avaliação a seguir:

While writing, I monitored my work by asking myself:
(   ) Does it look right? (*Visual monitoring*)
(   ) Does it sound right? (*Auditory monitoring*)
(   ) Does it make sense? (*Coherence/Commonsense monitoring*)
(   ) Did I use the right/adequate information? (*Content monitoring*)
(   ) Did I apply grammar rules adequately? (*Form monitoring*)
(   ) Do the ideas follow each other? (*Cohesion monitoring*)
(   ) Is this text adequate for a… (genre in focus:) _____? (*Conventions monitoring*)

c. Reflita: até que ponto as estratégias usadas apoiaram a escrita do texto? Seria posível tê-las usado de forma mais adequada? Há alguma estratégia que não foi usada mas que poderia ter sido de forma a melhorar o texto e/ou o processo de escrita?

2 > Escreva em seu bloco de notas um pequeno parágrafo sobre um tema de sua escolha. Enquanto escreve, faça um *think-aloud* e grave tal processo em áudio. Ao terminar de escrever o seu texto, escute o áudio e liste os tipos de monitoramento que fez ao escrever (para tal, consulte a ficha no exercício anterior). Em seguida, avalie seu monitoramento ao escrever: os monitoramentos aconteceram em momentos adequados ou não? Tiveram consequências positivas ou não? Por quê? As estratégias utilizadas ajudaram? As não utilizadas poderiam ter sido aplicadas?

Sugestões adicionais

- Para ler mais sobre monitoramento na escrita, visite o *site* <http://www.allkindsofminds.org/generating-and-organizing-ideas-monitoring-writing-strategies-impact-of-attention-self-monitoring>. Nele você também encontra sugestões de implementação da estratégia em sala de aula.
- Para melhor avaliar os benefícios associados ao monitoramento da escrita, escolha um assunto familiar (por exemplo, sua família, cidade ou trabalho) e escreva um parágrafo descritivo sobre o assunto. Para cada uma das frases do parágrafo, faça o seguinte: (1) escreva a primeira frase sem parar no meio; ao final dela verifique se a frase está adequada; (2) na segunda frase, pare para fazer esse monitoramento após cada palavra; (3) o resto do parágrafo deve ser escrito sem pausa para monitoramento. Ao final do parágrafo, avalie: qual processo de escrita foi melhor? Por quê?
- Se possível, explore os processos de monitoramento de escrita ao escrever com outra pessoa: para tal, escolham um tema de seu interesse e escrevam em conjunto sobre o assunto, encaminhando as perguntas de monitoramento (*Does it sound right?; Does it look right?* etc.) em conjunto.
- Ao rever um texto escrito, pode ser útil não apenas fazer monitoramento mas também tentar recuperar os monitoramentos feitos quando a versão anterior do texto foi escrita: O que pensei ao escrever isso? Por que fiz essa ou aquela modificação? Havia outras alternativas que considerei mas descartei? Essas reflexões podem apoiar os novos monitoramentos.
- Se você dá aulas de inglês, para mostrar a seus alunos os tipos de monitoramento existentes, simule um *think-aloud* (escrevendo algo no quadro e falando os pensamentos em voz alta ao monitorar a escrita). Nesse *think-aloud* inclua os tipos de monitoramento apresentados nesta seção. Em seus cadernos, os alunos anotam tais tipos de monitoramento com exemplos do que se diz/pensa ao encaminhá-los. Estimule a turma a consultar a lista antes e durante o processo de escrita no futuro.
- No *site* <http://www.indiana.edu/~wts/pamphlets/paragraphs.shtml> há informações que podem apoiar o processo de monitoramento de coerência e coesão.

20>> ATIVANDO MONITORAMENTO PESSOAL

A situação

Você fez recentemente um teste de inglês que incluía a produção escrita de um diálogo entre você e um amigo sobre o fim de semana passado. Ao receber o teste corrigido, você observa que cometeu muitos erros e pergunta-se se tal observação pode de alguma forma contribuir para futuros processos de monitoramento que venha a fazer ao escrever em inglês.

O texto

VI. Your friend is asking you some questions about your weekend. Write some answers, and some questions, too! *(20 points)*

_____: Hi. Did you have a good weekend? I did. I went to the Museum of Natural Science.

YOU: *Good!!! Where is it?* ?

_____: It is near the zoo.

YOU: *What you saw there?* ? – |

_____: I saw the dinosaur and the mummy.

YOU: *Was it interesting?*

_____: Yes, it was very very interesting. Now tell me about your weekend.

YOU: *I go to a farm.* – |

_____: Oh. Were you with your family?

YOU: *No. Only my uncle and my ~~~~ cousin*

_____: Oh really? And did *you ride a horse* ?

YOU: *Yes. I did.*

_____: That sounds fun. Did *you stayed there four days* ? – |

YOU: *No. Only three.*

_____: Was *it good?* ?

YOU: Yes. *It was.*

Arquivo pessoal da autora.

Transcrição:

1 VI. Your friend is asking you some questions about your weekend. Write some
2 answers, and some questions, too! (*20 points*)

3 _____: Hi. Did you have a good weekend? I did. I went to the Museum of
4 Natural Science.

5	YOU:	Good!!! Where is it?
6	_____:	It is near the zoo.
7	YOU:	What you saw there?
8	_____:	I saw the dinosaur and the mummy.
9	YOU:	Was it interesting?
10	_____:	Yes, it was very, very interesting. Now tell me about your weekend.
11	YOU:	I go to a farm.
12	_____:	Oh. Were you with your family?
13	YOU:	No. Only my uncle and my cousin.
14	_____:	Oh really? And did you ride a horse?
15	YOU:	Yes. I did.
16	_____:	That sounds fun. Did you stayed there four days?
17	YOU:	No. Only three.
18	_____:	Was it good?
19	YOU:	Yes. It was.

Correções:
linha 7: inserida a palavra "did"; "saw" substituído por "see"
linha 11: "go" substituído por "went"
linha 16: indicação de erro em "stayed"

A estratégia

Seu questionamento é muito sensato. Ele demonstra que você entende o teste que fez não apenas como uma forma de aferir conhecimentos passados, mas também como um instrumento que pode constribuir em produções escritas no futuro. Especificamente, ao indagar sobre a possibilidade de usar o teste como fonte de ensinamentos sobre dificuldades que tem ao escrever, você está contemplando o que foi escrito no passado como uma forma de desenvolver no futuro uma estratégia de produção escrita importante: o monitoramento pessoal.

Com relação ao exemplo acima, você poderia iniciar o desenvolvimento desta estratégia listando os problemas que ocorreram na escrita e refletindo sobre "o que" o problema envolve e "como" tal problema poderia ser minimizado ou mesmo evitado no futuro. Tal avaliação iria levá-lo a concluir que todos os seus erros envolvem usos inadequados do *Simple Past*, conforme os detalhes a seguir:

O problema	O que o problema envolve	Como o problema pode ser minimizado/evitado
What you saw there?	Numa pergunta, ausência do auxiliar *did* e verbo em sua forma no passado	Maior prática/cuidado ao escrever perguntas usando o *Simple Past*
I go to a farm.	Uso do verbo no presente para indicar uma ação no passado	Maior atenção ao tempo verbal necessário
Did you stayed there...?	Numa pergunta, uso do verbo em sua forma no passado	Maior prática/cuidado ao escrever perguntas usando o *Simple Past*

O fato de todos os problemas no texto remeterem para o mesmo assunto (o *Simple Past*) merece ser comentado: afinal, a atividade de escrita proposta era "guiada", de certa forma forçando o aluno a usar o passado no seu diálogo. Esse foco poderia ter contribuído para um maior monitoramento por parte do aluno com relação a seu uso desse tempo verbal, minimizando os problemas nessa área.

Um processo de reflexão como o apresentado no quadro acima, se feito sistematicamente (isto é, após cada produção escrita), pode ajudar o escritor a identificar suas dificuldades pessoais ao escrever e orientar um monitoramento dessas dificuldades em futuras situações de escrita. Por exemplo, retornando ao cenário acima, as reflexões sobre os problemas, suas formas e possíveis soluções poderiam apoiar monitoramentos futuros ao se usar o *Simple Past* ao escrever: "Estou usando a forma verbal adequada? Preciso ou não usar *did* aqui?".

A discussão sobre a estratégia desta seção focalizou um aspecto estrutural da língua inglesa (a formação de um tempo verbal), mas é importante lembrar que o monitoramento de dificuldades pessoais pode funcionar em diversas áreas: na ortografia ("Sempre confundo como se escreve *accommodation*: Com um –*c* ou dois? Com dois –*m* ou um só?"), na morfologia ("Para escrever 'desinteressante', qual é mesmo o prefixo que usamos em inglês? *Dis-*? *Un-*?"), no léxico ("*Pull* é puxar ou empurrar? Sempre faço confusão!"), na sintaxe ("Tenho de lembrar que a preposição que vem depois de *congratulations* não é a que parece óbvia para mim"), no discurso ("Preciso prestar atenção a como me dirigir a meu leitor neste currículo que estou escrevendo; sempre me esqueço de fazer os ajustes necessários").

Como nos exemplos anteriores, ao fazer monitoramento de dificuldades pessoais, escritores estratégicos não farão disso um "fim". Eles procurarão, também, dar "os próximos passos", criando mecanismos solucionadores caso se achem num impasse. Pode-se, em paralelo, desenvolver um plano para se resolver essas dificuldades a médio ou longo prazo. Esses planos podem envolver a revisão e prática das áreas que causam dificuldade não apenas por meio de exercícios mais convencionais, mas também com a implementação de outras estratégias como "Utilizando um texto similar como referência" e "Considerando oportunidades para sistematização de vocabulário e gramática".

Um último e importante ponto: para ativar seu monitoramento de dificuldades pessoais, um escritor precisa, necessariamente, saber quais são essas áreas. Portanto, o uso desta estratégia requer um trabalho prévio de conscientização das áreas que causam maior dificuldade ao escrever. Algumas sugestões para esse trabalho serão dadas a seguir, na continuidade desta seção; outros pontos relevantes ao desenvolvimento do monitoramento de dificuldades pessoais serão discutidos na próxima seção: "Considerando diferenças entre as línguas inglesa e portuguesa".

Aplique a estratégia

1 > a. Em seu bloco de notas, produza pequenos textos de acordo com as situações propostas a seguir. Após escrever cada um dos textos, identifique uma dificuldade que teve durante a escrita. Lembre-se de que essas dificuldades não estarão necessariamente atreladas ao vocabulário e à gramática utilizados ao escrever; elas podem também estar associadas a características do gênero textual, ao nível de formalidade adequado, ao seu leitor etc.

    I. Um bilhete para seu chefe, dizendo que você teve de sair repentinamente para resolver um problema inesperado mas que volta em seguida.

    II. Um cartão-postal para os seus pais relatando eventos passados e planos para os próximos dias.

    III. Um *e-mail* para um familiar comunicando que vai visitar a cidade onde ele mora em breve.

    IV. Uma carta formal ao gerente de uma loja descrevendo a boa experiência que teve ao lá fazer uma compra recentemente.

    b. Observe as anotações e reflita: as dificuldades ocorreram em áreas semelhantes? Se sim, o que você pode fazer para lidar com essa(s) dificuldade(s) pessoal(is)?

2 > Escreva um relato do seu último fim de semana. Enquanto escreve, acione mecanismos de monitoramento pessoal, refletindo sobre aspectos que lhe costumam causar dificuldade ao escrever em inglês. Ao final da escrita, preencha o quadro abaixo.

Um problema que costumo ter ao escrever em inglês e que tive ao escrever esse texto:	

O que fiz hoje para lidar com tal problema:	( ) I managed to find an alternative, and write in a different way. ( ) I avoided the problem and abandoned my original idea. ( ) I asked someone to help me (a teacher, a friend, a family member). ( ) I checked another source (a dictionary, a textbook, the Internet etc.). ( ) I retrieved mnemonic devices ( ) Other: Please specify _____
A ativação de monitoramento pessoal contribuiu de forma positiva para minha escrita? Por que (não)?	

Mnemonic devices são recursos de memória utilizados para facilitar a memória de algo. Por exemplo, se temos dificuldade em soletrar uma palavra, podemos criar uma frase formada por palavras cujas letras iniciais remetem à **ortografia** que causa dificuldade. Assim, para lembrar a ortografia de *"arithmetic"*, pode-se usar o recurso mnemônico *"A Rat Inside The House May Eat The Ice Cream"*.

Sugestões adicionais

- Durante um mês, anote as dificuldades que costuma encontrar ao escrever em inglês, identificando os assuntos dessas dificuldades (por exemplo, *Present Perfect, use of 's, phrasal verbs, level of formality* etc.). Em seguida delineie um plano de ação para, nos próximos 15 dias, aprender mais sobre os assuntos listados. Daí para a frente, sempre que precisar lançar mão desses assuntos na sua escrita, pergunte-se: "Qual o problema que esse assunto costuma me causar? O que posso fazer para não ter esse problema no texto que estou escrevendo?".
- Se você dá aulas de inglês, uma forma de conscientizar seus alunos sobre suas dificuldades pessoais é pedir-lhes que façam exercícios de *Error Analysis* que incluam erros ou inadequações compilados de textos previamente escritos por eles. Ao fazer essa compilação você pode organizar os tópicos que causam problemas por áreas (*orthography, morphology, lexicon* etc.; ou, de forma mais geral, *vocabulary, grammar, discourse*).

21>> CONSIDERANDO DIFERENÇAS ENTRE AS LÍNGUAS INGLESA E PORTUGUESA

A situação

Como tarefa para sua aula de inglês, você escreveu um pequeno texto respondendo a uma pergunta. Como o texto foi escrito às pressas, você não planejou a organização, mas ao fazer uma leitura rápida antes de entregá-lo achou que, de modo geral, estava aceitável e sem problemas de forma. Você se supreende, então, quando recebe o texto de volta, com os seguintes comentários feitos pelo seu professor: *Please revise the text and submit it again. Pay special attention to what I've underlined: you are thinking in Portuguese (and not in English!) in those parts!* Ao reler o texto você não entende o que o seu professor quis dizer ao comentar que você estava *thinking in Portuguese* nas partes sublinhadas.

O texto

Are parties the best place to meet girlfriends/boyfriends? Why/Why not?

1 I think parties are the best place <u>to meet a boyfriend</u>, because <u>in parties have a lot of</u>
2 <u>new people</u>, <u>every body go</u> to parties. In parties you can meet different boys and girls.
3 You can dance and talk with someone <u>and after go out</u> again and <u>this</u> person can be
4 your boyfriend or girlfriend.
5 If you don't like to meet different people, dance … parties aren't the best place to meet
6 someone new. <u>For me is</u> the best place because I have already meet a boyfriend doing this.
7 You can meet a boyfriend or a girlfriend at the school, beaches and at every place
8 you always go with friends, not necessary in parties.

Arquivo pessoal da autor

A estratégia

Seu professor tinha razão em seus comentários. Nas partes sublinhadas, as ideias parecem ter sido construídas em português e, em seguida, transpostas para o inglês da mesma forma, conforme os detalhes do quadro:

O problema	Comentários
to meet a boyfriend (linha 1)	*meet a boyfriend*, em inglês, remete a encontrar/conhecer "um" namorado. No caso, a autora mencionava "encontrar namorados em general", portanto em inglês a forma *to meet boyfriends* seria mais adequada. Note-se que, na linha 6, o uso de *I have already [met] a boyfriend* é adequado, pois refere-se a um namorado específico.
in parties have a lot of new people (linhas 1-2)	Em português, temos a opção de usar o verbo "ter" para indicar "existir" ("Existem vários problemas aqui."/ "Tem vários problemas aqui.") Em inglês não há esta opção: para indicar existência, precisamos usar *There + to be*. A tendência de um anglófono ao ler ou ouvir *Have a lot of problems here* seria pensar *Who has a lot of problems?*, e não que a frase indica existência de problemas em geral.
every body go (linha 2)	Ao formular seu texto, a escritora provavelmente pensou em "Todo mundo vai" para então produzir a locução *every body go*. *Everybody* é uma palavra só em inglês e o verbo que acompanha precisa ter *–s* final, pois usa (aliás, como em português) a terceira pessoa do singular do verbo: a diferença é que em português não se adiciona nenhuma desinência ao verbo mas em inglês sim (*–s*).
and after go out (linha 3)	"Eu faço isso e depois eu faço aquilo" é, em português, uma frase correta. No entanto, em inglês, *after* (assim como *before*) não pode ser usado com o sentido de "depois/antes de algo", seguido do sujeito da ação. Para tal, é necessário usar *after that/before that*: *I'll do my homework and after that I'll go out*; *I talked to Mary but before that I spoke to Pete*. Vale notar que as formas *After having dinner I went out* ou *Before going out I had dinner* também são adequadas.
this (linha 3)	A percepção, por parte de anglófonos, de que brasileiros não sabem usar *this/that* (e seus plurais *these/those*) é generalizada. Tal dificuldade não é necessariamente causada pela regra para seu uso, pois, assim como em português, esses pronomes demonstram a distância do falante com relação ao que se fala: especificamente, a rigor, "este/a" e "isto" correspondem a *this*; "estes/as" a *these*; "esse/a", "isso", "aquele/a" e "aquilo" a *that*; "esses/as" e "aqueles/as" a *those*. O problema é que os brasileiros, de modo geral, usam "este" (e derivados) e "isto" de forma intercambiável com "esse" (e derivados) e "isso". Tal tendência gera problemas ao se escrever em inglês: no texto acima, a autora deveria ter usado *that*, pois a pessoa mencionada está longe dela.

Terceira pessoa é um conceito gramatical que se refere à pessoa de quem se fala ou escreve. Pode existir no singular (*he, she, it*) ou no plural (*they*).

Desinência é a parte de uma palavra que dá informações adicionais sobre tal palavra, por exemplo, se ela está no singular ou plural (*–s* em *boys* indica que a palavra está no plural; *–ed* em *talked* indica que a palavra está no passado).

Modo subjuntivo é uma forma verbal usada para expressar ações incertas, que estão por ocorrer ou ainda não terminaram, ou hipóteses (em português, as formas *que eu tenha, se eu tivesse, quando eu tiver* ilustram o modo subjuntivo). Em inglês tal modo não existe formalmente, mas há resquícios dele em, por exemplo, *if I were you, I recommend that she go, I suggest that he buy*.

O problema	Comentários
For me is (linha 6)	Outro erro comum entre brasileiros: a ausência de sujeito gramatical na frase: especificamente, o trecho não deixa claro *what is [the best]*. Nesse caso, é necessário dizer *For me it is the best…* Falantes de português às vezes se esquecem dessa necessidade porque a língua portuguesa, diferentemente da língua inglesa, permite a ausência do sujeito na oração.

A desatenção a diferenças entre o português e o inglês pode ocorrer por desconhecimento ou por falha no monitoramento e/ou verificação do texto escrito. Portanto, saber identificar as áreas que são potenciais "zonas de atrito" e causadoras de impropriedades pode auxiliar o escritor a encaminhar um monitoramento mais eficaz das mesmas. No exemplo acima, as diferenças estavam pautadas predominantemente em áreas lexicogramaticais. Além das citadas acima, outras áreas do léxico e da gramática em que as duas línguas diferem e devem ser monitoradas com atenção durante a escrita incluem:

- *Verbs + prepositions / Adjectives + prepositions*: Nas duas línguas verbos e adjetivos podem ser seguidos por preposições. No entanto, o fato de um verbo precisar de preposição em português não significa que ele vai precisar desse elemento em inglês (veja "Eu preciso de você" e *I need you*). Pode haver, sim, correspondência de preposições entre as duas línguas ("interessado em arte" e *interested in art*; "concordar com ele" e *agree with him*), mas nem sempre essa correspondência ocorre ("famoso por" e *famous for*; "depender de algo" e *depend on something*).
- Regras para uso de verbos em inglês que não corrrepondem a regras em português: Um exemplo importante é o *Present Perfect* (*I have lived/She has done*) que não tem correspondência exata em português. Outro exemplo é o modo subjuntivo, raramente empregado em inglês: não ocorre em casos em que se usa o modo em português (Se eu falar com ela = *If I talk to her*; Se eu tivesse tempo = *If I had time*; Quando eu chegar = *When I arrive*) e ocorre em situações específicas (*I suggest that she go there*).
- *False friends*: Há muitas palavras em inglês que se parecem com palavras em português mas têm significados diferentes. Alguns exemplos são *parents* (pais), *lunch* (almoço), *comprehensive* (abrangente), *lamp* (abajur), *push* (empurrar).
- *Phrasal verbs*: Esta é mesmo uma "zona de perigo" para os brasileiros, e talvez seja a área lexical que causa mais dificuldades para falantes de português. É sempre uma boa ideia monitorar e verificar o que escrevemos quando usamos verbos como take, *bring, look, put* entre outros, seguidos de partículas (*in, on, at, off* etc.).

- **Palavras polissêmicas** em português que têm mais de uma forma em inglês. Por exemplo, "sombra" traduz-se em inglês como *shadow* se for a sombra de uma pessoa ou algo, ou como *shade* se for uma área que está na sombra. Outros exemplos são "receita" (*recipe, prescription*), "papel" *(paper, role)* ou "banco" *(bank, bench)*. Ao escrevermos em inglês é importante estarmos atentos a essas diferenças.
- **Expressões fixas:** pode haver variação mesmo em expressões semelhantes nas duas línguas. Em português, diz-se "por um lado... por outro lado"; em inglês, *on the one hand... on the other hand*; em português diz-se "ou isto ou aquilo"; em inglês, *either this or that*; em português "matamos dois coelhos com uma cajadada"; em inglês, *we kill two birds with one stone.*
- Para escrever bem em inglês devemos sempre procurar a forma mais compacta para escrever: Para construir ideias como "boneco que fala", "carruagens que são puxadas por cavalos"ou "economia que cresce depressa", faz-se uso de estruturas mais compactas em inglês: *talking doll, horse-drawn carriages, fast-growing economy.*

> **Palavras polissêmicas** são palavras que possuem mais de um sentido, por exemplo, "manga" em português ou "*rock*" em inglês.

Neste ponto você pode estar desanimado, perguntando-se se é possível apreender todas essas informações de uma só vez. Provavelmente não é. Um plano mais viável tendo em vista incorporar essas informações ao seu repertório de conhecimento sobre a língua inglesa é "partir" essas informações em blocos e concentrar-se na aprendizagem de cada um desses blocos por vez. Gradualmente, você vai focando a atenção em novos blocos (e adicionando outros que não estão incluídos no pequeno espaço dedicado a esta seção do livro!). Esses procedimentos vão amparar o uso da estratégia, que envolve mais do que o simples conhecimento dessas diferenças, ou seja, a capacidade de identificar a existência de potenciais "zonas de atrito" nos textos que escrevemos em inglês e avaliar se tais áreas requerem monitoramento e/ou verificação.

Aplique a estratégia

1 > a. Nas frases a seguir, sublinhe as partes que ilustram a falta de atenção a diferenças entre as línguas inglesa e portuguesa ao se escrever:
   I. I live here since 2000.
   II. When I will arrive there, I will talk to her.
   III. The answer depends of the way you define the problem.
   IV. The number of the house of my brother is 14.
   V. Let's go to the mall; have many new shops there.
   VI. The acquisition of the English language is a topic of research that is well-documented.

b. Reescreva as partes sublinhadas de forma adequada.

I. _____

II. _____

III. _____

IV. _____

V. _____

VI. _____

2 > a. Vá a <http://www.1-language.com/eslwriting/index.htm> e selecione um tópico de escrita. Ao escrever, pergunte-se: "Estou considerando diferenças entre o inglês e o português?". Anote as diferenças consideradas na primeira coluna do quadro a seguir.

Diferenças encontradas entre o português e o inglês	O que fiz/posso fazer para lidar com essas diferenças

b. Ao final da escrita, complete a segunda coluna do quadro.

c. Reflita: A aplicação da estratégia ajudou a lidar com as dificuldades associadas às diferenças entre as duas línguas?

Sugestões adicionais

- Para gramática associada à escrita em inglês, veja <http://www.cws.illinois.edu/workshop/writers/>.
- Para ler mais sobre o uso de *this/that/these* e *those*, veja os *sites*:
  - <http://writingcenter.tamu.edu/2006/how-to/revising-editing/demonstratives-using-%E2%80%9Cthis%E2%80%9D-and-%E2%80%9Cthat%E2%80%9D/>;
  - <http://esl.about.com/od/thebasics/a/this_that_these_those_determiners.htm>.
- Uma boa referência para consulta e prática de expressões idiomáticas é o *site* <http://www.usingenglish.com/reference/idioms/c.html>.
- Para consulta e aprendizagem de *false friends*, use o *site* <http://www.scribd.com/doc/5543219/False-Friends-English-and-Portuguese>.

22>> REFLETINDO SOBRE O PROCESSO DE PRODUÇÃO ESCRITA

A situação

Numa aula de inglês, seu professor comenta que vai implementar um projeto de desenvolvimento de estratégias de produção escrita no semestre que se inicia. Para começar, ele explica, os alunos deverão preencher um questionário sobre o que acham do processo de produção escrita em inglês de um modo geral e sobre como se veem como escritores em inglês de uma forma mais específica. Você preenche o questionário mas não entende bem o seu propósito. Você pergunta a seu professor: "Não seria melhor usar esse tempo para escrever do que para refletir sobre a escrita?"

O texto

1. What steps do you go through to complete a writing assignment in English?

Dictionary, imagine (what I will write, my real opinion, examples), like making a plan in my head.

2. Do you plan before starting to write? If yes, what do you plan?

Yes, like I said in the answer above.

3. What do you do when you have trouble in writing? (for example do you use translation, do you check past assignments, etc)?

I get the dictionary. If we have studied the topic recently I check my book or I ask my father.

4. What types of changes do you make while writing and when do you make these changes?

Grammar, verb order. While I'm writing, if I spot any mistakes I revise that part; if I only spot them when I have finished I do my revisions later.

5. Do you reread your work? If so, do you reread as you write or wait until the end?

I reread as I write to see if it makes sense, or I am repeating something.

Arquivo pessoal da autora.

Transcrição:

1. What steps do you go through to complete a writing assignment in English?
   Dictionary, imagine (what I will write, my real opinion, examples), like making a plan in my head.

2. Do you plan before starting to write? If yes, what do you plan?
   Yes, like I said in the answer above.

3. What do you do when you have trouble in writing? (for example do you use translation, do you check past assignments etc?)
   I get the dictionary. If we have studied the topic recently I check my book or I ask my father.

4. What types of changes do you make while writing and when do you make those changes?
   Grammar. Verb order. While I'm writing, if I spot any mistakes I revise that part ; if I only spot them when I have finished I do my revisions later.

5. Do you reread your work? If so, do you reread as you write or wait until the end?
   I reread as I write to see if it makes sense, or I am repeating something.

Arquivo pessoal da autora

A estratégia

O encaminhamento de reflexões como a ilustrada acima é benéfico para quem quer desenvolver sua habilidade de escrever em inglês. Tais reflexões são importantes porque podem ajudar o aprendiz-escritor a perceber a escrita como um processo e não como um produto, processo esse que envolve etapas inter-relacionadas mas que têm características e objetivos distintos.

Essas etapas são descritas de formas diferentes na literatura, e o ciclo a seguir representa uma forma de compreender o que se entende por *Process Writing*:

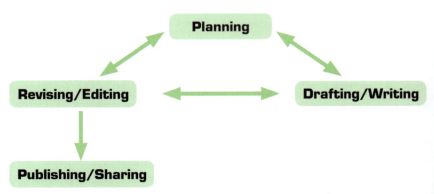

Como se vê, três estágios inter-relacionados compõem o processo da escrita antes de se chegar ao final do ciclo (*Publishing/Sharing*) com o envio ou entrega do nosso texto a seu(s) leitor(es): *publishing/ sharing* consiste em, entre outros, clicar o botão "Enviar" ao escrever uma mensagem de texto ou um *e-mail*; pôr uma carta ou cartão-postal no correio; entregar um relatório final ou trabalho escrito a seu chefe ou professor. Antes disso, porém, e envolvendo níveis e relações diversas, os "textos finais" fizeram parte de um processo que envolveu outros estágios e respectivas estratégias:

- *Planning*: Estágio anterior à escrita propriamente dita, aqui se planeja o que e como escrever. Estratégias associadas a este estágio incluem "Preparando-se para escrever", "Gerando ideias", "Pesquisando informações sobre o que será escrito", "Considerando a tipologia e o gênero textual", "Considerando as necessidades do leitor", entre outras.
- *Drafting/Writing*: Nesse estágio prepara-se a primeira versão do texto; aqui se aplicam estratégias como "Refletindo sobre o processo de formulação", "Usando marcadores do discurso", "Considerando diferenças entre as línguas inglesa e portuguesa", entre outras. Estratégias de reflexão sobre o gênero e a tipologia textual e de monitoramento também apoiam essa etapa.
- *Revising/Editing*: O objetivo aqui é melhorar o texto fazendo-se uma leitura para revisão com foco em aspectos gerais e específicos, e realizando-se as alterações correspondentes. Aspectos mais gerais envolvem apresentação de conteúdo (se é preciso adicionar, eliminar, reescrever ou reordenar certas informações); aspectos específicos envolvem adequação ortográfica, lexical, morfológica, sintática. Estratégias de monitoramento, *proofreading*, reflexões sobre *feedback* e verificação do texto escrito encaixam-se neste estágio.

Uma característica fundamental do esquema acima é a bidirecionalidade das setas entre os três estágios antes de se chegar ao "final" da escrita, enviando ou submetendo nossos textos finais para outras pessoas. É impossível segmentar esses estágios de forma independente ou conceituá-los de forma sequencial, imaginando, por exemplo, que *planning* vem antes de *drafting/writing* e que esses dois estágios são seguidos por *revising/editing.* Um escritor competente flutuará entre esses estágios continuamente ao escrever: enquanto se escreve ou se edita um texto há (re)planejamento das ideias originais. Enquanto se revê ou se edita um texto, há não apenas novos planejamentos mas também novos rascunhos intermediários. É importante perceber a escrita como um ciclo dinâmico, contínuo e integrado entre esses vários estágios, e um escritor estratégico saberá

Pares mais competentes (*more competent peers*, em inglês) são aqueles que podem auxiliar outras pessoas em seus processos de aprendizagem a fazerem com auxílio aquilo que ainda não conseguem fazer de forma independente.

considerar as diversas etapas da produção escrita e selecionar estratégias adequadas em cada etapa.

O primeiro passo, então, para se entender a escrita como um processo é conscientizar-se sobre essas várias etapas, sobre o que fazemos, e em que pensamos, ao longo desse processo. Questionários como o acima ilustrado podem auxiliar nesse processo de conscientização. As repostas dadas pela aluna revelam alguns pontos interessantes que poderiam ser retomados para reflexão da aprendiz-escritora, entre eles:

- Ao pensar sobre "os passos" realizados ao escrever (resposta 1), a escritora parece perceber tais passos sobretudo no âmbito do planejamento (*imagine...what I will write*; *making a plan*) e possivelmente da escrita propriamente dita. Ela não parece perceber a revisão/edição como um componente do processo de escrita.
- Ao ser indagada sobre o uso de estratégias ao escrever (tópico da pergunta 3), a aluna parece privilegiar a verificação por meio da consulta a materiais de referência (*dictionary*, *my book*) e pares mais competentes (*my father*), em detrimento de monitoramento. No entanto, mais adiante (resposta 5, que aborda estratégias de revisão) ela menciona o uso de *coherence monitoring* e *content monitoring* ao escrever. Tais práticas são válidas e potencialmente benéficas, mas a aprendiz poderia se beneficiar ainda mais com a familiarização de outras estratégias de monitoramento, ampliando o repertório de opções a seu dispor ao escrever.
- A reflexão sobre "problemas pessoais" leva à menção de gramática (*Grammar*), seguida de especificação desses problemas: *verb order*. Outra interpretação possível é que a aprendiz não percebe a ordem dos verbos como um aspecto gramatical, e ao mencionar *grammar* estivesse se referindo a outras áreas. De qualquer forma, tal reflexão pode auxiliar a escritora a estar mais preparada para ativar monitoramento pessoal e transitar por tais áreas ao escrever em inglês.

Refletir sobre o processo da escrita é uma estratégia importante porque leva o escritor a pensar se está deixando de fazer algo potencialmente benéfico à sua escrita: por exemplo, se ele diz que não planeja, pode-se ampliar a reflexão considerando-se por que não planeja, se haveria situações em que planejamentos são benéficos. Se ele diz que verifica a gramática mas não a coerência e coesão do texto, pode-se refletir sobre outras formas de monitoramento e verificação.

Os pontos acima levam-nos a concluir que é uma boa ideia conscientizar aprendizes-escritores sobre o processo de produção escrita e sobre as estratégias associadas a cada etapa, proporcionando a esses escritores um melhor entendimento sobre o que a escrita envolve e sobre os recursos disponíveis para se lidar com dificuldades durante tal processo. Tal conscientização pode requerer uma redefinição da escrita por parte daqueles que a veem como um produto (o texto final) e não como um processo, e haverá algumas dificuldades associadas a essa redefinição: o tempo necessário para isso, a resistência de alguns aprendizes, a necessidade de material de apoio para o trabalho. Como qualquer outra estratégia, a reflexão sobre o processo de produção escrita requer prática e avaliação do uso e dos resultados por parte daquele que escreve.

Aplique a estratégia

1 > a. Preencha o quadro a seguir registrando as estratégias que você costuma aplicar em diferentes etapas do processo de escrita.

		Nunca	Raramente	Às vezes	Com frequência	Sempre
Antes de escrever eu:	faço um *brainstorm* de ideias.					
	penso no gênero e tipo de texto que vou produzir.					
	penso no meu leitor e suas necessidades.					
	considero possibilidades de pesquisa e referência sobre o que vou escrever.					
Enquanto escrevo eu:	faço algum tipo de monitoramento (visual, auditivo, de conteúdo etc.).					
	considero diferentes opções para formular meu texto (recombinação, tradução, alternativas etc.).					
	vou relendo partes e fazendo ajustes (por exemplo, retirando partes, reordenando outras).					
	penso nos problemas que costumo ter ao escrever.					
	uso propositalmente vocabulário e estruturas que gostaria de praticar.					

Depois de escrever eu:	verifico se todas as frases estão completas.					
	verifico ortografia e pontuação.					
	verifico os verbos.					
	peço para outra pessoa ler meu texto e comentar sobre ele.					
	reescrevo o texto./passo o texto a limpo.					

b. Avalie: É fácil responder ao questionário acima? É útil pensar sobre o que você faz ou não em cada etapa do processo de escrita? Justifique suas respostas.

_____

_____

_____

_____

_____

Sugestões adicionais

- Para mais informações e ideias práticas sobre *Process Writing*, explore os *sites*:
  - <http://www.teachingenglish.org.uk/articles/approaches-process-writing>;
  - <http://www.angelfire.com/wi/writingprocess/>;
  - <http://www.dailywritingtips.com/the-writing-process/>.
- Experimente diferentes formas de produção textual: planejando/não planejando; fazendo/não fazendo *brainstorm*; relendo para verificação ao final de cada frase/relendo para verificação ao final do texto etc. Após tais "experimentos", avalie o uso das diferentes maneiras utilizadas ao escrever: quais benefícios/dificuldades elas trouxeram? Quais lições elas lhe proporcionaram?

23>> FAZENDO A REVISÃO DO TEXTO (*PROOFREADING*)

A situação

Você tem de produzir um pequeno texto descritivo sobre o Minotauro. Antes de escrever, você planejou seu texto, pesquisou algumas características do monstro mítico da Grécia Antiga e agora seu texto está pronto. Antes de entregá-lo, você quer rever o que escreveu, mas não sabe por onde começar ou no que focar sua atenção durante a revisão. Você se pergunta: "Será que fazer revisões do que escrevemos é uma estratégia de escrita? Se sim, é possível aprender a fazer revisões e com isso tornarmo-nos escritores mais eficientes?"

O texto

Wenesday 17th January

The Minotaur

During the time of the Ancient Greeks, there was a belief that a creature called the Minotaur roamed the Earth. He lived in the labyrinth, a maze with mysterious passages. He eats every man or woman, that passes through him. Nobody can escape when he chases you. He is a gigantic creature with face of bull and body of man. He has horns and hes hairy, he is the fearles creature you ever mete. *(met)*

A good try. Think of how you can use more descripton.

141 / PARTE 2: RECURSOS

Transcrição:

Wenesday 17th January

The Minotaur

1   During the time of the Ancient Greeks, there was a belief that a creature called the
2 Minataur roaned the Earth. He lived in the labyrinth, a maze with mysterious passages. He
3 eats every man or woman, that passes through him. Nobody can escape when he chases you.
4 He is a gigantic creature with face of bull and body of man. He has horns and hes hairy, he is
5 the fearles creature you ever mete.

Correções:

Linha 5: met

Comentário geral: A good try. Think of how you can use more description.

Arquivo pessoal da autora.

A estratégia

Você está no caminho certo para se tornar um escritor estratégico: apesar de se sentir sem direção sobre como fazer a revisão do seu texto, de certa forma você já deu os primeiros passos para a utilização da estratégia ao manifestar interesse em rever seu texto e ao indagar se o processo de revisão é uma estratégia!

E a resposta à sua indagação é afirmativa: fazer revisões no texto que se escreve é uma estratégia de escrita porque é um procedimento que apoia o ato de escrever, solucionando problemas que porventura se encontrem no texto. E, como toda estratégia, pode ser aprendida e praticada, levando seus usuários a se tornarem melhores escritores.

Mas o que ela envolve, então? Revisões (*proofreading*, em inglês) são caracterizadas por uma leitura final do texto à procura de erros mais pontuais. Algumas perguntas que podem ser feitas ao se aplicar a estratégia estão listadas a seguir, acompanhadas de alguns comentários gerais e específicos sobre o texto acima:

Perguntas a serem feitas ao se rever um texto	Comentários
Os parágrafos estão mais ou menos do mesmo tamanho?	Em inglês, os tamanhos dos parágrafos de um texto costumam ser similares.

Perguntas a serem feitas ao se rever um texto	Comentários
As frases estão completas?	Ao responder a essa pergunta, verifique se para todos os verbos há um sujeito evidente. Há casos em que é possível haver elipse de sujeito; mas na dúvida é melhor garantir que o sujeito esteja presente.
Há concordância verbal?	Como em português, em inglês os verbos precisam concordar com o sujeito da oração: sujeitos no singular pedem verbo também no singular: *the book is…/Chris has…* O fato de que palavras que terminam em *–s* como *measles, economics, mathematics, news* e *politics* pedem verbo no singular pode causar dificuldade ao brasileiro. Em casos de concordância de plural, potenciais problemas são os substantivos com plural irregular (*people/children/feet/women/men*, entre outros).
As separações de sílabas estão corretas?	Regras de separação de sílabas em inglês são complicadas e o melhor mesmo é não separar sílabas quando escrevemos. No texto acima, o escritor acertou ao separar sílabas em *Minotaur* (linha 2) e *mysterious* (linha 2), mas não temos como ter certeza se ele sabia o que estava fazendo ao quebrar tais palavras. Na dúvida, é sempre conveniente consultar um dicionário.
Há sinais de pontuação ao fim de todas as frases?	Ao rever, verifique se as frases finalizam com ponto final, ponto de exclamação, reticências, ponto de interrogação ou aspas.
As palavras estão escritas corretamente, isto é, de acordo com convenções ortográficas?	Aqui temos uma área problemática. Como fazer essa verificação com todas as palavras que escrevemos? Realmente, verificar palavra por palavra pode ser inviável. Opções incluem o uso do revisor automático em um editor de texto (mas vimos em "Usando um editor de texto" que tal recurso não é totalmente garantido). Outra opção é focar a atenção em palavras longas e/ou complicadas (como *Minataur*, linha 2; *roaned*, linha 2, que foram mesmo escritas incorretamente no texto) ou em palavras com letras ou combinações de letras que costumam causar problemas (duplas de vogais, duplas de consoantes, s/z, wh/w, ow/oa, entre outros). Uso de apóstrofos e *–s* final também são áreas que sempre merecem atenção na revisão. O texto ilustra esses pontos com os usos indevidos de *fearles* (linha 5) e *hes* (linha 4).
Há uso de letras maiúsculas quando necessário?	Em inglês, usa-se letra maiúscula na primeira letra da primeira palavra de cada frase. E também em nomes de pessoas, lugares, dias da semana, meses e idiomas.

Perguntas a serem feitas ao se rever um texto	Comentários
Há paralelismo nas frases e no texto como um todo?	Se uma narrativa ou descrição começa no passado, é melhor que permaneça no passado até o fim. Se o escritor do texto tivesse atentado para esse aspecto em sua revisão, perceberia que para seguir *roamed* (linha 2) e *lived* (linha 2) teria sido mais apropriado usar *ate*, *passed*, *could* etc., ao invés de *eats* (linha 3), *passes* (linha 3), *can* (linha 3) etc. No âmbito da frase, falta de paralelismo ocorreria se ele tivesse escrito *The Minotaur was terrifying, huge and had no fear* (ao invés de *fearless*).

Paralelismo é o uso de formas gramaticais similares para se expressar ideias paralelas, por exemplo: *Kayaking and sailing are some of the options in the resort* contém paralelismo (*kayaking/sailing*), mas *Kayaking and sail boats are some of the options in the resort* não contém.

Neste ponto o leitor pode estar se perguntando como pode ser possível incorporar todos esses questionamentos durante a revisão de um texto escrito. Como sempre, a estratégia requer prática e deve ser desenvolvida de forma gradual. Inicialmente pode-se apoiar a revisão com o uso de um *checklist* contendo as perguntas listadas acima. Aos poucos, tais perguntas ficarão mais e mais automáticas – mas o uso de um *checklist* pode ser recomendável no *proofreading* de textos mais longos, como relatórios, dissertações e teses.

Outra ideia que pode apoiar o *proofreading* é fazer uma leitura do texto em voz alta durante a revisão. Esse procedimento pode facilitar a identificação de palavras duplicadas ou palavras faltantes. Uma sugestão final: antes de iniciar o *proofreading*, é aconselhável "deixar o texto de lado" por um tempo e fazer outra coisa, arejar a cabeça, antes de voltar a ele para a revisão final. Essa pausa vai criar um distanciamento entre o escritor e o texto escrito, o que pode ajudar na identificação de erros que tenderiam a passar despercebidos quando se está muito "ligado" com aquilo que se escreveu.

Aplique a estratégia

1 > Em cada uma das frases a seguir há pelo menos um erro a ser corrigido. Identifique os erros, explique por que tais trechos estão errados e faça as correções necessárias.

a. All the employees who acheive their goals are going to receive bonus.

_____

_____

b. You have to memorize a few words and frases in order to to make a good oral presentation.

_____

_____

c. On my hollidays I usually go to the Northeast.

_____

_____

d. This study investigates the life cycle of mice and presented important conclusions about their immune system.

_____

_____

e. Shark's are dangerous animals.

_____

_____

f. I'm look for someone who can help me translate a document written in spanish.

_____

_____

2 > a. Imagine que você escreveu o texto a seguir como tarefa para sua aula de inglês e quer fazer uma revisão final antes de entregá-lo a seu professor. Inicialmente faça um _proofreading_ rápido, sem consultar os pontos apresentados ao longo desta seção. Anote os erros identificados. Um aviso: os nomes dos dinossauros estão escritos corretamente!

> Milions of years ago there was many types of dinossaurs in earth. Some dinossaurs were meat-eaters and other dinossaurs were plant-eater. The bigger meat-eater was probably the Tyrannosaurus Rex. It was taller then all the other dinossaurs and his head was very long. It had very sharp tooths and very strong legs. The smallest dinosaur were also a meat-eater. It was the Compsonathus and it also head many sharp teeth. It eats other dinosaurs, two.

_____

_____

_____

_____

b. Agora faça outra revisão, desta vez de forma mais detalhada e criteriosa, consultando as perguntas apresentadas no quadro acima e lendo o texto em voz alta. Anote os erros identificados.

_____

_____

_____

_____

c. Avalie os dois processos: qual você achou mais produtivo? Por quê?

_____

_____

_____

Sugestões adicionais

- Para ler mais sobre _proofreading_, visite os _sites_:
  - <http://owl.english.purdue.edu/owl/resource/561/01/>;
  - <http://www.grammarly.com/blog/guest-posts/guest-post-top-proofreading-tips-for-esl-students/>.
- No _site_ <http://www.indiana.edu/~wts/pamphlets/proofing_grammar.shtml> você encontra uma excelente listagem contendo erros comumente cometidos ao se escrever em inglês, erros que podem inspirar a elaboração de novas perguntas em _checklists_ para acompanhar _proofreadings_.
- Para praticar a estratégia, use exercícios para _proofreading_ disponíveis em:
  - <http://www.superteacherworksheets.com/proofreading.html>;
  - <http://www4.caes.hku.hk/writingmachine/bin10/default.htm>.
- Se você dá aulas de inglês, compile alguns erros de seus alunos e produza exercícios de análise listando algumas frases com esses erros. Peça aos alunos que identifiquem, expliquem e façam as correções nas frases.
- Atividades de _Error Analysis_ podem ser mais guiadas (dizendo-se aos alunos quantos erros há em cada frase ou linha do texto) ou mais livres (oferecendo textos para análise sem indicação de quando ou quantas vezes eles ocorrem).

24>> CONSIDERANDO FONTES EXTERNAS PARA VERIFICAÇÃO DO TEXTO ESCRITO

A situação

Como tarefa de escrita para sua aula de inglês, você escreveu uma carta a uma *pen pal* imaginária descrevendo a sua rotina. Você terminou seu texto e gostaria de consultar fontes externas como apoio para sua revisão. Você se pergunta: "Será que posso resolver todas as minhas dúvidas na Internet? Ou será que devo usar alguma outra fonte para verificação?"

O texto

1   Dear Anne,

2   Thanks for your letter, I like a lot!

3   I like Maths and sports. We practice sports every Monday and Wednesday. My
4   school finish at 12:00 and I get home from school at 12:30. Everyday at 3:00 I go
5   to syncronized swimming. I go to Ann Arbor on Tuesday and Thurday, to study.
6   Sometimes, I go to shops to bye things and sometimes I go to the market with my mom.
7   Everyday I watch TV. There is a programme about a teenage witch. Is Sabrina.

8   Write again and tell me what you do after school.
9   Love
10   Sally

Arquivo pessoal da autora.

A estratégia

Como comentado na seção anterior, é uma boa ideia rever seu texto antes de entregá-lo; a ideia torna-se ainda melhor diante da sua intenção de usar fontes externas para verificação do seu texto.

As perguntas feitas ao final da descrição da situação procedem: a Internet oferece algumas vantagens para o apoio à verificação de um texto escrito, tais como acesso relativamente fácil, velocidade das buscas desejadas e um acervo imenso de informações. No entanto, o uso da Internet não necessariamente resolverá todos os problemas de um escritor; além disso, há variações (de benefícios, de dificul-dades) com relação a diferentes recursos disponíveis na Internet. O quadro a seguir comenta alguns desses recursos de forma geral e retoma pontos específicos referentes ao texto ilustrativo desta seção.

Recursos na Internet	Comentários
Dicionários	Dicionários *on-line* (tais como em <http://dictionary.reference.com/>) podem esclarecer não apenas a ortografia de certos termos, mas também, por meio dos exemplos que acompanham os verbetes, dar informações sobre o uso das palavras procuradas – esse último ponto é especialmente relevante para a verificação de *confusable words* como *remind/remember; session/ section; story/history; borrow/lend*. No caso acima, a escritora poderia ter resolvido consultar um dicionário para verificar palavras potencialmente geradoras de problemas (por exemplo, *school, synchronized, witch*), para concluir que *syncronized* (linha 5) apresenta erro ortográfico. Outros problemas ortográficos (*Everyday*, linhas 4 e 7; *Thurday*, linha 5; *bye*, linha 6) também poderiam ser retificados em consultas ao dicionário, mas um potencial dificultador dessa busca é a necessidade de que haja dúvida a respeito da ortografia correta de tais palavras! Se o escritor não suspeita de que pode haver problemas, não haverá a busca – e esse é um problema com dicionários! Antes de eles serem úteis é necessário uma disposição do escritor de torná-los úteis! (Mais sobre o uso desse recurso em "Usando dicionários".)
Tradutores automáticos	Como vimos em "Usando traduções", tradutores automáticos podem ser utilizados ao escrever e ao rever um texto, mas são um recurso a ser utilizado com critério. Quando o texto já foi escrito diretamente em inglês, na revisão, pode-se usar o tradutor para verificar dúvidas pontuais (por exemplo, digitando--se "bruxa" para concluir que *witch*, linha 7, está escrito corretamente) ou investigando grupos de palavras (por exemplo, "nado sincronizado").
Buscas por *collocations*	Bons dicionários e tradutores automáticos podem gerar informações sobre *collocations* (aqueles, por meio de seus exemplos; esses, na tradução das colocações procuradas). Bancos de dados contendo amostras de língua em usos (*corpora*) podem ser úteis para verificar *collocations*. No exemplo acima, uma busca em <http://corpus.byu.edu/coca/> mostraria ao escritor que *practice* não é usado junto a *sports*: nas *concordance lines* produzidas na busca, o verbo que acompanha *sports* (no sentido de "praticar esportes") é *play*. *Collocations* também podem ser investigadas em ferramentas de busca (Google, Yahoo!, Bing) procurando trechos mais longos entre aspas. Faça o teste: busque "*practice sports*" e você verá que essas duas palavras não aparecem juntas como apareceriam as palavras equivalentes em português!

Verificações de textos que escrevemos podem também ser feitas sem o apoio da Internet. Para verificar o que escreveu você pode, por exemplo, consultar seu professor, colegas, familiares ou qualquer outra pessoa que possa ajudá-lo a esclarecer uma dúvida. Pode-se, também, utilizar recursos tais como gramáticas, livros didáticos, anotações de aulas, entre outros. É possível que a consulta a essas fontes traga vantagens, como a fácil localização de informações ou comentários relevantes. Informações que lhe sejam particularmente úteis ao escrever podem também ser encontradas em textos previamente escritos que incluam *feedback* do seu professor ou de outra pessoa. É provável que suas dificuldades ao escrever se manifestem em textos do passado e do presente, e a consulta a textos previamente corrigidos e/ou comentados, a comentários adicionados em gramáticas ou livros didáticos, a anotações que você possa compilar sobre suas dificuldades pessoais – tudo isso pode, de forma isolada ou integrada, ajudá-lo a verificar seus textos escritos.

Uma das vantagens de se utilizarem tais recursos (sejam eles na Internet ou não) é que, quando fazemos uma pesquisa sobre algo que queremos verificar, a chance de incorporarmos tal informação no nosso conhecimento é maior do que se alguém retificar os nossos erros em nosso lugar. Uma dificuldade associada a essa estratégia é, no entanto, saber o que verificar: evidentemente, não é possível verificar todos os elementos do nosso texto, e essa dificuldade fica ainda maior se temos muitas dúvidas sobre o que acabamos de escrever. Um escritor eficiente saberá identificar quais aspectos devem ser verificados, e outras estratégias podem ser incorporadas nessa identificação, tal como "Ativando monitoramento pessoal", "Fazendo a revisão do texto (*Proofreading*)", ou "Usando um editor de texto". Essas estratégias serão mais úteis na verificação de erros gramaticais (como os ocorridos em *My school finish*, linhas 3-4; *Is Sabrina*, linha 7 e na posição de *every day* nas frases em que tal locução adverbial ocorre, linhas 4 e 7) do que a estratégia discutida nesta seção. Estratégias como "Considerando as necessidades do leitor" também são importantes: no caso acima, a aplicação dessa estratégia poderia alertar ao escritor que seu leitor potencial provavelmente não irá saber que "*Ann Arbor*" (linha 5) é o nome de seu curso de inglês!

Aplique a estratégia

1 > a. Os depoimentos a seguir foram escritos por brasileiros que aprendem inglês. Para cada uma das frases, que fonte externa você recomendaria para verificação do que foi escrito? Por quê?

I. I plan every thing I'll write, then, if I don't know some words, I look at the dictionary.

_____

_____

II. When some sentences don't sound good, I do the necessary changes.

_____

_____

III. When I read a book and I like the history, I like to write about the book.

_____

_____

IV. While I am writting a paragraph I am thinking about the next.

_____

_____

b. Faça as buscas que você recomendou acima e avalie: elas auxiliaram a verificação do texto?

_____

_____

_____

_____

2 > Escreva, em seu bloco de notas, um pequeno parágrafo sobre algum aspecto da estratégia apresentada nesta seção (por exemplo, o uso da Internet para verificação). Nesta tarefa você deve escrever, de uma vez, sem pensar muito no que e como escreve. Quando o seu parágrafo estiver terminado, releia-o e liste fontes externas que podem auxiliar na sua verificação. Se possível, encaminhe essas verificações.

3 > Agora escreva sobre outro aspecto tratado nesta seção (por exemplo, a consulta a recursos que não incluam a Internet). Desta vez, planeje seu texto com cuidado e depois o escreva. Ao terminar de escrever, repita os procedimentos sugeridos acima: releia o texto, considere fontes para verificação e encaminhe as verificações.

4 > Reflita: de que forma o uso de fontes externas para verificação se altera diante de maior ou menor planejamento ao escrever?

Sugestões adicionais

- Retome textos que você escreveu no passado que contenham comentários e correções de outras pessoas (como o seu professor ou colegas). Avalie: você poderia ter chegado às formas corretas a partir da verificação do seu texto usando alguma fonte externa? Se sim, qual/is? Se não, por que não?
- Ao usar fontes externas para verificar seus textos no futuro, vá gradualmente compilando uma listagem de "aulas" que essas verificações lhe dão (por exemplo, que _mistake_ é usado com _make_ e não _do_; que _beside_ significa "ao lado de" e _besides_, "além disso" etc.). Com o tempo a sua própria lista vai se tornar uma nova fonte de referência para você: A vantagem é que ela contém as suas dificuldades, e as soluções para elas!
- Para ler mais e fazer exercícios sobre palavras normalmente confundidas em inglês, explore o _site_ <http://esl. about.com/cs/vocabulary/a/a_confused.htm>.

25>> DANDO *FEEDBACK*

A situação

Como parte do trabalho de uma unidade sobre o meio ambiente em seu curso de inglês, você escreveu um texto intitulado *Plastic bags*. Na aula seguinte, ao entregar seu texto para o professor, você se surpreende com uma nova instrução a ser seguida: antes de entregarem seus textos, os alunos deverão trabalhar em pares e ler os textos dos colegas, fazendo comentários sobre eles. Você pensa: "Mas que perda de tempo! Que benefício essa tarefa pode trazer?". Ao receber o texto que deve ler e comentar, você fica ainda mais confuso, sem saber o que fazer ou por onde começar.

O texto

Plastic Bags

1 One of the problems of environment is about those plastic bags. When you go
2 shopping at the super market you cannot take a lot of plastic bags, because it takes
3 100 years to decompose, and when people throw it away on the sea the animals
4 that live there can think that is food, eat it, and die; the plastic bags pollute our
5 forests. This is really bad to our planet.

6 To end this problem we can take our plastic bags with us and use it more times.
7 Or buy a big bag for market and take the products on it. And the government here
8 in Rio can do a new rule: It is prohibited to give plastic bags at the super market.

9 So if you can see we have a lot of alternatives to resolve this problem. Please
10 help our planet.

Arquivo pessoal da autora.

A estratégia

Seu impasse e incompreensão diante do pedido de seu professor são compreensíveis: afinal, a leitura para fins de avaliação do texto escrito por outra pessoa (*peer assessment*) é uma tarefa que requer familiarização com os processos e objetivos nela envolvidos. As decisões a serem feitas por parte de quem dá um *feedback* não são necessariamente fáceis. Há várias questões a serem contempladas nesse processo e algumas delas são:

- Qual o foco do *feedback*: forma? Conteúdo? Adequação ao gênero textual? Preocupações com o leitor?
- O *feedback* deve ser positivo ou negativo?
- Ele deve ser dado por escrito (A lápis? A caneta? Em que cor?) ou face a face, oralmente?
- Com que frequência deve-se dar *feedback*?
- Em que local do texto incluímos nossos comentários: no começo ou no final, apresentando uma compilação dos nossos comentários? No miolo, enquanto vamos fazendo nossa leitura?
- O *feedback* deve incluir comentários gerais ou específicos? Deve-se corrigir os erros ou apenas indicá-los? Se sim, como devem ser indicados: destacando os locais no texto onde ocorrem (com sublinhamento, por exemplo)? Fazendo-se uma lista ao final do texto, para que o autor localize tais problemas? Marcando e descrevendo os problemas com códigos previamente estabelecidos (por exemplo, sp=*spelling*; wo=*word order*; –w= *delete a word*; +w = *add a word*; ww = *wrong word* etc.) que levem o autor do texto a concluir qual é exatamente o problema?

Em situações de sala de aula como a descrita na abertura desta seção é inviável pedir aos alunos que comentem sobre os textos escritos pelos colegas sem dar instruções explícitas sobre os focos desses comentários e como eles devem ser apresentados. No caso acima, sem instruções detalhadas, os alunos poderiam deixar de perceber aspectos tanto positivos quanto negativos no trabalho do colega.

Uma forma de se praticar a estratégia inicialmente é pedir àqueles que vão dar o *feedback* que foquem em duas ou três frases do texto apenas, apontando problemas, justificando-os e se possível sugerindo uma solução. O *feedback* pode também incluir um ou dois comentários positivos, localizados. Pode-se, também, pedir um comentário geral e um específico. Usando-se o texto acima como referência, tal *feedback* poderia se configurar da seguinte forma:

> ▶**General comment**: You only mention supermarkets as sources of new plastic bags.
>
> **Suggestion**: Start your text writing about plastic bags given by shops in general, then focus on supermarket as if giving one example.
>
> ▶**Specific comment**: *To end this problem we can take our plastic bags with us and use it more times.*
>
> **Suggestion**: *To end that problem we can take our own plastic bags to the supermarket and use them several times.*
>
> ▶**Something I really liked in your text**: The information about the degrading process of plastic bags.

Outra forma de encaminhar *feedbacks* mais guiados (e esta ideia é mais adequada para aqueles que já tenham alguma familiarização com a estratégia) é por meio da utilização de fichas de avaliação como a apresentada na seção "Fazendo a revisão do texto (*Proofreading*)", incluindo nas fichas categorias de análise que sejam compreendidas por quem dá e recebe o *feedback*.

Neste ponto você pode estar se perguntando se dar *feedback* é o mesmo que *proofread* um texto. Bem, mais ou menos. A semelhança entre os dois processos é que ambos envolvem um texto já composto. As diferenças são que *proofreading* foca na identificação de problemas ao passo que dar *feedback* deve ir um pouco além dessa identificação, contemplando possíveis soluções para os problemas identificados. Isso não quer dizer que ao se dar *feedback* deve-se necessariamente indicar as soluções para os problemas, mas deve-se sugerir alternativas ou formas de se chegar às soluções (como ilustrado no quadro acima).

Além disso, uma característica importante de *feedback* dado a textos escritos por outras pessoas é que aquele que dá esse *feedback* está mais distanciado do texto, o que lhe permite uma avaliação mais objetiva sobre a coerência do texto, o cumprimento de seus objetivos, sua clareza etc. Essa objetividade é difícil de ser alcançada ao se fazer *proofreading* de textos que nós mesmos escrevemos.

E é exatamente essa visão sob uma perspectiva mais indireta que pode capacitar aquele que dá *feedback* a outras pessoas a desenvolver a capacidade de olhar seus próprios textos com mais rigor crítico no futuro. Em outras palavras, esta estratégia funciona mais ou menos como uma "estratégia-bumerangue": você a desenvolve com textos que não os seus, mas seus ensinamentos voltam para você e os textos que você produzirá no futuro. Em outras palavras, ao dar *feedback* a outras pessoas, um aprendiz-escritor pode detectar problemas que poderiam existir nos textos por ele também produzidos, e isso pode melhorar sua conscientização sobre seu próprio processo de escrita. Aquele que dá o *feedback* pode, também, perceber soluções criativas, bons usos da língua e da produção do gênero textual, entre outros, e inspirar-se nessas características ao escrever no futuro. Desenvolveremos esses pontos na próxima seção.

Aplique a estratégia

1 > Leia o texto a seguir e preencha a ficha como se dando *feedback* ao autor do texto:

Polution

the polution is a problem that the man lives for a long time, and never is soluted. The people dont help to change this, they still leave the trash in the streets and using water more then they really need

With the polution the human, and the all the ~~species~~ species alive is afected, because the air isnt good to breath and the ocean is very dirty, a lot of fishes and aquatic animals are prejudicaled

I think the people should be more careful, because they are destroing the world they selves lives. We should stop poluting the air and the oceans to live bitter, ~~because~~ so ~~protect~~ protect the world. ~~~~

Transcrição:

Polution
the polution is a problem that the man lives for a long time, and never is soluted. The people dont help to change this, they still leave the trash in the streets and using water more then they really need.

With the polution the human, and the all the ((incomprehensible)) species alive is afected, because the air isnt good to breath and the ocean is very dirty, a lot of fishes and aquatic animals are prejudicated.

I think the people should be more careful, because they are destroing the world they selves lives. We should stop poluting the air and the oceans to live better, ((incomprehensible)) so ((incomprehensible)) protect the world. ((incomprehensible)).

Feedback on _____

Done by _____

What I liked about your text:

_____

This is a problem I found in your text:

_____

Here's a suggestion on how to deal with the problem:

_____

_____

2 > Selecione uma ou mais redações no *site* <https://sites.google.com/site/waabelearningstandards/home/writing-calibration-workshop/esl-writing-samples>. Para cada redação selecionada, em seu bloco de notas, responda às perguntas:

a. O texto cumpre seu propósito comunicativo?
b. O texto é interessante, agradável de se ler?
c. Faltam informações nele?
d. Há informações desnecessárias?
e. O texto começa bem?
f. O texto termina bem?
g. O texto é bem organizado?
h. Há alguma parte que não esteja clara?
i. Se escrito a mão, o texto está legível?

3 > Agora pense sobre os dois processos de se dar *feedback* que você encaminhou: Qual dos dois foi mais fácil de encaminhar e por quê? De que forma dar *feedback* em textos escritos por outras pessoas pode auxiliá-lo a se tornar um melhor escritor em inglês?

Sugestões adicionais

- Para ler mais sobre o assunto, incluindo sugestões práticas de como se dar *feedback*, veja os *sites:*
  - <http://iteslj.org/Techniques/Williams-Feedback.html>;
  - <http://www.mwp.hawaii.edu/resources/wm7.htm>;
  - <http://writing.wisc.edu/Handbook/PeerReviews.html>.
- No *site* <http://www.crlt.umich.edu/tstrategies/tswa.php> há vários outros *links* sobre o assunto.
- No *site* <http://www.edu.gov.on.ca/eng/literacynumeracy/inspire/research/WW_Improving_Student_Writing.pdf>, você encontra um documento oficial do governo canadense sobre a estratégia discutida nesta seção. O *site* é particularmente relevante para aqueles que ensinam inglês.
- Se você dá aulas de inglês, procure sempre encaminhar um trabalho de reflexão sobre os benefícios (e malefícios) de formas diferentes de se dar *feedback*. Para tal pode-se, por exemplo, variar as formas de *feedback* para os trabalhos escritos de seus alunos durante um tempo: numa semana, sublinhe os erros; na outra, corrija-os; na outra, liste-os ao final da página; na outra, indique-os com códigos. Todos esses textos devem envolver revisões por parte dos alunos, seguidas de reflexões em forma escrita (num diário, por exemplo) ou em discussões com a turma: quais formas de *feedback* me ajudam a identificar melhor meus problemas e solucioná-los?

26>> REFLETINDO SOBRE *FEEDBACK* E REVISÕES

A situação

Como parte de seu trabalho com escrita em língua inglesa você costuma produzir duas versões do que escreve: após a primeira versão, seu professor lê e usa um código convencionado para registrar alguns pontos a serem revistos. Ao receber seu texto de volta, você observa os comentários e faz as revisões necessárias, entregando o texto para verificação do seu professor mais uma vez. Você vem guardando todos esses trabalhos, em suas duas versões, e com o passar do tempo acumulou um acervo razoável de textos. Ao mexer nessa coleção de textos, você se pergunta se haveria alguma estratégia de escrita que pudesse ser desenvolvida a partir da análise desses textos.

O texto

Versão 1

Brasil has rural areas and urban areas. The rural areas are an areas of has plants, animals etc...

Typical day of the person que live in rural area: at 5:30, they get up; at 6:00, they have a breakfast; at 7:00, they put seeds on the earth; at 9:00, they put watter on the earth. at 12:00, they have a lunch; at 15:00, they take the cows, oxen, bulls etc... for the house of cows; at 19:00, they have dinner; at 21:00, they go to bed.

Transcrição:

1 Brasil has rural areas and urban areas.

2 The rural areas are an areas of has plants, animals etc...

3 Typical day of the person que live in rural area: at 5:30, they get up; at 6:00, they
4 have a breakfast; at 7:00, they put seeds on the earth; at 9:00, they put wather
5 on the earth; at 12:00, they have a lunch; at 15:00, they take the cows, oxes, bulls
6 etc... for the house of cows; at 19:00, they have dinner; at 21:00, they go to bed.

Correções:

Linha 2: indicação de –w (*delete word*) em "The"
Linha 2: indicação de –w (*delete word*) em "an"
Linha 2: indicação de erro em "of has"
Linha 3: indicação de +w (*add word*) antes de "Typical"
Linha 3: "que" corrigido para "who"
Linha 3: indicação de vc (*verb conjugation*) em "live"
Linha 4: indicação de –w (*delete word*) em "a"
Linha 4: indicação de sp (*wrong spelling*) em "wather"
Linha 5: indicação de –w (*delete word*) em "a"
Linha 6: indicação de ww (*wrong word*) em "for"
Linha 6: indicação de erro na locução "house of cows"

Versão 2

Berazil has orural areas and urban areas
~~the~~ Rural areas are areas where ~~are~~ there are plants,
animals etc...
The Typical day of the person who lives in
rural areas: at 5:30, they get up; at 6:00, they
have breakfast; at 7:00, they ~~get~~ put seeds on
the earth; at 9:00, they put water on the earth;
at 12:00, they have lunch; at 13:00, they take
the cows, oxes, bulls etc... to in their ~~toys~~ ~~them~~
house; at 19:00, they have dinner; at 21:00, they
go to bed.

Arquivo pessoal da autora.

Transcrição:

1 Brazil has rural areas and urban areas.

2 Rural areas are areas where there are plants, animals etc...

3 The typical day of the person who lives in rural area: at 5:30, they get up; at 6:00,
4 they have breakfast; at 7:00, they put seeds on the earth; at 9:00, they put water
5 on the earth; at 12:00, they have lunch; at 15:00, they take the cows, oxes, bulls
6 etc... to in the them house; at 19:00, they have dinner; at 21:00, they go to bed.

Arquivo pessoal da autora.

A estratégia

Uma leitura crítica das duas versões do texto sugere que, para fazer a revisão da Versão 1 do texto, seu autor teve de fazer algumas inferências a partir do *feedback* dado pelo professor, conforme os detalhes no quadro a seguir:

Linha	O problema	Como o autor do texto solucionou o problema
2	–W (*The*)	O código –W (*delete word*) possivelmente levou
2	–W (*an*)	o autor a uma revisão imediata, sem necessidade de maiores reflexões ou trabalho estratégico, envolvendo apenas a eliminação da palavra desnecessária. Mas note-se que mesmo na Versão 2 o texto foi originalmente iniciado por *The Rural areas*. No entanto, *The* aparece cortado, o que sugere que houve monitoramento por parte do escritor.
2	*of has*	Na Versão 1 o *feedback* indica apenas que há um problema com o trecho, sem descrição da natureza do problema. O escritor aqui precisou inferir que *of has* não expressava a ideia de "que tem"/"onde há" adequadamente, indo procurar uma outra alternativa. A decisão de usar *where there are* é perfeita (mas note-se que originalmente ele usou *are* antes de *there*). Que houve algum trabalho estratégico na solução do problema é uma conclusão plausível: afinal, para fazer a revisão, o escritor ou verificou uma fonte externa (um dicionário, o professor, alguém que soubesse inglês), ou formulou a estrutura por meio de recombinação. No entanto, não há como se dizer com precisão, apenas pela leitura das duas versões do texto, qual foi a estratégia usada.

Linha	O problema	Como o autor do texto solucionou o problema
3	+W (antes de *Typical*)	Aqui, ao rever o texto, o escritor sabia que deveria *add a word (+W)*. Optou, erradamente, por usar um artigo definido e não podemos afirmar com precisão qual a estratégia usada neste processo de revisão.
3	*que*	Não houve necessidade de trabalho estratégico aqui, já que o professor cortou a palavra errada na versão 1 (*que*) e indicou a palavra adequada (*who*).
3	VC (*live*)	Para retificar o problema com *verb conjugation* (VC), o autor do texto precisou ou ativar conhecimento prévio ou consultar uma referência, mas é impossível identificar com precisão a estratégia usada.
4	−W (*a*)	Ver comentário na segunda linha desta coluna.
4	SP (*wather*)	A revisão contém a palavra *water* com ortografia adequada. A estratégia pode ter sido ou ativação de conhecimento prévio ou consulta a dicionário ou outra referência.
5	−W (*a*)	Ver comentário na segunda linha desta coluna.
6	WW (*for*)	A retificação (de *for* para *to*) pode ter envolvido consulta a referência ou ativação de conhecimento prévio aliada à recombinação.
6	*house of cows*	A substituição de *house of cows* por *to in the them house* sugere trabalho cognitivo por parte do autor, na tentativa de escrever o que queria de outra forma. Podemos concluir com certa segurança que não houve consulta a um dicionário – tal consulta levaria provavelmente ao uso de *cowshed/stable* e não à criação de nova estrutura: uma boa ideia que, no entanto, gerou novo problema.

Artigo definido é um termo que apresenta um **substantivo** de forma definida. Em inglês há um artigo definido, *the*, que é a palavra mais frequente na língua inglesa.

Verb conjugation (conjugação verbal, em português) é o processo que envolve alterações no **verbo** a fim de seguir a **concordância verbal**.

A análise acima nos mostra, então, que é possível depreender algumas das estratégias usadas por escritores no seu processo de produção escrita com base na comparação de duas versões de um mesmo texto. Sob o ponto de vista do escritor, essa comparação torna-se um processo de desenvolvimento de estratégias quando ele é capaz de refletir sobre os erros originais, o *feedback* recebido e as revisões feitas, de forma que essas reflexões vão além de questões de conhecimento sistêmico e incorporem estratégias de escrita. No caso acima, tal reflexão poderia ser encaminhada a partir das seguintes perguntas:

- Quais os principais problemas na primeira versão do meu texto?
- O que pode ter causado cada um deles:
  - Planejamento inadequado?
  - Falta de atenção às necessidades do meu leitor?
  - Ausência de monitoramento? Mau monitoramento?
  - Problemas de formulação?
  - Falta de atenção quanto ao nível de formalidade adequado ou a outros requerimentos do gênero textual produzido?
  - Dificuldades ao checar referências?
- Como resolvi meus problemas na segunda versão?
- Quais problemas permanecem na segunda versão e o que posso fazer para solucioná-los?

Reflexões como essas podem conscientizar o aprendiz-escritor sobre estratégias que podem ser mais bem desenvolvidas: no caso acima, por exemplo, pode-se concluir que seria uma boa ideia desenvolver o hábito de consulta ao dicionário, bem como melhor monitoramento em casos de revisão que envolvam mudanças significativas em relação à versão anterior.

Uma dificuldade associada ao desenvolvimento e uso desta estratégia é que ela requer disciplina e sistematização: para se compilar textos previamente escritos que contenham *feedback* e suas revisões, para se refletir sobre as estratégias implementadas (ou não) durante a composição das versões disponíveis. No entanto, se essas reflexões forem encaminhadas com frequência, elas podem ajudar o aprendiz a se conhecer melhor como "escritor em inglês", e esse conhecimento, por sua vez, ajudará o escritor a criar condições mais favoráveis ao escrever em inglês. Retomaremos esse ponto na seção "Refletindo sobre como você escreve".

Aplique a estratégia

1 > Observe o texto e seu *feedback* e responda: que estratégia(s) de escrita poderia(m) ter evitado a ocorrência dos problemas registrados?

The cats are useless

The cats ~~are~~ *is* useless as domesic animal. Specially in cities where is no problem of rates and mices, In my life, ~~the~~ *I haven't* kept a cat in the house, I think, ~~this~~ decision come from that of my life is full of hard work. Perhaps, you might say, It is a nice ~~thing~~ to find a game *(cat)* for your children, as domastic animal. I reply, OK, ~~for~~ I before like ~~that~~ thing one time a week while I don't leave my children to play with useless game. My brother has a son, and *she* His ~~and kept his~~ *had* a cat, later on, the cat was died. However The boy was in deep sorrow and still of this feeling for a long time.

White, R.; Arndt, V. *Process Writing*. Londres: Longman, 1991. p. 129.

2 >
  a. Escreva, em seu bloco de notas, um pequeno texto sobre um assunto de sua escolha e peça a outra pessoa que lhe dê *feedback* sobre o que você escreveu.

  b. Em seguida, reescreva o texto com base nos comentários recebidos e peça, mais uma vez, que o autor de tais comentários leia e comente a nova versão.

  c. Posteriormente, examine as duas versões e os comentários utilizando as perguntas listadas nesta seção (em "A estratégia") como base de sua análise.

  d. Reflita: o que você pode concluir sobre como você escreve em inglês e o que você pode fazer para se tornar um escritor mais estratégico?

Sugestões adicionais

- Se você tem, guardados, textos que escreveu no passado que incluem comentários de outras pessoas, examine tais textos tentando responder às perguntas da caixa apresentada nesta seção. Lembre que suas respostas devem ser pautadas na ausência ou uso inadequado de estratégias e não apenas na falta de conhecimento sobre gramática ou vocabulário em inglês.

- Uma variação mais simples da sugestão acima é: ao receber um trabalho escrito com *feedback*, selecione 3 ou 4 frases com problemas e: (1) copie essas frases, destacando as partes onde os problemas ocorrem; (2) Reflita sobre as causas dos problemas, listando-as (podem-se usar os *bullets* na caixa acima como referência); (3) Reescreva as frases.

- Visite o *site* <http://instruct.westvalley.edu/lafave/writsamp0.htm> e nele observe os textos apresentados e respectivos *feedbacks*. Alguns textos incluem uma segunda versão. Para cada conjunto de textos, reflita: se você fosse o autor dos textos, o que poderia concluir sobre as estratégias que usa ou deveria usar para melhorar sua escrita?

27>> ESCREVENDO PARA VOCÊ MESMO

A situação

Você gosta de escrever bilhetes para você mesmo, e deixá-los espalhados pelo seu escritório, carro, quarto e outras partes da sua casa em notinhas autocolantes. Muitas vezes você se esquece das notinhas ou, ao lê-las, não entende bem por que e para que as escreveu. Ao ler um cartum sobre isso (reproduzido abaixo), você se identifica com o personagem central e pergunta-se se, como ele, poderia tornar esse tipo de escrita mais eficiente. Um questionamento adicional que você elabora ao pensar sobre o assunto é se haveria alguma forma de tornar a "escrita para você mesmo" uma forma de desenvolver sua aprendizagem sobre a língua inglesa.

O texto

Disponível em: <http://www.gocomics.com/jimsjournal/2012/02/05>. Acesso em: 14 fev. 2012.

A estratégia

O cartum acima ilustra, com bom humor, o hábito que algumas pessoas têm de escrever para si mesmas, deixando bilhetes espalhados por todos os cantos. Para respondermos às perguntas feitas ao final da situação, isto é, se há formas de tornar tal hábito mais eficiente e se ele pode contribuir positivamente para a aprendizagem da língua inglesa, precisamos entender quais funções tais textos cumprem para o escritor.

No cartum acima, o primeiro texto (*MUST GO TO BANK AT 2 P.M.*) tem a função de lembrar o escritor de algo. A escrita caracteriza-se com frequência como lembretes (como o hábito de amarrar um barbante ao redor do dedo) para quem escreve ou para outro leitor. Para cumprir tal função com sucesso, é importante que o texto seja lido posteriormente (ou por quem o escreveu, ou por outra pessoa). Tal requerimento não é absolutamente necessário nos outros dois textos do cartum acima. Um deles (*CHERYL – BACK RUB 4 FLOWERS?)* apresenta uma ideia e, como tal, pode ter duas funções distintas: de forma similar ao primeiro lembrete, esse texto pode ter a função de registrar uma ideia para evitar seu esquecimento (e, nesse caso, vai requerer uma leitura posterior). Outra forma de analisar a escrita que gerou esse texto é percebê-la como uma forma de mediação do pensamento, amparando aquele que escreve no desenvolvimento de suas ideias. Nesse caso, a função do texto se cumpre durante o processo de escrita propriamente dito e não numa leitura posterior. De forma similar, o texto final (*NO WAY MONKEY SUPER BAG!!*) provavelmente registra e/ou apoia o desenvolvimento de um pensamento e não requer leitura posterior: afinal, ele não faz sentido nem mesmo para quem o escreveu!

Podemos, então, retomar a primeira pergunta da situação: é possível aprendermos a escrever para nós mesmos de forma mais eficiente? Com base nos aspectos discutidos acima, é possível concluir que, sabendo-se a função do que escrevemos, podemos atentar para detalhes necessários ou não, perguntando-nos, por exemplo: é preciso escrever com letra legível de forma que eu (ou outra pessoa) possa compreender o que escrevo? É preciso escrever de forma organizada no papel de forma que o que escrevo faça sentido posteriormente? É melhor escrever em notas autocolantes, em cadernos, folhas avulsas, no computador, ou em algum outro suporte? Procurar respostas a essas perguntas quando escrevemos para nós mesmos tornará nossa escrita mais eficiente.

A segunda pergunta da situação é se a escrita para si mesmo pode trazer algumas vantagens ao escritor no âmbito de sua

---

Mediação refere-se à noção proposta pelo psicólogo russo Lev Vygotsky (1896-1934) de que toda função mental superior, tal como atenção voluntária, memória lógica e desenvolvimento de novos conceitos, é desenvolvida por meio da mediação de ferramentas, dentre as quais a linguagem é a mais importante. Nesse sentido, pensar, escrever e/ou falar sobre algo tem um impacto importante nos entendimentos que desenvolvemos sobre esse assunto.

Apropriação é um conceito da teoria sociocultural de aprendizagem que significa "tomar posse de um conhecimento", "fazer um conhecimento seu". Sob essa ótica, a apropriação do conhecimento é percebida como o objetivo final, principal, do processo de aprendizagem.

aprendizagem de inglês. Antes de responder à pergunta mais especificamente, vejamos que outras formas, além das notas autocolantes, esse tipo de escrita pode incluir:

- Diários (*journals*) manuscritos ou digitados: populares entre os norte-americanos, *journals* consistem em registros escritos de eventos, experiências e reflexões sobre aspectos gerais ou específicos, e são escritos regularmente. É comum no contexto norte-americano pedir-se a alunos (de todas as idades, do ciclo elementar à universidade) que escrevam diários sobre algum aspecto de sua aprendizagem.
- *Blogs* (abreviações de *weblogs*): similares a diários, *blogs* registram eventos e informações *on-line* e são atualizados de forma regular.
- *Travel logs*: manuscritos ou produzidos em algum suporte eletrônico (editores de texto, *websites*), *travel logs* são registros de viagens e podem conter uma combinação de textos e imagens.
- *Scrapbooks*: literalmente "livros de pedaços", *scrapbooks* são álbuns de recortes sobre um assunto (casamento, uma etapa da vida, uma viagem) que contêm muitos elementos decorativos e cada página é diferente da outra.
- Listas: o que vamos fazer, o que temos de comprar, quem vamos convidar para um evento, a quem temos de enviar certos documentos etc.
- Anotações pessoais: notas tomadas em aulas, palestras, durante a leitura de um livro etc. (Este será o assunto da próxima seção.)

A produção dos gêneros textuais acima pode contribuir para a aprendizagem da língua inglesa de várias formas: tal escrita pode oferecer oportunidades valiosas de praticar a língua, de se apropriar dela para fins pessoais, de escrever sem pressões externas. Tudo isso tende a ser muito positivo sob a ótica do aprendiz de inglês. Além disso, escrever para si próprio pode vir acompanhado de reflexões sobre o que causa mais e menos dificuldade, sobre as formas de se compor, verificar e rever o texto, e todas essas reflexões podem ajudar o escritor a desenvolver sua aprendizagem não apenas da escrita em si, mas também da língua inglesa.

Como em outras estratégias, as dificuldades relacionadas à escrita para si próprio envolvem determinação por parte do aprendiz-escritor em criar oportunidades para produzir tal escrita. E também, como ocorre com outras estratégias, o bom uso da escrita para si próprio depende do apoio de outras estratégias, tais como "Monitorando a escrita" ou "Considerando diferenças entre modalidade oral e escrita".

Aplique a estratégia

1 > a. Por uma semana, mantenha um registro escrito (à mão, em um *blog* ou em um arquivo num editor de texto) das suas atividades diárias. Se você é iniciante, produza frases simples (*I woke up at 6 o'clock and then went to the kitchen to have breakfast* etc.). Se você tem maior proficiência linguística, procure produzir textos mais sofisticados (veja exemplos em <http://www.holmdelschools.org/schools/satz/eng_dept/Everyday%20 Texts/diary_entry_examples.htm>).

b. Ao final da semana, reflita: a escrita para você mesmo melhorou ao longo dos dias? Ela lhe trouxe algum ganho na sua aprendizagem de inglês?

2 > a. Crie um *blog* sobre sua aprendizagem de inglês e adicione *posts* regularmente (uma ou duas vezes por semana). Seus *posts* podem seguir sempre o mesmo formato, como a sugestão a seguir:

- Write about something you have written in English. Describe the text: its genre, its topic, its reader
- How did you feel during the writing?
- How well do you think you wrote?
- What difficulties did you face when writing?
- How did you solve them?
- What have you learnt from the experience?
- What will you do differently next time?

b. Após um mês, avalie: a produção de um *blog* trouxe algum benefício para o desenvolvimento da escrita em inglês e/ou para a aprendizagem da língua de uma forma geral? Justifique sua resposta.

Sugestões adicionais

- Para ler alguns exemplos de *journals*, explore o *site* <http://www.gocomics.com/jimsjournal>, onde você pode ler outros cartuns de "Jim's Journal" (cujo exemplo aparece no texto desta seção). Outros *sites* em que você pode ler mais sobre exemplos e comentários sobre *journals* são:
    - <http://und.edu/instruct/weinstei/writejournal.htm>;
    - <http://www.cetla.howard.edu/wac/journal.aspx>.
- Para ler mais sobre funções da escrita, visite o *site* <http://wps.ablongman.com/ab_jalongo_ earlychild_4/55/14136/3619008.cw/content/index.html>.
- Se você dá aulas de inglês, peça a seus alunos que leiam livros (ou trechos) que contenham diários. Alguns exemplos são os livros da coleção *Diary of a Wimpy Kid*, de Jeff Kinney (para crianças); *The Teenage Worrier's Panic Diary*, de Ros Asquith (para adolescentes) ou *Bridget Jones Diary*, de Helen Fielding (para adultos). Ajude os alunos a tirarem conclusões sobre as formas e os conteúdos dos textos lidos, e estimule-os a escrever os seus próprios diários com base em suas conclusões.

28>> TOMANDO NOTAS

A situação

Você assiste a uma palestra em inglês, e decide registrar algumas informações dadas e alguns pensamentos que lhe ocorrem durante a palestra. Ao fazê-lo, algumas dúvidas aparecem: Que língua devo usar ao escrever, português ou inglês? Como devo organizar minhas notas? O que devo fazer para garantir que essas notas me sirvam para alguma coisa no futuro?

O texto

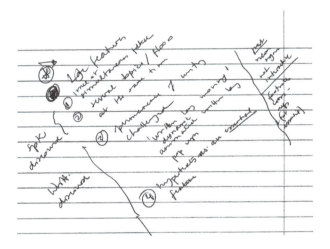

Transcrição:

* Lgtc features

Spk discourse
1 issue of simultaneous fdbck
2 several topics/floors at the same time

Writt. discourse
3 permanence of writing challenged
  'written lang moving'
  dynamic
  animated written lang
  pop ups
4 hypertexts as an essential feature

past
neon signs
not interactive

footnotes
cross-refs
(not essential)

A estratégia

Ao decidir registrar o que ouve na palestra em notas escritas, o escritor posiciona-se diante de um evento de compreensão oral (a palestra) estrategicamente, isto é, decidindo registrar pontos importantes por escrito. Isso significa que a estratégia "Tomando notas" inclui aspectos relativos às habilidades de ouvir e escrever e é sobre essa última que trataremos nesta seção. Especificamente, e como indicam as perguntas feitas ao final da situação acima, a estratégia requer algumas decisões importantes, entre elas a decisão básica sobre a língua a ser utilizada.

Para decidir se vamos escrever em português ou em inglês temos de levar alguns outros aspectos em consideração: na situação acima, a fim de ser fiel ao que foi dito pelo palestrante, é recomendável que as notas sejam feitas na língua utilizada na palestra (no caso, o inglês). Anotar o conteúdo da palestra em português poderia deturpar de alguma forma o que foi dito, pois, como sabemos, traduções nem sempre são fáceis de serem feitas! Nesse sentido, é possível também que as anotações feitas na língua ouvida sejam também mais rápidas, configurando-se num processo de "audição seguida de escrita do que se ouve" – processo esse certamente mais imediato do que "audição seguida de tradução seguida de escrita do que foi traduzido".

Apesar das vantagens acima, usar a língua materna pode ser mais apropriado ao se fazerem anotações que consistem em ideias, pensamentos, dúvidas e outros comentários oriundos do autor das anotações e não do autor do texto sobre o qual as anotações são feitas. Em outras palavras, a língua materna, em muitos casos, pode dar mais agilidade e precisão às notas que não envolvem o conteúdo propriamente dito, mas sim reações do escritor a tal conteúdo. Um escritor estratégico saberá decidir a língua mais apropriada às condições contextuais como o tempo disponível para se tomar as notas, objetivo das anotações ou quem serão seus leitores.

Essas condições também afetam decisões acerca da organização das notas tomadas, e esse ponto nos leva à segunda pergunta feita ao final da situação descrita na abertura desta seção. É possível organizar as notas de várias maneiras, não havendo formas intrinsecamente "certas" ou "erradas". Dois tipos de notas frequentes são: *linear notes,* que seguem a ordem de apresentação de conteúdo; e *pattern notes,* que organizam as informações por assunto, independentemente de sua ordem de apresentação. O exemplo acima ilustra esse segundo tipo. Nele, o escritor lista e numera as *linguistic features* mencionadas, adicionando as modalidades do discurso a elas associadas (spoken/written) à esquerda (provavelmente após ter listado as quatro *features* (de outra forma seria mais provável que tivesse usado 1 e 2 para as *spoken features* e, novamente, 1 e 2 para as *written features*). Há, também, inclusão de exemplos (no lado direito do texto) para algumas das *features*.

Pattern notes são recomendáveis para registrar relações, categorizações e exemplos das informações apresentadas. Elas permitem, também, que o escritor registre as ideias por meio de associações não necessariamente feitas no texto tomado como base para as notas (seja ele oral ou escrito). Faltando espaço para a adição de mais associações, o escritor pode lançar mão de setas ou asteriscos (como no alto do exemplo acima) para indicar associações registradas em outros pontos nas anotações. *Linear notes,* por outro lado, são apropriadas para registrar ideias independentes ou que envolvem sequência de eventos ou argumentos (uma coisa leva a outra que, por sua vez, leva a outra, e assim sucessivamente).

Um escritor estratégico, ao tomar notas, irá considerar qual a função de tais anotações. A não ser que as notas sejam percebidas como uma forma de mediar o pensamento e a construção das ideias por parte daquele que escreve (conforme discutido na seção "Escrevendo para você mesmo"), elas provavelmente têm uma função de referência para o futuro. Nesse caso, o escritor precisa contemplar, ao escrever, quais informações serão úteis e/ou necessárias futuramente, e organizará suas notas de forma que quem as leia entenda o que foi anotado e possa tirar algum proveito de tais anotações. Um ponto importante aqui é considerar o leitor em potencial de tais notas: de modo geral, o autor de anotações será também o seu leitor, mas podem-se considerar situações em que um escritor tome notas para serem lidas por outra pessoa (por exemplo, um recado deixado ao telefone). De qualquer forma, um escritor precisa ter clareza do propósito de suas notas sob o ponto de vista de quem vai lê-las. Para tal, devem-se considerar os seguintes pontos:

- Se as notas forem feitas à mão, é importante garantir que a escrita esteja legível. É importante, nesses casos, acompanhar a escrita por monitoramento de forma, perguntando-se: "É possível ler e entender o que estou escrevendo?"
- Para agilizar a tomada de notas, podem-se usar abreviações e o texto acima contém alguns exemplos: *lang* (*language*); *spk* (*spoken*); *writt.* (*written*); *Lgtc* (*Linguistic*); *fdbck* (*feedback*); *refs* (*references*). Apesar de trazer a vantagem de dar maior velocidade à escrita, abreviações devem ser usadas com critério: se forem lidas depois, é preciso que sejam compreendidas por aquele que as lê!

- Devem-se utilizar recursos que auxiliem na organização de hierarquias de ideias e destaque de pontos importantes, por exemplo: sublinhamento (como feito em *past* e *essential* no texto acima), negrito e itálico, marcadores de texto, cores diferentes, *bullets* (como os itens numerados no texto acima), setas.
- Deve-se deixar clara a distinção entre "elementos do texto" e "a opinião ou comentários de quem escreve as notas". No exemplo acima, tudo o que foi registrado nas notas foi dito pelo palestrante. O escritor fez uso de aspas simples em um caso (*'written lang[uage] moving'*) para destacar uma locução criativa e original produzida pelo falante. Comentários e ideias pessoais do escritor devem vir sempre de forma diferente em notas (por exemplo, em cor diferente) ou numa seção especial do documento (por exemplo, às margens).
- Se as notas têm a finalidade de servir como referência para o futuro, é importante guardá-las onde possam ser encontradas! Elas podem ser compiladas em cadernos ou blocos de referência, em arquivos digitais ou convencionais, de forma que seus futuros leitores possam ter acesso a elas quando necessário. E isso responde a terceira pergunta feita ao final da situação!

Um dado importante a ser observado antes de finalizarmos esta parte é que "tomar notas" não é o mesmo que "fazer resumos". Trataremos desse último assunto na próxima seção.

Aplique a estratégia

1 > a. Selecione um pequeno texto de seu interesse (pode ser um artigo de jornal ou informações em enciclopédias *on-line*) e, ao lê-lo, tome algumas notas. Use o conteúdo do quadro a seguir como orientação para suas anotações:

NOTES ABOUT (title of the reading)
What the text is about: (topic)
Main idea/Details: (linear or pattern notes)
Key vocabulary:

b. Volte a suas notas alguns dias depois e avalie:
   I. A organização escolhida foi ideal? Justifique.
   II. Qual é a informação mais importante nas notas? Ela aparece destacada?
   III. Pensando no texto que você leu e nas notas tomadas, você agora acha que deveria ter incluído algo a mais nas anotações? Se sim, o que teria levado à não inclusão de tais informações anteriormente?
   IV. Você consegue entender o que escreveu?
   V. Que dificuldades você teve para tomar as notas e entendê-las nessa leitura posterior? O que você poderia fazer para evitar tais dificuldades no futuro?

2 > a. Assista a um pequeno vídeo (por exemplo, o disponível em <http://www.youtube.com/watch?v=EUS1m5MSt9k&feature=player_embedded#> e tome algumas notas ao ouvir a conversa entre os personagens. Use o formato sugerido acima ou, se preferir, escolha outra organização para suas notas.

b. Uma semana depois, releia as suas notas e encaminhe avaliação similar à sugerida no exercício 1b.

Sugestões adicionais

- Leia mais sobre como tomar notas ao ler nos *sites:*
  - <http://www.ehow.com/how_9258_reading-notes.html>;
  - <http://www.open.ac.uk/skillsforstudy/thinking-reading-and-taking-notes.php>;
  - <http://www2.warwick.ac.uk/fac/soc/al/learning_english/leap/reading/note/>.
- Leia mais sobre como tomar notas ao ouvir nos *sites:*
  - <http://www.ehow.com/how_4752782_improve-taking-skills.html>;
  - <http://mit.edu/uaap/learning/teach/smarter/notes.html>;
  - <http://www.dartmouth.edu/~acskills/videos/video_nt.html>, neste você pode ver um vídeo sobre como tomar notas em contextos acadêmicos (aulas, palestras).
- Se você dá aulas de inglês, em cada aula, peça a um aluno diferente para tomar nota sobre o encaminhamento da aula (as atividades, os pontos principais, as tarefas para casa etc.). Essas notas devem ser passadas aos alunos ausentes naquele dia. Se possível, as notas podem ser postadas no *blog* da turma. Outra alternativa é ter um fichário na sala em que se guardam todas as notas para referência quando necessário.

29>> FAZENDO RESUMOS

A situação

Você faz um exame de inglês e a tarefa de produção escrita consiste em fazer um resumo de um dos livros lidos pela turma recentemente. Você segue as instruções dadas no enunciado da tarefa e escreve seu resumo. Ao terminar, relê seu texto e sente que algo não está bem nele. Você não sabe identificar exatamente o problema, e pergunta-se: "O que eu poderia fazer para melhorar meu texto?" De uma forma mais geral, você se pergunta se "escrever resumos" envolve estratégias de escrita que você desconhece.

O texto

> **B.** Write a summary of the book you read, following the guide in the box.
>
> - Who are the characters in the story?
> - Where are they?
> - What is the problem of the story?
> - What is the solution given to the problem?
> - What is your favorite part of the story? Why?
> - What is your opinion about the story?

[Texto manuscrito do aluno]

In the book there is 5 characters Plumpy, Babley, Prissila, Woopie and Maurice. They are in a carse. The problem is a crasy men that wishs to be rich, and lock them in a room, then, one of them have a idea to put a gum in the lath and they get free. I don't have really a favorite page, becuase I like all the book a lot and if I have to choise really a favorite page I think it's going to be the game becuase I really like gamesa lot. The book is really nice to me and I read it two times, I think is the best one of the collition.

Transcrição:

1. **B. Write a summary of the book you read, following the guide in the box:**
2. • Who are the characters in the story?
3. • Where are they?
4. • What is the problem of the story?
5. • What is the solution given to the problem?

6 • What is your favorite part of the story? Why?

7 • What is your opinion about the story?

8   In the book there is 5 characters Plumpy, Bobby, Prissila, Woopie and Maurice. They are in a
9 cave. The problem is a crazy men that wish to be rich, and lock then in a room, then one of them have
10 a idea: to put a gum in the latsh and they get free. I don't have really a favorit page, becuase I like all
11 the book a lot and if I have to choise really a favorit page I think it's going to be the game becuase I
12 really like games a lot. The book is really nice to me and I read it two times, I think is the best one of
13 the colletion.

Correções:

Linha 8: indicação de erro em "is".
Linha 9: indicação de erro em "men".
Linha 9: "wish" corrigido para "wishes".
Linha 9: "lock" corrigido para "locks".
Linha 9: "then" corrigido para "them".
Linha 9: "," corrigida para "."após "room"; "then" corrigido para "Then".
Linha 9: inserida "," após "Then".
Linha 9: "have" corrigido para "has".
Linha 10: "a" corrigido para "an".
Linha 10: indicação de erro em "latsh".
Linha 10: "favorit" corrigido para "favorite".
Linha 11: indicação de erro em "choise".
Linha 11: indicação de erro em "favorit".
Linha 11: indicação de erro em "becuase".
Linha 12: indicação de falta de sujeito antes de "is".

A estratégia

    Muito bem! Ao perceber que há algo de estranho com seu resumo, você está dando os primeiros passos para desenvolver a estratégia de fazer resumos em inglês. Além disso, ao se perguntar se a elaboração de resumos envolve alguma estratégia de escrita, você vislumbra possibilidades não apenas de aplicar tal estratégia na produção de um texto no presente, mas também de ampliar os potenciais benefícios da estratégia em situações futuras.

    O resumo produzido no exemplo acima, de fato, tem problemas. Um leitor que não conheça o livro em foco terá dificuldade em acompanhar a sequência de ideias no resumo, e alguns aspectos sobre o conteúdo do texto ficaram sem esclarecimentos: Qual é o nome do livro? Quem é esse *crazy m[a]n that wish[es] to be rich* (linha 9) e por que ele prende os outros personagens? O que acontece depois que os prisioneiros conseguem escapar? Que *game* (linha 11) é esse que a autora do texto menciona?

Um bom resumo contém as ideias principais de um texto de forma concisa. Sua leitura deve permitir, mesmo àqueles que não tenham conhecimento do que é resumido (seja um livro, um filme, entre outros), o entendimento de suas ideias principais. Detalhes do texto original não devem ser incluídos em um resumo, apenas suas ideias principais. Desta forma, retornando ao exemplo acima, a informação sobre como os personagens conseguiram fugir (colocando um chiclete no trinco da porta, de forma que ela não ficasse trancada) não precisaria ser incluída no resumo, pois, apesar de ser uma informação pitoresca da história, é um detalhe e não faz parte da ideia geral (o fato de que os prisioneiros conseguem fugir).

De forma similar, opiniões pessoais de quem escreve o resumo devem ser evitadas. No texto acima, então, o trecho *The book is really nice to me and I read it two times, I think is the best one of the colletion."* (linhas 12-13) não deveria estar incluído no resumo, já que consiste em opiniões sobre o texto. De fato, o maior equívoco no resumo acima é que metade dele é dedicado a comentários sobre a página favorita e outras opiniões gerais sobre a obra resumida. Vale notar, no entanto, que emitir uma opinião sobre a obra estava entre as instruções da tarefa (ver último *bullet* no enunciado do exercício) e isso certamente influenciou a decisão da aluna-escritora a dar sua opinião sobre o livro lido.

Em outras palavras, os problemas no resumo acima não foram necessariamente gerados por falha da escritora. A orientação dada para a tarefa, a partir das seis perguntas iniciais, também foi falha. De certa forma, as quatro primeiras perguntas teriam o potencial de estruturar um resumo do livro ao redor da organização situação-problema-solução (ver "Refletindo sobre a organização de um texto" para mais detalhes): informações sobre os personagens (pergunta 1) e o cenário (pergunta 2) são componentes da situação da narrativa, mas elas não são suficientes. Um resumo da história precisaria mencionar o aspecto do livro que consiste em seu problema (pergunta 3): o fato de os personagens terem sido presos em uma caverna, por um "cientista maluco", por terem descoberto que o tal cientista fazia experiências nos arredores que levavam à poluição das águas da região. O resumo precisaria mencionar, também, a "solução" do "problema" (pergunta 4): a fuga dos personagens e a captura do cientista.

Recapitulando e ampliando a discussão sobre a estratégia desta seção, alguns pontos que devem ser destacados quando se fazem resumos são os seguintes:

- O resumo deve incluir a fonte do que é resumido: se um livro, por exemplo, seu autor, título, detalhes de publicação; se um filme, seu título e ano de lançamento.
- O corpo do resumo deve conter a ideia principal do que é resumido. Se há mais de uma ideia principal, elas devem ser compiladas.
- Um ponto importante a ser lembrado é que "ideia principal" não é o mesmo que "assunto" de um texto. A ideia principal num texto argumentativo, por exemplo, é o posicionamento do autor diante do assunto; num texto narrativo, os itens essenciais dentro de sua organização (por exemplo, situação-problema-solução).
- Resumos devem conter as palavras de quem o escreve. Se forem usadas citações, elas devem ser registradas entre aspas, acompanhadas do número das páginas de onde foram retiradas.
- Não se deve repetir ideias ou expressar opiniões ao se escrever um resumo.

Como acontece com outros gêneros textuais, resumos variam em função de condições contextuais (quem escreve, para quem, com que objetivo etc.) e um escritor estratégico deve estar atento a essas variações. Um resumo escrito por um aluno num exame de inglês (como no exemplo acima) é configurado essencialmente como um "teste" que será avaliado diante de critérios preestabelecidos pelo examinador. Um resumo escrito para si próprio sobre um livro que se leu tem a função de registrar informações e deve ser escrito de forma que possa servir como referência no futuro. Artigos acadêmicos são normalmente antecedidos por resumos (nesse caso, chamados de *abstracts*) que devem conter componentes convencionalizados, conforme discutido na seção "Utilizando um texto similar como referência": a leitura de *abstracts* deve dar ao leitor uma ideia geral do conteúdo do artigo. Outros gêneros textuais também costumam incluir resumos: resenhas de artigos acadêmicos geralmente incluem um resumo do artigo resenhado logo no início do texto antes da parte que inclui a análise crítica feita pelo autor da resenha; a parte final de capítulos em teses e dissertações, bem como em relatórios, também costuma incluir um resumo.

Aplique a estratégia

1 > Leia o texto e, em seguida, observe os dois resumos que o seguem. Como você avaliaria os dois resumos? Por quê?

_____

_____

_____

_____

Yosemite National Park

Near the eastern border of central California is a park about the size of Rhode Island. Situated in Sierra Nevada splendor, Yosemite National Park was established by an act of Congress on October 1, 1890, and has since become one of the best-known parks in the world.

Open year-round, the park includes 263 miles of roads, 800 miles of hiking trails, over 150 species of birds, 85 species of mammals, over 1,000 species of flowering plants and 37 types of trees. Elevations inside the park range from 2,000 feet above sea level to more than 13,000 feet. Although famous for its incredible valley, the park is composed of 1,169 square miles, 95 percent of which is officially designated as the Yosemite Wilderness.

Five distinct areas attract about 4 million visitors each year to the park: Yosemite Valley, Wawona and the Mariposa Grove of Giant Sequoias, Glacier Point, the Tioga Road and Tuolumne Meadows, and Hetch Hetchey.

Folheto do Yosemite National Park, produzido por American Park Network ®, 2011-2012, p. 8.

Resumo 1

Yosemite National Park was established in 1890 and it is an incredible park. Its 1,169 square miles are about the size of Rhode Island State, and in the park you can see birds, mammals, plants and trees. There are very high elevations in the park (over 13,000 feet) and you can hike or drive there. There are five areas in the park: Yosemite Valley, Wawona and the Mariposa Grove of Giant Sequoias, Glacier Point, the Tioga Road and Tuolumne Meadows, and Hetch Hetchey.

Resumo 2

Yosemite National Park is located in central California and it contains several attractions including hiking trails, numerous plant and animal species. There are different areas to be visited in the park, the most famous of which is its valley.

2 > Leia o texto a seguir e, com base nos elementos que devem ou não ser incluídos em um resumo, responda: ele é um bom ou um mau resumo? Por quê?

_____

_____

_____

_____

The Summary of Romeo and Juliet

This drama is one of the great tragedy themed plays by William Shakespeare. The famous story of the "star-crossed" young lovers Romeo Montague and Juliet Capulet. The themes running through the play address the issues of the consequences of immature blind passion, hatred and prejudice. Romeo Montague and Juliet Capulet are young teenagers who fall deeply in love but their families are bitter enemies. Regardless of the feud between their families they marry in secret. They make every effort to conceal their actions but the story ends in tragedy when Romeo, Juliet, Tybalt, Mercutio and Paris all die.

Disponível em: <http://www.globe-theatre.org.uk/summary-of-romeo-and-juliet-and-characters.htm>.
Acesso em: 14 fev. 2012.

3 > Escreva, em seu bloco de notas, um resumo de um livro que você leu ou de um filme a que você assistiu recentemente. Ao terminar, avalie seu texto usando como referência os pontos discutidos nesta seção.

Sugestões adicionais

- No *site* <http://www.wisc-online.com/objects/ViewObject.aspx?ID=TRG2603>, você encontra uma ótima apresentação em *slides* sobre resumos, com explicações, exemplos de bons e maus resumos, justificativas e exercícios adicionais.
- Explore o *site* <http://www.eslwriting.org/3224/learn-how-to-write-a-summary/> para uma proposta original de como fazer resumos. Você encontra um *follow-up* para essa proposta em <http://www.eslwriting.org/3260/learn-english-summary-writing/>.
- Para saber mais sobre resumos em relatórios, com exemplos, vá a <http://www.monash.edu.au/lls/llonline/writing/engineering/technical-report/2.xml>.
- Para ler sobre a diferença entre escrever citações, paráfrases e resumos, vá a <http://owl.english.purdue.edu/owl/resource/563/1/>.
- Se você dá aulas de inglês, vá a <http://iteslj.org/Techniques/Maggs-VideoSummary.html> para uma sugestão de encaminhamento de produção de resumo ao se assistir a um pequeno vídeo.

> **Paráfrase** é a reprodução de maneira diferente de algo dito anteriormente, normalmente para se obter clareza.

30>> ESCREVENDO LIVREMENTE (*FREE WRITING*)

A situação

Você gosta de escrever e costuma assistir a filmes sobre escritores. Ao ver uma cena do filme *Finding Forrester* (2000), em que o escritor recluso Forrester comenta com um jovem que tem aspirações para escritor que não se deve pensar antes de escrever, você fica na dúvida: "Sempre ouço falar que é aconselhável planejar a escrita antes de começar a escrever; será que é mesmo melhor escrever primeiro e pensar depois como diz o personagem? E será que eu posso, de alguma forma, aplicar essa estratégia na minha aprendizagem de inglês?"

O texto

1	**Forrester**	Now, about this professor of yours. How did it feel having him tell you
2		what you **can't** do?
3	**Jamal**	Like he knew he was better than me.
4	**Forrester**	Then let's show him what you **can** do. Why is it the words we write for
5		ourselves are always so much better than the words we write for others? Move.
6		Hmm. Sit. ((Começa a escrever um texto na máquina de escrever)) Go ahead.
7	**Jamal**	Go ahead and what?
8	**Forrester**	((Batendo à máquina)) Write.
9	**Jamal**	((Surpreso)) What are you doing?
10	**Forrester**	((Batendo à máquina)) I'm writing. Like you'll be, when you start punching
11		those keys. Is there a problem?
12	**Jamal**	No. I'm just thinking.
13	**Forrester**	No, no thinking. That comes later. You write your first draft with your
14		heart. But you rewrite with your head. The first key to writing is… to
15		write! Not to think.

Cena do filme *Finding Forrester*, transcrição da autora. Cena disponível em: <http://movieclips.com/gZqW-finding-forrester-movie-the-key-to-writing/>. Acesso em: 20 jun. 2012.

A estratégia

De fato, o argumento proposto pelo personagem Forrester (que *writing* deve ocorrer antes de *thinking*, linhas 13-15) está em aparente contradição com a ideia de que se deve planejar antes de escrever (conforme discutido nas seções "Preparando-se para escrever" e "Gerando ideias"). Afinal, planejamento envolve pensamento!

Há duas perguntas fundamentais a serem exploradas ao compararmos esses dois argumentos: há uma forma certa para se começar a escrever? Há alguma relação entre o ato de "escrever após planejar" e "escrever o primeiro rascunho com o coração, para depois reescrever com a mente (conforme a fala de Forrester, linhas 13-14)"?

Comecemos pela primeira pergunta. Escritores profissionais parecem divergir nas suas formas de escrever. Em um extremo, há aqueles que planejam ferozmente, até o nível dos detalhes, antes de começar a escrever; há outros, por sua vez, que preferem escrever livremente (*with the heart*, como diria Forrester) primeiro para depois rever o que foi escrito. Os dois depoimentos a seguir (retirados de <http://grammar.about.com/od/advicefromthepros/a/rewritequotes.htm>, acesso em 7 abr. 2012) ilustram essas duas perspectivas, respectivamente:

> Everything is planned. I spent a long time outlining. It's the only way I know to get all the ducks in a row. [...] The research is the easiest. The outline is the most fun because you can do anything. The first draft is the hardest, because every word of the outline has to be fleshed out. The rewrite is very satisfying, because I feel that everything I do is making the book a little better.
>
> Ken Follett, interview with Bookreporter.com, December 6, 2002.

> I would write a book, or a short story, at least three times - once to understand it, the second time to improve the prose, and a third to compel it to say what it still must say. Somewhere I put it this way: first drafts are for learning what one's fiction wants him to say. Revision works with that knowledge to enlarge and enhance an idea, to reform it. Revision is one of the exquisite pleasures of writing.
>
> Bernard Malamud, "Long Work, Short Life," quoted in *The Magic Worlds of Bernard Malamud*, by Evelyn Gross Avery, SUNY Press, 2001.

Seja qual for o seu objetivo, os comentários de escritores profissionais podem instigar algumas reflexões sobre como você escreve, e vale a pena considerar por que algumas pessoas preferem pensar antes de escrever, enquanto outros escrevem e depois pensam.

Essas considerações nos levam à segunda pergunta: haveria alguma relação entre essas duas formas de escrita? A resposta aqui é "sim". A escrita livre (*free writing*) pode ser entendida como uma forma de geração de ideias: ao escrever sem pensar, o escritor está de certa forma registrando ideias e pensamentos para não perdê-los. Sob essa perspectiva, a escrita livre funciona como uma espécie de *brainstorming*, com a diferença de que, nesse caso, o jorro de ideias é concatenado, composto por palavras interconectadas, formando frases ou mesmo parágrafos.

Essa percepção da escrita livre como uma forma de *brainstorming* ajuda-nos a concebê-la como uma estratégia de escrita que pode auxiliar o escritor a considerar possível conteúdo a ser incluído no texto, assim como formas de relacionar partes desse conteúdo entre si e desenvolver as ideias. Nesse sentido, a escrita livre pode até ser configurada como uma forma de planejamento. Para um aprendiz de inglês, a escrita livre pode ainda trazer um benefício adicional: oferecer oportunidades de produção escrita sem pressão externa e sem preocupação com correção gramatical, o que, por sua vez, pode trazer conforto e minimizar a ansiedade do escritor.

Assim como "falar sozinho" ou "pensar em voz alta" podem ser úteis para o desenvolvimento da fluência oral, "escrever livremente" também pode ajudar o escritor a se tornar mais ágil, e portanto mais fluente, na sua escrita. Como comentado acima, tal prática pode trazer confiança ao escritor. O resultado final de uma escrita livre pode não ser o que o escritor desejaria quando precisa escrever um texto que necessita de muito planejamento e articulação interna (como artigos acadêmicos, composições para exames, propostas e relatórios para o trabalho, cartas de recomendação ou *application letters*), mas a prática de *free writing* pode trazer benefícios indiretos para esses tipos de escrita mais formais, tais como fluência, confiança, ou geração de ideias.

O quadro a seguir apresenta e responde algumas perguntas que podem ser feitas sobre o processo de escrever livremente:

Quando se deve começar a escrever?	Imediatamente, sem pensar! Isso pode parecer óbvio, mas não é (*vide* a surpresa do personagem Jamal na cena reproduzida no texto acima).
Sobre o que se deve escrever?	A rigor não há regras fixas, e você pode escrever sobre o que deseja. Ou você pode usar algum estímulo como ponto de partida: uma notícia no jornal, um provérbio, uma cena de um filme ou seriado na TV, algo que ouviu durante o dia.
Como se deve escrever?	O escritor deve escrever à mão, no computador, no *tablet*, no celular – como preferir! O importante é escrever e se sentir confortável com o suporte utilizado.
Em que se deve atentar ao escrever?	Na escrita. Não se deve preocupar com conteúdo ou forma, deve-se continuar escrevendo. Se perceber que cometeu um erro, o escritor deve ignorá-lo e continuar escrevendo.

E se houver um bloqueio?	Nesses casos, o escritor deve rabiscar o papel, escrever coisas do tipo *I don't know what to write*, mas é importante que continue escrevendo.
O que fazer ao terminar?	Leia seu texto em voz alta, para "senti-lo" e decida quais serão os próximos passos.

O maior cuidado a se tomar com a escrita livre é se lembrar de que ela não será a versão final do texto, e que após esse processo o escritor precisará reler e reescrever o que foi escrito, atentando tanto para questões mais gerais (de estrutura, de conteúdo) quanto para elementos pontuais (de ortografia, gramática, seleção lexical). Do ponto de vista do desenvolvimento desta estratégia, após utilizá-la, deve-se pensar no que foi escrito e como, e deve-se refletir sobre os ganhos trazidos pelo seu uso e sobre formas de melhorar tal escrita – e seus benefícios – no futuro.

Aplique a estratégia

1 > a. Por uma semana, diariamente, siga os passos:
  I. Decida se quer escrever à mão ou digitar sua escrita livre.
  II. Comece a escrever imediatamente, e continue escrevendo sem parar por um tempo previamente determinado. Aumente gradualmente esse tempo ao longo da semana, por exemplo, 1 minuto, 2 minutos e assim por diante.
  III. Não pare de escrever durante o tempo previamente determinado.
  IV. Ao final do tempo, termine a frase que estiver no meio e releia seu texto em voz alta.

b. Após uma semana, avalie a produção escrita e seu posicionamento diante da estratégia, desta forma:
  I. Conte o número de palavras escritas em cada texto: ele aumentou ao longo da semana?
  II. Releia o que escreveu e pense: houve mudanças importantes na qualidade do que foi escrito ao longo da semana (em termos de ideias e de correção)?
  III. Você acha que a prática da estratégia auxiliou-o a se tornar mais confiante na sua escrita? Se sim, por quê? Se não, o que poderia ser feito para melhorar essa confiança?

2 > a. Leia a frase de Somerset Maugham a seguir:

b. Imediamente, encaminhe uma escrita livre usando a citação acima como ponto de partida. Escreva por 3 minutos pelo menos.

c. Releia o que escreveu, e utilize seu texto para escrever uma carta ao autor da citação, comentando-a.

d. Avalie: até que ponto sua carta se tornou "melhor" do que seria se não houvesse o *free writing* anterior?

Sugestões adicionais

- Citações podem ser bons pontos de partida para *free writing*. Explore o *site* <http://www.brainyquote.com/> para ideias.
- No *site* <http://grammar.ccc.commnet.edu/grammar/composition/brainstorm_freewrite.htm>, você encontra informações sobre *free writing* com exemplos, e uma área para escrita com um cronômetro marcando 10 minutos para você praticar sua escrita livre.
- Se você dá aulas de inglês e tem interesse em saber mais como *free writing* pode ser implementado nas suas aulas, leia o artigo em <http://iteslj.org/Techniques/Dickson-Freewriting.html>.
- Para familiarizar seus alunos com o processo de *free writing*, modele uma escrita livre: escreva no quadro ou no computador (se tiver um projetor) sem parar por alguns minutos. Vá falando sobre o que escreve durante o *free writing*. Depois, converse com os alunos sobre o processo: o que lhes chamou a atenção? Em que pensaram durante a escrita? O que têm de levar em consideração para encaminhar um processo semelhante?

31>> IDENTIFICANDO SITUAÇÕES PESSOAIS DE ESCRITA

A situação

Você estuda inglês e numa aula recente seu professor comentou que iria começar um trabalho sistemático de produção escrita com a turma. Para iniciar o processo, ele pediu ao grupo de alunos que, em casa, observassem uma lista de gêneros textuais e que marcassem aqueles que costumavam produzir no seu dia a dia. Como parte da tarefa de casa seu professor pediu, também, que os alunos pensassem sobre o que marcaram. Você não entendeu o propósito da tarefa, mas encaminhou a atividade mesmo assim.

O texto

Which of the following do you write on a regular basis? Tick all the boxes that apply.

- ☑ e-mails
- ☑ reports
- ☑ formal letters
- ☐ informal letters
- ☐ poems
- ☐ recipes
- ☑ notes for yourself
- ☑ messages for other people
- ☑ text messages
- ☑ chats
- ☐ on-line discussion forums

- ☑ academic papers
- ☐ newspaper articles
- ☐ adverts
- ☑ lists
- ☐ short stories
- ☑ postcards
- ☑ cards (birthday, anniversary etc)
- ☑ comments on other people's work
- ☐ books
- ☐ diaries
- ☑ essays

- ☑ exercises (e.g. from textbooks)
- ☑ forms filling
- ☐ songs
- ☐ reviews (of books, of films etc)
- ☐ poster
- ☐ speeches
- ☑ CVs
- ☑ agenda for meetings
- ☐ meeting minutes
- ☐ instruction manuals

A estratégia

Você tinha boas razões para não entender o propósito da tarefa. Afinal, tal propósito não foi deixado claro nas instruções para sua execução.

Teria sido recomendável que seu professor esclarecesse o porquê da tarefa, comentando, por exemplo, que a identificação dos gêneros textuais normalmente produzidos por um grupo de alunos pode direcionar o trabalho de produção escrita para essas preferências. Além disso, seria útil ter esclarecido também que a reflexão sobre os gêneros textuais normalmente produzidos por você pode conscientizá-lo sobre a vasta gama de gêneros textuais existentes, bem como sobre o fato de que se escreve de forma diferente dependendo do gênero que se produz.

Além da ausência desses esclarecimentos, faltou também na preparação da tarefa a orientação para que os alunos marcassem os gêneros textuais que normalmente produziam em língua inglesa! A pergunta geral *Which of the following do you write on a regular basis?* poderia levar um aluno a marcar os gêneros produzidos tanto em português quanto em inglês, o que daria ao professor uma noção inadequada das necessidades daquele aluno ao escrever em inglês. Afinal, uma pessoa pode escrever com frequência, por exemplo, cartas formais em língua materna mas não ter a necessidade de produzir tal gênero textual em inglês. Sendo escasso o tempo para trabalhar produção escrita em L2, seria equivocado dedicar atenção excessiva a tal gênero textual!

A questão acima nos leva a pensar sobre como podemos identificar as áreas de produção escrita de maior necessidade para quem aprende inglês. Uma forma imediata é atentar para itens registrados em listagens como a reproduzida na parte "O texto" acima. Mas note-se que, nesse exemplo, são muitas as caixas selecionadas pelo aluno: ao todo, ele marcou 17 gêneros textuais. De certa forma, essa resposta gera uma nova lista cuja extensão pode parecer assustadora para o professor e o aluno. Uma forma de tornar listas longas como essa mais manejáveis é tentar classificar os gêneros selecionados em "áreas de escrita" e focar o trabalho nessas áreas. O quadro a seguir apresenta a taxonomia proposta por Tricia Hedge em seu livro *Writing* (Oxford University Press, 1988. p. 96), ilustrando as categorias nela incluídas com exemplos do texto acima:

Áreas de escrita	Exemplos
Personal writing	notes for yourself, lists
Public writing	formal letters, forms, CVs
Creative writing	
Social writing	e-mails, messages for other people, text messages, chats, postcards, cards
Study writing	academic papers, comments on other people's work, essays, exercises
Institutional writing	e-mails, reports, formal letters, comments on other people's work, agendas for meetings

Análises como essa permitem algumas conclusões, como, por exemplo, quais áreas de escrita são mais e menos frequentes para o escritor em foco: no caso acima, conclui-se que o aluno-escritor não faz uso de *creative writing* (por exemplo, músicas, livros, poemas) e que privilegia *social writing* ao escrever em inglês. Essas conclusões podem orientar quem ensina sobre escrita de forma a otimizar o tempo disponível para o trabalho diante das necessidades do aprendiz.

Há, no entanto, algumas dificuldades associadas à análise de listas como a acima. Uma delas é que alguns gêneros textuais podem ser classificados em áreas diferentes, e pode haver necessidade de esclarecimentos adicionais sobre os contextos de uso desses gêneros. No caso acima, isso ocorre com *e-mails*, *comments on other people's work* e *formal letters*. Outra dificuldade é a constante criação de novos gêneros diante do desenvolvimento contínuo de novas tecnologias: seria recomendável que a listagem acima incluísse gêneros textuais como *tweets*, *blogs* e *wikis*. O fato de o aprendiz-escritor usar *chats* e *text messages* em inglês sinaliza que ele apropria-se de novas tecnologias, o que aumenta as chances de ele também se interessar por outras formas digitais de escrever em inglês.

Concluindo, a identificação de situações pessoais de escrita deve contemplar o repertório mais vasto possível de gêneros textuais, mas é importante lembrar que essa identificação não é um fim em si. Para ser eficaz, essa identificação deve ser acompanhada por reflexões adicionais ao redor da frequência e das dificuldades associadas às situações identificadas, bem como das estratégias adicionais que podem apoiar a produção dos gêneros identificados.

Aplique a estratégia

1 > a. Em seu bloco de notas, e usando como referência a listagem na parte "O texto" acima, liste tudo o que você escreveu em inglês recentemente.

b. Agora preencha a tabela classificando o tipo de escrita que você produziu.

Personal writing	
Public writing	
Creative writing	
Social writing	
Study writing	
Institutional writing	

c. Reflita sobre seu comportamento e desempenho ao produzir tais textos: há alguma(s) área(s) mais ou menos frequente(s)? Em que área(s) você se sente mais confortável e por quê? Em que área(s) você se sente menos confortável? O que você pode fazer para se tornar um escritor mais competente nessas áreas?

Sugestões adicionais

- Para acessar outras listas de gêneros textos, visite os *sites:*
  - <http://multigenre.colostate.edu/genrelist.html>;
  - <http://twp.duke.edu/writing-studio/resources/genres-of-writing> (aqui há detalhes sobre a produção de cada gênero listado).
- Para uma longa lista de gêneros associados ao que se conhece na literatura como *academic writing* (escrita relacionada ao contexto universitário), explore o *site* <http://www.uefap.com/writing/genre/genrefram.htm>.
- Se você dá aulas de inglês e adota um livro didático, faça um levantamento dos gêneros textuais focalizados nas seções de produção escrita do livro adotado. Partindo desse levantamento, avalie as necessidades dos seus alunos e com eles decida se o trabalho com produção escrita deve se restringir ao que é proposto no livro didático ou se deve haver adições ou eliminações.

32>> REFLETINDO SOBRE COMO VOCÊ ESCREVE

A situação

Como parte de um trabalho de conscientização sobre aspectos de produção escrita, seu professor de inglês pediu aos alunos da sua turma que preenchessem um questionário sobre como eles se posicionam, ou se posicionaram no passado, ao escrever em inglês. Você suspeita que essa reflexão poderia lhe trazer benefícios em futuras situações de escrita, mas não sabe bem que benefícios seriam esses, nem por quê. Você então pergunta a seu professor: "De que forma esse questionário pode me ajudar a tornar-me um escritor mais competente em inglês?"

O texto

1. Are you aware of differences **in the way you write in English and in Portuguese**? If yes, please explain.

> I usually want to write expressions in Portuguese that I can't write the same in English

2. Think of a time when writing in English was a good experience. Describe the task and circumstances in as much detail as possible. Then answer: What are the factors which make writing a good experience for you?

> In the beginning of this year I went to a English school in England, there I did a exam with the grade they had given me was wrong, so I wrote a letter to the teacher to fix it and I succed in it. It was a very good experience

3. Think of a time when writing in English was difficult/unsatisfying. What are some of the conditions which make writing difficult for you? Then answer: What kinds of writing are you less confident about producing?

> The text wich are difficult are those that we have to use a specific vocabulary to write

4. What are your strengths as a writer in English?

> I can develop my ideas very well

5. What would you like to improve about the way you write in English?

> I would like to improve my formal way to write a text

Transcrição:

1. Are you aware of differences **in the way you write in English and in Portuguese**? If yes, please explain.

I usually want to write expressions in Portuguese that I can't write the same in English.

2. Think of a time when writing in English was a good experience. Describe the task and circumstances in as much detail as possible. Then answer: What are the factors which make writing a good experience for you?

In the beginning of this year I went to a English school in England, there I did a exam with the grade they had given me was wrong, so I wrote a letter to the teacher to fix it and I succed in it. It was a very good experience.

3. Think of a time when writing in English was difficult/unsatisfying. What are some of the conditions which make writing difficult for you? Then answer: What kinds of writing are you less confident about producing?

The text wich are difficult are those that we have to use a specific vocabulary to write

4. What are your strengths as a writer in English?

I can develop my ideas very well

5. What would you like to improve about the way you write in English?

I would like to improve my formal way to write a text

Arquivo pessoal da autora.

A estratégia

Questionários como o reproduzido acima podem conscientizar aprendizes-escritores sobre áreas que devem ser desenvolvidas no seu comportamento estratégico como escritor. É importante notar, porém, que não há relação de causa-efeito entre o preenchimento de questionários similares e a geração de seus benefícios. O simples fato de se responder a perguntas como as acima não garantirá a conscientização do escritor sobre como ele escreve. Para tal conscientização ocorrer, o questionário deve ser acompanhado de reflexões críticas por parte do escritor ou de debates com colegas e professores e essas reflexões e debates deverão incluir perguntas como:

- Por que eu tenho essa opinião? Eu poderia estar equivocado?
- Como posso justificar minhas respostas? Essa justificativa é plausível?
- Quais exemplos posso dar para ilustrar minhas respostas? Eles são convincentes?

Notice the gap é um conceito proposto pelos pesquisadores Richard Schmidt e Silvia Frota que se refere à percepção, por parte de aprendizes de uma língua, entre a diferença (*the gap*) entre o que esses aprendizes conseguem produzir na **língua-alvo** e o que realmente ocorre nessa língua. Para muitos, essa percepção é necessária para o processo efetivo de aquisição de linguagem.

• Quais estratégias poderiam me ajudar a contornar minhas dificuldades?

Algumas conclusões podem ser tiradas a partir de reflexões similares tomando-se como base o questionário acima:

Pergunta	Conclusões	Plano de ação para desenvolvimento estratégico
1	O aprendiz-*escritor notices the gap*, isto é, ele é capaz de descrever o cenário real e o cenário ideal. Não contempla, porém, estratégias que podem ser utilizadas para atingir o cenário ideal.	Pode-se familiarizar o aluno com formas diferentes de formulação e encorajá-lo a analisar textos semelhantes para observar como outros escritores fizeram uso das expressões que lhe causam problemas. Pode, também, comparar boas traduções para o inglês e seus originais em português para observação e análise da relação entre as duas línguas.
2	Aqui o aprendiz--escritor ressalta a importância da relevância comunicativa no ato de escrever.	Esse comentário poderá ajudar o aluno (junto com seus colegas e professores) a tentar criar situações com propósito comunicativo genuíno ao escrever (mais sobre isso na seção "Desenvolvendo a capacidade de avaliar tarefas que envolvem a escrita").
3	O aluno não gosta (e provavelmente não entende o propósito) de ter de usar um vocabulário específico ao escrever.	Vale aqui tentar sensibilizar tal aluno para a importância da estratégia "Considerando oportunidades para sistematização de vocabulário e gramática" por meio de debates e avaliação do desenvolvimento da escrita quando há o apoio dessa estratégia.
4	Há percepção de que não há problemas quanto ao desenvolvimento das ideias.	Se a avaliação do aluno for adequada, descarta-se a necessidade de trabalho com estratégias como "Usando marcadores do discurso" e "Refletindo sobre a organização de um texto". Mas antes de se chegar a essas conclusões é aconselhável verificar a acuidade da percepção do escritor a partir da análise de como ele desenvolve suas ideias em alguns textos por ele escritos.
5	O aprendiz-escritor diz precisar de mais apoio na produção de textos formais.	Esse comentário sinaliza ao professor a importância de trabalhar a estratégia "Usando nível de formalidade adequado ao escrever" e "Respeitando convenções do discurso escrito em inglês".

A reflexão sobre como se escreve envolve alguns desafios, entre eles: o tempo necessário para tais reflexões, a habilidade por parte dos escritores para encaminhar os processos metacognitivos necessários a tais reflexões, o seu conhecimento sobre estratégias disponíveis para o apoio dos cenários descritos. Se realizadas sistematicamente, porém, essas reflexões podem se tornar mais fáceis e eficazes.

Em situações de sala de aula, tais reflexões podem ser encaminhadas em pontos-chave durante o ano letivo (por exemplo, no início, no meio e no final do ano) e elas podem trazer benefícios tanto para o professor quanto para o aluno-escritor. Para o professor, elas podem fornecer uma avaliação fundamentada sobre as estratégias que cada aluno poderia desenvolver; além disso, a análise conjunta das reflexões encaminhadas pela turma pode ajudar o professor a definir prioridades em função da frequência de comentários sobre uma mesma estratégia. Para os alunos, permitem identificar estratégias e áreas a serem focalizadas no automonitoramento ao escrever (como discutido em "Ativando monitoramento pessoal").

Um ponto final a ser discutido nesta seção é o idioma a ser utilizado ao se refletir sobre como se escreve: as reflexões devem ser encaminhadas em português ou em inglês? Há um debate entre acadêmicos sobre essa questão, mas parece haver ampla concordância de que a escolha do idioma deve ser feita pelo aprendiz, sendo o idioma escolhido aquele que permita encaminhar a reflexão da melhor forma possível.

Aplique a estratégia

1 > Leia as seguintes respostas, dadas por outros alunos ao responder um questionário similar ao apresentado em "O texto" acima. O que elas sinalizam?

a. "Argumentative essays are the most difficult because we have to express our thoughts and that's difficult for me."

_____

_____

b. "I had to write about keeping fit and this experience was a great one because I know a lot about sports and health. I think that what makes a good composition is the theme and my knowledge about it."

_____

_____

c. "When I write in English I don't have the same confidence as writing in Portuguese."

_____

_____

d. "I'd like to improve my vocabulary because sometimes I have to use the bilingual dictionary and some words that I find are strange or are not the specific word that I needed."

e. "Escrever em inglês fica difícil quando eu tenho que escrever rápido. Porque eu tenho dificuldade em pôr 'has', 'have' (lembrar que com 'she', 'he', 'it' usa-se 'has')."

f. "Ainda tenho que melhorar o meu inglês para poder escrever melhor."

2 > Em seu bloco de notas, responda às perguntas propostas no questionário reproduzido acima em "O texto". Em seguida, responda: a que conclusões você chega a partir das suas respostas? O que pode ser feito para apoiar seu desenvolvimento estratégico a partir de suas conclusões?

Sugestões adicionais

- Encaminhe as reflexões propostas no Exercício 2 sistematicamente, por exemplo, uma vez por mês. Guarde todas as suas respostas e volte a elas com frequência, reavaliando seu plano de ação para desenvolvimento estratégico.
- As reflexões acima poderiam ser classificadas como autoavaliação sobre a escrita. Você pode ler mais sobre o assunto em:
  - <http://writingcenter.tamu.edu/teaching-writing/feedback/self-assessment/>: aqui você encontra definições e sugestões de maneiras de se fazer autoavaliação sobre a escrita. O *site* inclui também recomendações de *links* adicionais sobre o tema.
  - <http://www.nclrc.org/essentials/assessing/peereval.htm>: aqui há detalhes sobre como auxiliar os alunos de língua estrangeira a aprenderem a fazer *self-* e *peer-assessment*.
- Se você dá aulas de inglês, encaminhe debates sobre como os alunos escrevem. Esses debates podem ser operacionalizados, por exemplo, escolhendo-se um aluno em cada aula e pedindo-lhe que compartilhe suas reflexões com a turma. Como *feedback*, os outros alunos escrevem suas conclusões e sugestões de plano de ação para desenvolvimento de estratégias sob a forma de bilhetes a serem entregues ao autor das reflexões.

33>> IDENTIFICANDO AS ESTRATÉGIAS USADAS POR UM ESCRITOR

A situação

Ao ler um texto que considere interessante, você costuma analisar algumas de suas características, por exemplo, como ele é organizado e o tipo de linguagem que ele utiliza. Você acha, mas não sabe bem por que, que esse tipo de análise pode lhe ajudar a tornar-se um melhor escritor em inglês. Agora que já conhece um pouco mais sobre estratégias de escrita, você se pergunta se é possível analisar esses textos bem escritos tentando identificar as estratégias usadas por seus escritores.

O texto

1 18th April 1946

2 Dear Juliet,

3 Now that we are corresponding
4 friends, I want to ask you some questions
5 – they are highly personal. Dawsey said
6 it would not be polite, but I say that's a
7 difference between men and women, not
8 polite and rude. Dawsey hasn't asked me
9 a personal question in fifteen years. I'd
10 take it kindly if he would, but Dawsey's
11 got quiet ways. I don't expect to change
12 him, nor myself either. You wanted to
13 know about us, so I think you would like
14 us to know about you – only you just
15 didn't happen to think of it first.

16 I saw a picture of you on the cover of
17 your book about Anne Brontë, so I know
18 you are under forty years of age – how
19 much under? Was the sun in your eyes, or
20 does it happen that you have a squint? Is
21 it permanent? It must have been a windy
22 day because your curls were blowing
23 about. I couldn't quite make out the
24 colour of your hair, though I could tell
25 it wasn't blonde – for which I am glad. I
26 don't like blondes very much.

27 Do you live by the river? I hope so,
28 because people who live near running
29 water are much nicer than people who
30 don't. I'd be cross as a snake if I lived
31 inland. Do you have a serious suitor?
32 I do not.

33 Is your flat cosy or grand? Be
34 fulsome, as I want to be able to picture
35 it in my mind. Do you think you would
36 like to visit us in Guernsey? Do you have
37 a pet? What kind?

38 Your friend,

39 Isola

Shaffer, Mary Ann; Barrows, Annie. *The Guernsey literary and potato peel pie society.* Londres: Bloomsbury, 2008. p. 102-103.

A estratégia

Primeira pessoa é um conceito gramatical que se refere à pessoa que fala ou escreve. Pode ter duas formas: *I* (primeira pessoa do singular) ou *we* (primeira pessoa do plural).

Segunda pessoa é um conceito gramatical que se refere à pessoa com quem se fala ou escreve. Em inglês, tem a forma *you* (você/tu) tanto para o singular quanto para o plural (vocês).

Full forms são formas linguísticas produzidas na íntegra, por exemplo, *I will, She does not, He is* (ao contrário de suas *short forms I'll, She doesn't, He's*).

Realmente, é uma boa ideia analisar textos escritos por profissionais a fim de identificar (e tentar aprender) boas ideias na produção de textos, e esse procedimento é comumente encaminhado em cursos de como escrever bem, seja em língua materna ou estrangeira. Essa análise em si já consiste numa estratégia de produção escrita; afinal, ela pode apoiar a escrita do "analista" no presente (se os *insights* gerados pela análise são aplicados imediatamente) ou no futuro (se esses *insights* geram aprendizagens que podem ser empregadas em outras ocasiões).

A observação e análise de textos bem escritos podem focalizar as características do gênero textual representado pelo texto em questão, como discutido na seção "Utilizando um texto similar como referência". A seguir apresentamos uma análise do texto acima a partir do modelo proposto por Brian Paltridge (2006), conforme discutido na seção acima mencionada.

Autor	Isola
Público	A amiga Juliet
Propósito comunicativo	Fazer perguntas pessoais
Situação	Uma carta
Suporte	Escrito, em papel
Pré-sequência	Dear…
Organização interna	Data + cumprimento + corpo da carta (4 parágrafos) + despedida + assinatura
Conteúdo	Expressão de opinião; Questões levantadas a partir da observação de uma foto em que a destinatária aparece
Nível de formalidade	Formalidade média
Estilo	Uso de primeira e segunda pessoa, perguntas diretas, fechamento abrupto
Linguagem escrita	Frases completas, uso frequente de subordinação, uso alternado de contrações e *full forms*
Requerimentos	Data, destinatário, assinatura

O texto acima traz, no entanto, uma dimensão adicional para a análise: afinal, ele não foi propriamente escrito por Isola (quem assina a carta), mas sim pelas autoras do livro *The Guernsey literary and potato peel pie society* (um livro que, curiosamente, é todo composto por cartas e telegramas enviados por um personagem a outro). A pergunta que se segue então é: seria possível identificar as estratégias de escrita utilizadas pelas autoras do texto ao escrever a carta acima reproduzida?

Bem, não temos como descrever com exatidão os processos de formulação do texto, nem afirmar se houve planejamento, ou comentar as revisões realizadas ao escrever, mas podemos elaborar algumas hipóteses sobre as escolhas feitas pelas autoras acerca do conteúdo do texto. É evidente a intenção de usar a carta como meio de caracterização dos personagens: os comentários sobre um terceiro personagem (Dawsey, 1º parágrafo do corpo da carta) incluem descrições psicológicas sobre Dawsey e Isola (bem como informações sobre a relação entre os dois personagens). O conteúdo do restante da carta tem a função de apresentar cenários relevantes ao destinatário da carta (onde esteve em certa ocasião, onde mora atualmente).

Com base nas conclusões acima, faz sentido imaginar que as autoras do texto lançaram mão de algumas estratégias de escrita ao compor o texto, entre elas, "Considerando a tipologia e o gênero textual" e "Considerando as necessidades do leitor". Como as autoras do texto são falantes nativas de inglês, é provável que elas não tenham tido necessidade de realizar traduções ou monitoramento de forma (sobre a formação de perguntas, por exemplo). Mas essas estratégias poderiam ter sido necessárias caso os autores do texto não tivessem o inglês como sua primeira língua.

Sendo assim, e retomando a pergunta final da situação que abre esta seção, é possível (e mesmo recomendável!) analisar textos previamente escritos com o objetivo de identificar as estratégias usadas por seus escritores. A presença de rasuras e revisões correspondentes (como vimos na seção "Monitorando a escrita") pode dar ainda mais subsídios para identificação dessas estratégias, mas mesmo na ausência dessas informações adicionais pode-se chegar a importantes conclusões sobre as estratégias que apoiaram (e mesmo as que não apoiaram) a produção de um texto previamente escrito, conforme discutido nesta seção.

Afinal, a indagação sobre essas estratégias pode ser considerada por si só um importante processo metacognitivo para o analista – independentemente da identificação ou não de estratégias. Ao refletir sobre o comportamento estratégico de outros escritores, o aprendiz-escritor está de certa forma conscientizando-se sobre estratégias de escrita e ensaiando o seu próprio uso dessas estratégias em situações futuras de escrita.

Aplique a estratégia

1 > Observe o cartão-postal abaixo. O que o texto pode lhe sugerir sobre as estratégias de escrita utilizadas pelo escritor?

_____

_____

_____

_____

ΕΛΛΑΔΑ-GREECE-GRIECHENLAND-GRECE-GRECIA
ΚΡΗΤΗ-CRETE-KRETA-CRETA-KRETE

Wednesday 25. 9. 11
Crete is a beautiful island with
lots of history, lots of olive trees
and not much rain in the summer
– which is good for us walkers.
The water is warm for swimming
we'll be back on the evening
of 30 September. See you all
too soon!

Bob & Jo Baldwin

Sue & Ron Cook
& boys
98 Barrington Way
READING
Berks
RG1 6EG
UK

Transcrição:

Wednesday 25.9.11
Crete is a beautiful island with lots of
history, lots of olive trees and not much rain
in the summer – which is good for us walkers.
The water is warm for swimming. We'll be
back on the evening of 30 September. See
you all too soon!

Bob & Jo Baldwin

Sue & Ron Cook & boys
98 Barrington Way
Reading
Berks
RG1 6EG
UK

2 > Observe o parágrafo a seguir, escrito por uma criança de 10 anos numa escola inglesa. O que o texto pode lhe sugerir sobre as estratégias de escrita usadas pelo autor do texto?

_____

_____

_____

_____

_____

_____

Transcrição:

Tuesday 15th May

The Nightmare

There he was, alone in the playground. ~~Charlie was his name.~~ Crying in the shade. With noone to play with.

It all began on Monday morning. My friend would experience the most scariest day of his life yet.

Charlie was his name. He's 5 years old, he's going to school for the 1st time.

He is the type of person that's shy, alone. He's a very smart person. He sit's alone to think.

Finally he goes to ~~sleep~~ school. He will enter in the middle of the first year.

When he goes their there is something he is not aware of.

"Pring" the bell goes, play time! There he goes to sit under the tree. But what's that? It can't be. Another new student. So he got up his courage to ask the boy if he wanted to play it. To Charlie's surprise the boy said yes. They plaid and played. They got to know each other until play time was over. They remain friends for ever.

Correção:

Some excellent work Maurício

Sugestões adicionais

- Selecione alguns textos que você considera bem escritos. Os textos podem representar diferentes gêneros (essa opção permite uma exploração mais ampla de estratégias de escrita) ou ilustrar o mesmo gênero (caso você queira aperfeiçoar sua escrita em um determinado gênero textual). Após a compilação, observe os textos e complete a ficha abaixo sobre eles:

Data	Detalhes do texto (título, autor, fonte etc.)	Estratégias provavelmente usadas pelo autor	Como posso aplicar o resultado dessa observação e análise na minha escrita

- Se você tem interesse em saber mais sobre como autores profissionais escrevem, vá a:
  - <http://grammar.about.com/od/advicefromthepros/a/rewritequotes.htm>.
- O jornal *The New York Times* tem uma coluna chamada "*Writers on writing*" que vale a pena explorar se você gostaria de saber mais sobre como escritores escrevem.
- Se você dá aulas de inglês, a fim de capacitar seus alunos a identificarem estratégias em textos previamente escritos, peça-lhes que escrevam à mão e que risquem (mas não apaguem) seus erros ou as mudanças que fazem ao escrever. Depois de prontos, os textos são então trocados entre os alunos para observação e análise das estratégias usadas. Uma forma de tornar esse trabalho ainda mais rico é pedir aos alunos que, ao escrever, tenham duas colunas: uma para escrever o texto propriamente dito e outra para registrar os pensamentos encaminhados ao escrever.

34>> DESENVOLVENDO A CAPACIDADE DE AVALIAR TEXTOS ESCRITOS

A situação

Ao ouvir comentários como "Este texto é tão bem escrito!" ou "Nossa! Mas que texto mal escrito!", você costuma se perguntar o que leva tais pessoas a expressarem tais reações. Seriam aspectos relacionados à estrutura do texto? Seriam aspectos relacionados ao vocabulário utilizado? Seriam os dois aspectos ao mesmo tempo, ou algo diferente? Tais questionamentos levam-no a se perguntar se haveria alguma estratégia que pudesse lhe auxiliar na identificação de "bons" e "maus" textos em inglês; afinal, essa identificação poderia apoiar a avaliação da sua própria escrita.

O texto

1   Elizabeth has just finished reading the opening chapters of her husband Andy's novel:

2   **Andy**   Okay. I'm ready. What'd you think?
3   **Elizabeth**   *[hides her face in her hands, begins to sob.]*
4   **Andy**   I guess that means you don't like it.
5   **Elizabeth**   *[Nodding, sobbing.]*
6   **Andy**   You think it's lousy?
7   **Elizabeth**   *[More nodding, more sobbing.]*
8   **Andy**   The whole thing?
9   **Elizabeth**   It's all those flashbacks. You never know when anything's taking place. In
10   the first 20 pages alone, I counted three flashbacks, one flash-forward, and I
11   think a page in, you have a flash-sideways.

Cena do filme *Funny Farm*, transcrição disponível em: <http://lauramaylenewalter.com/?p=2763>. Acesso em: 4 abr. 2012.

A estratégia

De forma cômica, o texto acima ilustra como algumas decisões ao escrever podem causar um impacto negativo no leitor: especificamente, o uso excessivo de interrupções na sequência cronológica da narrativa (para relatar eventos no passado, no futuro, ou em situações paralelas) pode confundir o leitor a ponto de levá-lo a construir um julgamento negativo sobre o texto lido.

Recurso retórico é um recurso utilizado a fim de usar a linguagem escrita ou oral de forma mais eficiente, por exemplo, repetições, ironia, uso de exemplos.

"Mas de que forma o exemplo e o comentário acima são relevantes para os brasileiros que aprendem inglês?", pode estar pensando o leitor neste ponto. "Afinal, poucos irão escrever romances ou textos mais longos que permitem variações tão dramáticas na cronologia dos eventos narrados!" O comentário é válido. É sabido que a maioria das pessoas escreve para fins transacionais (sociais, institucionais, públicos) e poucos fazem uso da escrita criativa em romances, poesia, canções e composições do tipo. Essa condição, no entanto, não minimiza a importância de se saber distinguir bons textos de maus textos. Afinal, essa distinção não existe apenas em *creative writing*, mas também em outras áreas de escrita!

Antes de comentarmos especificamente sobre algumas formas de se implementar a estratégia é importante fazer uma ressalva sobre o que é aqui caracterizado como "ser bem escrito" ou "ser mal escrito". À primeira vista, pode-se pensar que falamos de correção gramatical (ou seja, um texto "bem escrito" seria aquele sem erros gramaticais), mas tal interpretação é equivocada. Um texto "bem escrito" envolve mais que apenas correção gramatical; ele caracteriza-se por organização coerente, linguagem e nível de formalidade adequados, conteúdo apropriado, atenção às necessidades do leitor e às características do gênero textual, entre outros. Uma ressalva adicional a ser feita é que, ao dizer que um texto mal escrito pode ocasionar um "julgamento negativo" no leitor, não estamos equacionando "julgamento negativo" com "discordância": falamos aqui de reações que acompanham respostas afirmativas a perguntas como as seguintes:

- Há incoerências no texto?
- O autor do texto demonstra conhecimento precário sobre o que escreve?
- Há ausência de evidências na argumentação?
- Há falta de clareza na construção das ideias?
- Há uso exagerado de um mesmo recurso retórico (como ocorreu no texto ilustrativo desta seção)?

A seguir apresentamos e comentamos alguns trechos que ilustram os problemas acima. Eles consistem em depoimentos de alunos de pós-graduação em língua inglesa em um curso intitulado "Análise de materiais pedagógicos na aula de inglês". Os exemplos situam-se, pois, no âmbito da escrita acadêmica, esfera em que a capacidade de se produzir textos coesos, coerentes, respaldados em evidências e apoiados por justificativas convincentes é uma premissa básica.

Exemplos	Avaliação
Teachers don't have time to plan their lessons, and textbooks can be used to help teachers in their planning.	O trecho é incoerente por nele haver uma contradição interna: se os professores não têm tempo para planejar suas aulas, como podem os livros didáticos ajudá-los nesse planejamento (para o qual eles não têm tempo)? Uma forma de melhorar esse argumento seria escrever: *Teachers don't have time to plan their lessons, and textbooks can provide teachers with content and structure previously planned by materials writers.*
Writing is the most important skill for Brazilian learners of English.	O argumento proposto consiste em uma grande generalização e a ausência de fontes e posicionamentos contrários ao argumento o tornam subjetivo e questionável.
The materials we analysed are interesting, well organised and motivating.	Os adjetivos usados na caracterização dos materiais (especificamente, *interesting, well organised and motivating*) são vagos (mais sobre isso em "Deixando sua 'impressão digital' no texto"). Perguntas que ficam sem resposta ao se ler o trecho original são: como se define *interesting* e *well organised*? E os materiais são *interesting* e *motivating* sob o ponto de vista de quem (alunos, professores, coordenadores)? Se o trecho não for complementado com respostas a essas perguntas, ele se torna inexpressivo e vago.
Materials need to address learners' ways of learning, as we know that each learner has her unique form of learning, as it they were a single piece in a mosaic, and we need to work each piece in order to build the whole, the complete development, the really meaningful learning.	É impossível construir um sentido para o trecho. As ideias são desenvolvidas sem coesão evidente, há locuções vagas (por exemplo, *ways of learning, form of learning, meaningful learning*) e conceitualmente questionáveis (o que seria *complete development*, por exemplo?).

A discussão acima deixa claro que o desenvolvimento da capacidade de se avaliar textos escritos precisa ser apoiado no uso de outras estratégias como por exemplo "Monitorando a escrita", "Pesquisando informações sobre o que será escrito", "Deixando sua 'impressão digital' no texto". A prática da estratégia com textos escritos por outras pessoas deve tornar o aprendiz-escritor mais apto a fazer avaliações semelhantes ao escrever seus próprios textos.

Aplique a estratégia

1 > Leia o texto a seguir e, ao ler, responda às perguntas apresentadas em *bullets* em "A estratégia" acima.

> In the field of language learner strategy research, learners' gender is one of factors that affects the use of strategies. Some researchers has discovered that gender plays an important role on how language learners learn a language. Some studies have said that female learners use strategies more frequently than male learners, but male learners sometimes passed female learners in the use of a certain strategy.

_____

_____

_____

_____

_____

_____

2 > Pense em um aspecto de sua área de trabalho sobre o qual você tenha sólido conhecimento profissional. Escreva em seu bloco de notas um pequeno parágrafo (6-8 linhas) sobre esse aspecto. Ao terminar de escrever, avalie o seu parágrafo retomando as perguntas utilizadas no exercício acima.

Sugestões adicionais

- Retome textos que você escreveu no passado e avalie-os usando as perguntas propostas nesta seção. Se os seus textos contiverem comentários de outras pessoas (colegas, professores), observe se tais comentários remetem a alguma(s) das perguntas de avaliação propostas nesta seção. Esta reflexão pode levá-lo a identificar aspectos da sua escrita que tendem a lhe causar dificuldades, e essa identificação pode auxiliá-lo a desenvolver planos de ação para sanar tais dificuldades.
- Para ler mais sobre como avaliar fontes para pesquisas acadêmicas, vá a:
  - <http://writingcenter.unc.edu/resources/handouts-demos/writing-the-paper/evaluating-print-sources>.

35>> DESENVOLVENDO A CAPACIDADE DE AVALIAR TAREFAS QUE ENVOLVEM ESCRITA

A situação

Você escreve frequentemente em inglês: às vezes no seu trabalho, às vezes em interações pelo computador com amigos, às vezes na sua aula de inglês. Você tem a impressão de que as tarefas que você faz nas aulas diferem das que você usa em outros cenários, mas não sabe bem por quê. Um dia, ao fazer uma tarefa escrita (reproduzida abaixo) para a sua próxima aula, você se pergunta: "Será que o que escrevo para as minhas aulas é mesmo diferente do que escrevo entre amigos ou colegas de trabalho? Se é, até que ponto essa escrita das aulas está me auxiliando a escrever melhor nos outros contextos?"

O texto

1 Descriptive Paragraph. A descriptive paragraph creates a word picture of a person, an
2 animal, a place or a thing. The details are usually arranged in space order to help the
3 readers picture the topic in their minds. Write a descriptive paragraph in which you
4 describe a street or road outside your home in the late afternoon.

Summer Bridge Middle School, 6th to 7th grade. Salt Lake City, UT: Rainbow Bridge Publishing, 1998. p. 40.

A estratégia

Você tem razão ao suspeitar que as tarefas de escrita feitas em aulas tendem a ser diferentes do que se escreve no trabalho, ou entre amigos. Muitas pessoas até alegam que isso ocorre porque a sala de aula é diferente do "mundo real". Bom, esse último argumento é controverso. Afinal, a sala de aula é, por definição, parte do "mundo real": ela existe de fato e não na nossa imaginação! O problema é que às vezes o que é feito, ou pedido, em sala de aula, difere drasticamente das demandas em outros contextos sociais.

Mas quais seriam então essas diferenças no que se refere à produção escrita? Sabemos que no mundo fora da sala de aula (no trabalho, entre amigos ou familiares, conosco mesmos) sempre escrevemos com um propósito. Esse propósito (como vimos na seção "Considerando a tipologia e o gênero textual") pode ser o de informar, narrar, entreter, ensinar, apresentar um argumento, persuadir, entre outros. A escrita da sala de aula também tem seus propósitos – a diferença é que, nas aulas, essa escrita tende a ter como objetivo o que Jeremy Harmer chama de *reinforcement writing* em seu livro *How to teach writing* (Pearson Longman, 2004. p. 32): nesse tipo de escrita, o objetivo é reforçar algum aspecto linguístico (de vocabulário, de gramática) previamente apresentado. Um aspecto relacionado a esse objetivo é que o leitor dos textos escritos costuma ser apenas o professor, que por sua vez tem como objetivo de sua leitura avaliar (e às vezes aferir uma nota) o que foi escrito.

Há um detalhe importante a ser destacado neste momento. Ao argumentar que a maioria dos textos escritos em sala de aula têm *reinforcement writing* como objetivo, não estamos aqui insinuando que esse objetivo é totalmente nefasto, e que não traz benefício algum ao aprendiz. Ao contrário, a escrita para prática de algo que aprendemos pode ser benéfica sob o ponto de vista da aprendizagem; além disso, submeter o que escrevemos ao crivo de alguém com maior conhecimento sobre a língua (e sobre como escrever em inglês) pode, igualmente, trazer benefícios ao aprendiz-escritor, como a identificação de áreas que necessitam de mais prática ou maior confiança ao ter de escrever algo similar no futuro.

Mas voltemos ao texto acima. Ele reproduz uma tarefa de escrita em um livro para estudantes de inglês e tem o nítido objetivo de "reforçar" conteúdo previamente trabalhado (no caso, descrições): o enunciado começa por identificar (*Descriptive Paragraph*, linha 1) e definir (*A descriptive paragraph... or a thing*, linhas 1-2) o tipo de texto que deverá ser escrito. Segue-se informação sobre a organização dos elementos do texto (*The details... in their minds*, linhas 2-3) e ao final apresentam-se instruções precisas quanto ao assunto a ser escrito (*a street or road... in the late afternoon*, linha 4). Tais orientações têm a função de lembrar o aprendiz-escritor sobre características do tipo de texto a ser escrito e, desta forma, guiar a escrita em conteúdo e forma. Se percebidas como um "apoio pedagógico", tais orientações têm seu papel no desenvolvimento da aprendizagem de como produzir textos descritivos sob uma ótica mais formal.

O que precisa ser destacado, porém, é que *reinforcement writing* é apenas um tipo de escrita – portanto, o encaminhamento de apenas esse tipo de escrita em sala de aula (ou mesmo o uso demasiado desse tipo de escrita) é uma prática restritiva e limitadora se desejamos nos tornar (ou ajudar a formar) escritores de fato competentes. O foco em *reinforcement writing* não prepara o aprendiz para saber identificar o tipo de texto (ou o gênero textual) que deve produzir em determinada situação. Além disso, esse tipo de escrita também não ajuda a conscientizar o aluno para o fato de que a escrita é um processo contínuo e dinâmico nem destaca a importância do leitor nesse processo.

A avaliação de tarefas que envolvem a escrita é uma estratégia que pode ser concebida de maneiras diferentes: ela pode se aplicar em situações específicas de escrita (para tal, ver a coluna à esquerda do quadro abaixo) para questionamentos que podem acompanhar o uso da estratégia; ela pode, também, ser concebida como uma forma de desenvolvimento de escritores mais estratégicos (para tal, ver a coluna à direita no quadro):

AVALIANDO TAREFAS QUE ENVOLVEM A ESCRITA	
Como forma de lidar com contextos específicos de escrita	**Como prática de conscientização sobre a escrita em geral**
Qual o propósito comunicativo da tarefa? Para cumprir tal propósito, a que o escritor precisa estar atento?	O propósito comunicativo da tarefa fica claro ao escritor? Esse propósito é apenas pedagógico ou mais amplo?
Para quem o texto é escrito?	Ela pressupõe a interação entre escritor(es) e leitor(es) do texto? Ela projeta a escrita em um leitor que não seja o professor?
A que contexto específico a escrita se insere?	Esta tarefa relaciona a produção do texto a um contexto específico?
Que tipo de texto e que gênero deve ser produzido?	Até que ponto a tarefa promove reflexão sobre a tipologia e o gênero textual a ser produzido?
Qual o suporte a ser utilizado?	A tarefa permite reflexão sobre o impacto do suporte que apoia a produção do texto?
Como o escritor deve planejar, formular e rever o texto?	A tarefa contempla aspectos de elaboração e reelaboração contínua do texto?
Que estratégias de escrita adicionais podem ser utilizadas?	Ela oferece subsídios para que o escritor se sinta no controle da sua escrita?

Como em outras estratégias, uma dificuldade associada à avaliação de tarefas que envolvem a escrita é o tempo necessário para conduzir tais avaliações. Não é viável, evidentemente, fazer todos os questionamentos acima em todos os momentos que estamos para escrever algo. Numa situação de exame de inglês que envolva produção escrita, a avaliação da tarefa (visando um bom desempenho) deve se concentrar em perguntas da coluna à esquerda. Se concebidas de forma mais ampla (visando o desenvolvimento da capacidade de se avaliar tarefas de uma forma mais geral), deve-se atentar para os questionamentos da coluna à direita. A parte que se segue nesta seção oferece sugestões para esse desenvolvimento.

Aplique a estratégia

1 > a. Utilizando as perguntas apresentadas na coluna à direita do quadro acima, avalie as duas tarefas de escrita a seguir:

TAREFA 1

Na aula de inglês seu professor pede que você selecione uma ilustração interessante envolvendo duas pessoas (de preferência um homem e uma mulher, ou um rapaz e uma moça) e que escreva um parágrafo descritivo sobre os personagens envolvidos na situação ilustrada. Na aula seguinte você deve trazer um rascunho do seu texto (bem como a situação escolhida) para que colegas leiam e comentem antes de você finalizar o texto.

TAREFA 2

Num exame de inglês você tem de escrever um texto cujo enunciado é o seguinte:

You eat at your college cafeteria every lunchtime. However, you think it needs some improvements.

Write a letter to the college magazine. In you letter:
- explain what you like about the cafeteria.
- say what is wrong with it.
- suggest how it could be improved.

Disponível em: <http://www.ielts-exam.net/index.php?option=com_content&task=view&id=640&Itemid=32>. Acesso em: 5 abr. 2012.

_____

_____

_____

_____

b. Com base nas respostas acima, compare as tarefas: Quais são suas semelhanças e diferenças sob o ponto de vista do desenvolvimento de escritores competentes em inglês?

_____

_____

_____

_____

2 > a. Imagine uma situação de escrita em inglês que você viveu recentemente. No quadro abaixo, descreva a situação brevemente: onde você estava, o que escreveu e por quê.

b. Avalie a situação acima utilizando as perguntas à esquerda na tabela acima. Em seguida reflita: Você estava ciente desses aspectos ao escrever? De que forma a reflexão feita agora poderia ter apoiado a sua escrita? Quais ganhos ela lhe traz para futuras escritas?

Sugestões adicionais

- Para saber quais são os objetivos do ensino de produção escrita na educação pública brasileira atualmente, vá a <http://portal.mec.gov.br/seb/arquivos/pdf/pcn_estrangeira.pdf>. Lá você tem acesso aos Parâmetros Curriculares Nacionais/Língua Estrangeira, documento que orienta a educação em língua estrangeira nos 4 anos finais do ensino fundamental. Detalhes sobre produção escrita podem ser encontrados na p. 98 desse documento.
- Reveja textos que você escreveu recentemente em inglês. Se usar textos produzidos em aulas de inglês ou preparação para exames, use as perguntas mais gerais (na coluna à direita da tabela anterior) para avaliar as tarefas de escrita; se usar textos escritos entre amigos ou no trabalho, use as perguntas mais específicas (na coluna à esquerda). Amplie essas avaliações refletindo: De que forma essas avaliações me auxiliam a tornar-me um escritor mais competente em inglês?
- Se você é professor de inglês, projete tais reflexões no desenvolvimento da produção escrita dos seus alunos, questionando: As tarefas que proponho costumam ser predominantemente *reinforcement writing?* Até que ponto as tarefas que proponho preparam meus alunos a se tornar escritores competentes? Como posso melhorá-las a fim de atingir esse objetivo?
- Professores de inglês também podem se interessar em explorar o *site* <http://esl.about.com/od/writinglessonplan1/Lesson_Plans_for_English_Writing_Skills_Improvement_for_ESL_Classes.htm>, que lista vários planos de aula para *writing*, incluindo seus objetivos.

36>> ESCREVENDO COM OUTRAS PESSOAS

A situação

Numa aula de inglês, seu professor comenta que na próxima aula a turma vai desenvolver uma atividade de *collaborative writing,* isto é, cada aluno vai escrever um texto em conjunto com um colega. Sua reação imediata é negativa: você não acha que seja uma boa ideia escrever com outra pessoa, pois acha que o processo de produção do texto vai se tornar mais lento e ineficiente. Você levanta esse questionamento com seu professor. Na aula seguinte, então, como preparação para o trabalho de escrita colaborativa, seu professor pede à turma para ler e analisar a transcrição de uma interação entre duas pessoas ao escrever em inglês.

O texto

1 **Katie** Okay, so right then. What shall we write about?
2 **Anne** We can have something like those autograph columns and things like that and
3 items, messages.
4 **Katie** Inside these covers. (*pause*) Our fun-filled…
5 **Anne** That's it!
6 **Katie** Something…
7 **Anne** Something like that.
8 **Katie** Yeah.
9 **Anne** Inside this fabulous fun-filled covers are – how can we have a fun-filled cover?
10 Let me try.
11 **Katie** Inside these (*long pause*)…
12 **Anne** Hah huh (*laughs*)
13 **Anne** You sound happy on this. Fantabuloso (*laughs*)
14 **Katie** Inside these, inside these fant, inside these fun-filled, no inside these covers these
15 fantastic these brilliant…
16 **Anne** Brilliant…
17 **Katie** Is it brilliant?
18 **Anne** No.
19 **Katie** No. Fantast fantabuloso, shall we put that?
20 **Anne** Yeah (*says something inaudible*) fantabuloso.
21 **Katie** Fan-tab-u-lo-so.
22 **Anne** Loso. Fantabuloso.
23 **Katie** Fantabuloso oso.
24 **Anne** Fantabuloso ho!

Mercer, N. *The guided construction of knowledge:* Talk amongst teachers and learners. Clevedon: Multilingual Matters, 1995. p. 101.

A estratégia

Seu professor teve duas boas ideias. A primeira foi a de promover um trabalho de escrita colaborativa, que, realmente, é uma importante estratégia de escrita. A segunda (que está diretamente relacionada à primeira) foi precisamente a de iniciar o trabalho de desenvolvimento da estratégia a partir da conscientização dos alunos sobre suas características e potenciais benefícios. Mais especificamente, de promover o desenvolvimento da estratégia a partir da observação e análise coletiva de uma situação em que houve produção de um texto colaborativo.

Uma análise detalhada da interação acima pode trazer bons *insights* sobre as vantagens de se escrever em colaboração com outra pessoa: partindo de uma pergunta inicial sobre o que escreverão (linha 1), a dupla de escritores define elementos básicos do texto gradualmente, propondo ideias cumulativamente, como mostra o quadro a seguir:

> **Neologismo** é uma palavra ou expressão nova, resultante da criatividade dos usuários de uma língua (por exemplo, "Fantabuloso") ou da atribuição de novos sentidos a palavras já estabelecidas (por exemplo, o uso recente de "*tablet*" para se designar um equipamento eletrônico).

Linhas 2-3	Aqui Anne propõe o que vai ser escrito (*something like those autograph columns and things like that*) com adição de ideias suplementares (*items, messages*).
Linha 4	Katie complementa a ideia acima, sugerindo uma forma específica de iniciar o texto.
Linhas 5-8	Anne e Katie confirmam que estão de acordo com o plano traçado, e ratificam sua comunhão na colaboração, apesar de não haver sugestão de novas ideias.
Linhas 9-10	Anne faz uma sugestão (*Inside this fabulous fun-filled covers are*) mas monitora sua própria ideia (*how can we have a fun-filled cover?*), concluindo que gostaria de tentar prosseguir a geração de ideias e/ou formulação.
Linha 11	Katie toma o turno e articula nova sugestão; a pausa indica que ela não sabe como continuar.
Linhas 12-13	A produção tem novo momento de ratificação das relações entre as escritoras (*vide* a risada e o comentário pessoal *You sound happy on this*). Esse momento de descontração culmina com a criação do neologismo "Fantabuloso".
Linhas 14-15	Katie retoma as ideias previamente compartilhadas, recomeçando a formulação. Há hesitação diante do adjetivo a ser usado: o original *fabulous* (linha 9) é aqui substituído por *fant* e em seguida *fantastic* e *brilliant*.
Linhas 16-19	A dupla, colaborativamente, avalia as opções. Ao final do trecho, Katie propõe o uso de "fantabuloso".
Linha 20	Anne confirma que está de acordo com a ideia.
Linhas 21-24	A dupla apropria-se da palavra criada, tornando-a sua, brincando com ela.

O exemplo acima é adequado para essa análise, pois mostra com clareza como em um pequeno espaço de tempo duas pessoas podem "pensar e escrever em conjunto" e chegar a uma conclusão que talvez não tivesse sido atingida se os escritores encaminhassem suas escritas separadamente. É importante notar que é Anne quem cria o neologismo "fantabuloso" (linha 13), mas é Katie que, mais adiante (linha 19), retorna à ideia e propõe que ela seja usada para lidar com o impasse relativo à escolha do adjetivo adequado. Após a decisão da incorporação do termo ao texto que escrevem, as duas escritoras saboreiam esse momento de criação de forma lúdica e bem-humorada. É possível interpretar que a escrita colaborativa gerou mais que apenas a produção específica de um texto – ela fortaleceu relações sociais, promoveu a criatividade e culminou com uma expressão de satisfação sobre todo o processo.

Sob o ponto de vista de procedimentos, isto é, sobre o que deve ser feito a fim de encaminhar uma escrita colaborativa, é importante distinguirmos "colaboração" de "cooperação". O último termo costuma ser usado na literatura para descrever situações em que indivíduos compartilham ideias sem necessariamente haver integração das ideias no trabalho comum. Já a colaboração prevê que as contribuições individuais são incorporadas pelo grupo, gerando novas ideias a partir dessa integração – exatamente como aconteceu na interação reproduzida acima.

Outro aspecto importante sobre a caracterização de colaborações é que elas podem ocorrer de formas distintas: em parte do processo de escrita, por exemplo, quando há um *brainstorm* entre participantes de um grupo para geração de ideias sobre o que vai ser escrito, e em seguida esses indivíduos escrevem independentemente. Outra forma de colaboração ocorre quando os membros de um grupo de escritores têm tarefas diferentes (isto é, paralelas) para escrever um texto: por exemplo, enquanto um escreve a introdução, outro escreve a conclusão, e outro ainda, a bibliografia. Ao final, os produtos dessas tarefas são integrados pelos membros do grupo, formando um texto único. Esse tipo de colaboração é conhecido como "colaboração paralela". Um terceiro tipo de colaboração (também chamado de "colaboração recíproca") ocorre quando os escritores escrevem algo em conjunto, simultaneamente, como no exemplo acima.

A escrita colaborativa torna-se estratégica quando deixa de ser uma ação tomada sem reflexões paralelas, apenas porque assim é designado por outra pessoa (o professor, por exemplo) ou pelo livro didático. A fim de usar a escrita colaborativa estrategicamente, assim como ocorre com outras estratégias, o escritor precisa estar ciente de seus benefícios, suas dificuldades, e precisa decidir quando a estratégia deve ser empregada. Como ilustrado no exemplo acima, os benefícios associados ao uso da estratégia são: ela potencializa o desenvolvimento de ideias (duas ou mais cabeças tendem a pensar melhor que apenas uma!), estimula a interação social e possivelmente a motivação para uma tarefa. Uma observação adicional sobre esses benefícios é que há relações evidentes entre eles e as atuais demandas do mundo do trabalho e sua ênfase no trabalho em equipes.

Entre as dificuldades relacionadas ao uso da estratégia podemos citar o tempo necessário para sua implementação (escrever com outras pessoas deve, em princípio, requerer mais tempo do que escrever sozinho, sobretudo se a colaboração for recíproca). Além disso, para ser um escritor colaborativo estratégico, deve-se atentar para alguns aspectos interacionais no sentido de se manter – e se preservar – a relação entre os escritores. Mais uma vez, a interação acima nos proporciona alguns exemplos que podem esclarecer os pontos aqui abordados: durante a produção de textos colaborativos, as ideias devem ser articuladas mais como sugestões do que decisões (note-se o uso do modalizador *can* em *We can have something like*, linha 2; de linguagem vaga em *things like that*, linha 2; de uma pergunta em *Shall we put that?*, linha 19). Outros cuidados a serem tomados incluem a sinalização de concordância quando ela ocorre (como em *That's it!*, linha 5) e de sinalização indireta de discordâncias por exemplo, utilizando perguntas como em *Is it brilliant?* (linha 17).

> **Linguagem vaga** (*vague language*, em inglês) é uma linguagem incerta, não específica, por exemplo: *There's a lot of stuff there.; I'll be a bit late.; He's got three or four kids.* Usa-se linguagem vaga intencionalmente quando não se tem certeza ou, por alguma razão, não se quer ser exato e preciso.

Aplique a estratégia

1 > a. Selecione um tópico para escrita de sua escolha (para tal, pode-se explorar o *site* <http://thewritesource.com/writing_topics/>) e escreva seu texto. Em seguida, junte-se a outra pessoa e escreva um texto sobre outro tópico fazendo uso de colaboração recíproca.

b. Avalie: a escrita colaborativa levou à produção de um texto melhor ou pior? Por quê?

2 > a. Em duplas ou pequenos grupos, identifique 3 textos que gostariam de escrever em inglês. Todos os textos serão escritos de forma colaborativa mas envolverão processos diferentes, desta forma: a produção do primeiro texto deve incluir *brainstorming* coletivo para geração de ideias, entre todos os participantes, mas a escrita propriamente dita deve ser feita individualmente. Para a produção do segundo texto, os participantes devem dividir tarefas, ficando cada um responsável pela escrita de uma parte do texto. O terceiro texto deve ser elaborado com escrita colaborativa recíproca.

b. Quando os textos estiverem prontos, leia-os e avalie: de que forma a escrita colaborativa contribuiu para sua produção? Em outras palavras, em que aspectos os textos são "diferentes" do que provavelmente seriam na ausência da escrita colaborativa? Essas diferenças tiveram um impacto positivo ou negativo nos textos? Os diferentes tipos de colaboração tiveram efeitos também diferentes?

Sugestões adicionais

- Por definição, *wikis* envolvem escrita colaborativa, já que são produzidos por diversos participantes. Escolha um *wiki* (por exemplo, um dos listados abaixo) e nele participe como observador durante algum tempo, analisando como a produção colaborativa do texto ocorre nesse tempo. Um ponto a ser lembrado é que na maioria dos *wikis* há formas de se ter acesso a informações sobre a história do texto:
  - <http://www.wikihow.com/Main-Page>;
  - <http://en.wikipedia.org/wiki/Main_Page>.
- Para ver como autores lidam com escrita colaborativa, veja o video *Two heads are better than one: collaborative writing*. O vídeo está disponível em <http://www.youtube.com/watch?v=AZPej_jcUKM>.
- Se você dá aulas de inglês, promova atividades de escrita colaborativa. Para tal adapte os exercícios sugeridos acima em "Aplique a estratégia" pedindo à turma que escreva em conjunto, no quadro, ou em papel, em grupos menores. Quando os textos estiverem prontos, os alunos devem avaliar o processo, comentando sobre seus benefícios e suas dificuldades.
- Para mais informações sobre *collaborative writing* e outras ideias de como implementar tal prática com alunos, veja <http://writingcenter.tamu.edu/teaching-writing/instruction/collaborative-writing/>.
- Para ler sobre um projeto de escrita colaborativa envolvendo *wikis* numa aula de inglês, leia o artigo em <http://iteslj.org/Techniques/Sze-Wikis.html>.
- Para um plano de aula para prática de escrita colaborativa, vá a <http://profesorbaker.com/2011/02/04/unity-is-strength-a-collaborative-writing-lesson-plan-cck11-eltchat-edtech-esl-efl-elt/>.

37>> DEIXANDO SUA "IMPRESSÃO DIGITAL" NO TEXTO

A situação

Você gosta de ler e escrever *blogs*. Costuma, também, deixar comentários em *blogs* de outras pessoas. Ao escrever esses comentários, você sempre fica na dúvida quanto ao que incluir no seu texto. Afinal, no seu próprio *blog* você costuma receber comentários estranhos, que sempre o levam a pensar se tais contribuições são legítimas ou se são *spam*. Você se pergunta se esses questionamentos procedem e, em caso afirmativo, se haveria alguma estratégia de escrita que você pudesse utilizar para não levantar dúvidas semelhantes sobre os comentários que escreve.

O texto

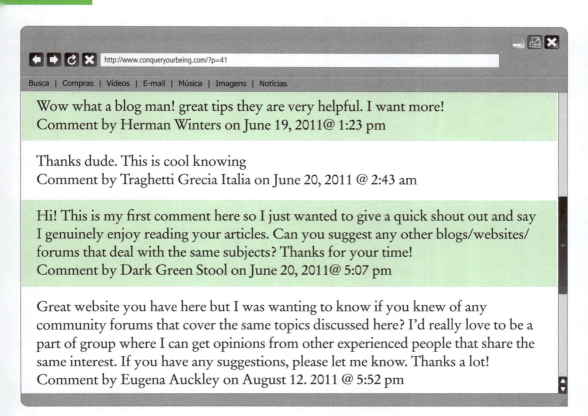

Disponível em: <http://www.conqueryourbeing.com/?p=41>. Acesso em: 17 fev. 2012.

A estratégia

De fato, os comentários deixados no *blog* reproduzido acima são vagos e impessoais. São vagos porque os adjetivos usados (*good, informative, interesting*) não permitem que o leitor construa um sentido preciso da percepção de quem escreveu o texto: o *blog* é bom em que sentido? Informativo com relação a quê? Interessante por quê? Se esses detalhes não são dados pelo autor do comentário, o leitor fica sem saber exatamente o que tais caracterizações sinalizam. E tais comentários são impessoais porque, na ausência de elementos que "conectem" cada depoimento a quem os escreveu, seus autores poderiam ser trocados sem problemas: afinal, qualquer pessoa poderia ter escrito qualquer um dos comentários!

Consideremos, por exemplo, uma ampliação da noção de *informative* em um comentário assim: *The text is informative. I learned some things I didn't know about the economic crisis in the United States and I can now use this information in my history classes*. Tal comentário é preciso por explicitar por que se achou o texto informativo; é pessoal porque seu autor se posicionou no que escreveu (*I learned, I didn't know, I can now use, my history classes*). Quem lê o comentário sabe algo sobre seu autor, e pode retomar essa informação numa conversa única, pessoal, com aquele que escreveu o texto – num outro comentário, por exemplo.

Uma análise similar pode ser feita sobre os depoimentos no *blog* reproduzido acima: *This is cool knowing* (linha 3) não deixa claro a que o *this* se refere; o comentário também não esclarece por que seu autor qualifica o *post* original como *cool*. O mesmo pode ser dito de *I genuinely enjoy reading your articles* (linha 6). Os pedidos de sugestões sobre fontes com conteúdo similar nos dois comentários finais também soam impessoais e vagos, levando o leitor a cogitar que tais *posts* sejam *spam*.

Para deixar sua marca no texto, um escritor deve achar formas originais e criativas ao escrever, surpreendendo o seu leitor positivamente com tais contribuições singulares. Nesse sentido, deve-se atentar que o uso de linguagem vaga é mais aceitável ou menos aceitável, dependendo do gênero textual em que esse tipo de linguagem ocorre. Em *sites* de relacionamento, é comum o uso de comentários vagos (e impessoais) em reações a, por exemplo, fotos postadas em *sites* de amigos, como os abaixo:

You look so pretty!	Congratulations
How cute!	This is awesome!

No contexto acima, o uso de linguagem vaga é comum (e, desta forma, aceitável) porque a função comunicativa desses comentários não costuma ser referencial (isto é, não têm como objetivo expressar uma ideia ou relatar um fato) mas, sim, interpessoal, visando estabelecer contato com outra pessoa e preservar/fortalecer as relações sociais entre os participantes. Em outras palavras, nos exemplos acima os escritores estão na verdade expressando ideias como *I like you and I'm glad to be writing to you here* ao escrever seus comentários. Nesse cenário, tal uso da linguagem não gera problemas, mas é válido argumentar que comentários mais pessoais, precisos e criativos como os seguintes (que contêm mais "alma" e mais "substância") seriam provavelmente mais memoráveis:

> The dress really suits you! That's your color for sure!
> Who else has a smile like that?
> Dr. O'Brien, PhD – the sky is the limit!
> A snowboard, speed and snow –a perfect combination!

De qualquer forma, é importante lembrar que linguagem vaga não é recomendável em alguns textos escritos, e os exemplos a seguir ilustram esse ponto:

Tipologia e gênero textual	Text with vague language	Revised version
Texto descritivo em romance ou *writing task* num exame de inglês	My father is a nice man who has done great things in his life.	My father is a generous and socially responsible person who dedicates part of his time to do volunteer work including fund-raising to help sick children in Africa.
Texto argumentativo em artigo acadêmico	In this paper I will discuss a few characteristics of life in the past.	In this paper I will discuss eating and leisure habits of urban life in southeast Brazil in the early 18th century.
Texto narrativo em relatório	Checking the equipment took a long time and involved specific stages.	This manufacturing equipment was tested for reliability and performance. Reliability was tested through continual use for two hours and performance was measured by taking and testing product samples every ten minutes.

Tipologia e gênero textual	Text with vague language	Revised version
Texto informativo em manual de instrução	This part goes into the slot. After inserting it press the button.	After inserting Part A (for an image see p. 5) into the slot on the top of the base press the red button next to the slot.
Texto persuasivo em carta de apresentação para acompanhar currículos	I'm particularly interested in this position, which matches my experience and motivates me at the same time.	I'm particularly interested in this position because it relates strongly to my ten years of experience in teaching at primary level and at the same time opens up opportunities for further professional development through the exchange with international schools.

Os pontos acima levam-nos a concluir que a procura por formas individualizadas, precisas e criativas ao escrever um texto deve ocorrer em paralelo com a preocupação em se considerarem elementos e condições contextuais relativas ao que se escreve. Afinal, alguns gêneros textuais são sabidamente mais "rígidos" do que outros e permitem menor (ou mesmo nenhuma) criatividade ao escrever. Alguns exemplos desses gêneros são: recibos, receitas médicas, documentos legais, entre outros. Nesses casos, é o desvio a essas normas que correm o risco de causar estranhamento no leitor (como vimos no texto reproduzido na seção "Usando nível de formalidade adequado ao escrever"). A preocupação em deixar sua "impressão digital" no texto que escreve, assim como outras estratégias, requer que o escritor esteja atento a condições contextuais relacionadas à produção de cada texto.

Aplique a estratégia

1 > Dos dois comentários em *blogs* a seguir, um deles é legítimo e o outro é *junk*. Qual é qual? Como você sabe?

I appreciate a tremendous publish, would examine one's others topics. thanks for your thinking for this, I really felt somewhat thump by this post. Many thanks again! You earn an excellent aspect. Has fantastic info here. I do think that in case more people thought about it like this, they'd have got a better time period obtain the grasp ofing the issue.

Comentário postado em: <http://links.comunidadespraticas.com.br/?p=13>. Acesso em: 27 mar. 2012

Celia, this is looking too good to pass – the bit about eating half the loaf standing up is the best advertisement in the world, although the photos already did a great job ;-)

I want to make it this weekend – can you tell me how long it took for the first rise before shaping? Do you go through more than two stretch and fold cycles?

if I miss some link to the detailed recipe, sorry – feel free to point me to it and forgive my lack of attention ;-)

Comentário postado em: <http://figjamandlimecordial.com/2012/04/05/whole-spelt-and-walnut-sourdough/>. Acesso em: 6 abr. 2012.

_____

_____

_____

_____

_____

2 > a. No seu bloco de notas, redija um parágrafo sobre sua experiência profissional recente, como que escrevendo parte de uma carta de apresentação para acompanhar o envio de seu currículo. Ao escrever, deixe sua "impressão digital" no texto e evite linguagem vaga.

b. Releia o seu texto com atenção, respondendo às seguintes perguntas:
- Há ideias gerais que poderiam ter sido escritas por outra pessoa? Se sim, ache formas de tornar seu texto mais específico.
- Há palavras que poderiam ser interpretadas de várias formas (por exemplo, *interesting, motivating*)? Se sim, ou elimine-as ou adicione justificativas a elas.

Sugestões adicionais

- Comentários em *blogs, sites* de relacionamento e fóruns de discussão na Internet são fontes ricas em exemplos de textos vagos e impessoais. Explore alguns desses *sites* e tente identificar alguns exemplos. Amplie a atividade reescrevendo alguns dos exemplos identificados, neles tentando deixar sua "impressão digital".
- Para ler mais sobre linguagem vaga, vá a:
  - <http://myinformationbase.blogspot.com/2007/05/8-vague-writing.html> (exemplos e exercícios);
  - <http://www.laspositascollege.edu/RAW/VagueLanguage.php> (somentes exemplos).
- Para mais informações sobre formas de engajar o leitor no texto que escrevemos, explore o *site* <http://www.yourdictionary.com/grammar/grammar-rules-and-tips/writing-advice-and-tips-on-how-to-engage-the-reader.html>.
- Se você dá aulas de inglês, pode praticar esta estratégia mesmo com alunos de pequena proficiência linguística: para tal, procure ensinar formas de tornar o texto mais preciso e criativo com a adição de ilustrações, comentários pessoais ou justificativas. Por exemplo, ao escrever sobre *favorite sports/TV programs* etc., o escritor pode mencionar um evento/programa específico a que assistiu; ao descrever sua rotina, o escritor pode esclarecer qual é a sua parte do dia favorita, e por quê; ao narrar um evento no passado, o escritor pode adicionar o que foi dito ou pensado naquela ocasião.

38>> COMPILANDO UM BANCO DE DADOS

A situação

Ao escrever em inglês, muitas vezes você tem a lembrança de que já leu ou viu no passado algo que poderia ajudá-lo na sua escrita: uma palavra ou expressão que se encaixaria bem no seu texto; um comentário sobre situações de escrita similares à atual; uma regra gramatical relevante ao que você escreve, entre outros. Nesses momentos você fica com um sentimento de "oportunidade perdida", isto é, você sabe que existe em algum lugar uma informação ou fonte de inspiração que lhe poderia ajudar, mas não sabe como recuperar tais recursos. Você se pergunta se haveria uma forma de "registrar" possíveis fontes de apoio à sua escrita de forma que, ao escrever em inglês, pudesse acessar tais fontes.

O texto

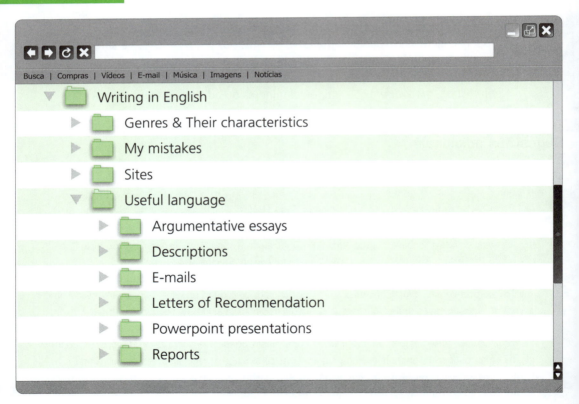

A estratégia

É de fato uma boa ideia registrar possíveis fontes de apoio à sua escrita conforme você vai se deparando com tais fontes. Tal registro pode, de fato, trazer-lhe economia de tempo em futuras pesquisas que você venha a fazer ao escrever (conforme discutido em "Pesquisando informações sobre o que será escrito"), além de aumentar as oportunidades de uso efetivo de aspectos que você considera positivos ao escrever. Afinal, uma vez registrados, os elementos têm mais chances de serem utilizados do que se simplesmente guardados na memória.

Para a implementação da estratégia o escritor precisa considerar três perguntas básicas: o que deve ser registrado? Como o registro deve ser feito? Como fazer para recuperar as informações registradas? A seguir vamos discutir cada uma dessas perguntas.

Comecemos pelo conteúdo do registro. Ao decidir compilar um banco de dados que pode vir a apoiar a escrita em inglês, um aprendiz-escritor precisa decidir o que gostaria de incluir nesse banco de dados e não há recomendações precisas quanto a essa decisão: cada pessoa terá interesses e objetivos diferentes em sua compilação e o conteúdo do banco de dados deve atender às necessidades de quem faz a compilação.

O texto acima reproduz a organização de um possível banco de dados: nele, o autor optou por registrar quatro aspectos diferentes sobre a escrita em inglês numa pasta principal chamada *Writing in English*, especificamente:

- informações sobre gêneros textuais (na pasta *Genres & Their characteristics*);
- aspectos relacionados a erros cometidos pelo criador do banco de dados (*My mistakes*);
- *sites* potencialmente úteis para o aprendiz-escritor (*Sites*);
- uma coletânea de linguagem potencialmente útil para a escrita (*Useful language*), que possivelmente inclui palavras, expressões e pequenas frases consideradas "bons recursos" ao escrever. Essa coletânea está, por sua vez, subdividida em outras pastas ao redor de outros assuntos (*Argumentative essays, Descriptions, E-mails, Letters of Recommendation, Powerpoint presentations, Reports*).

Nesse exemplo, os títulos dos arquivos não deixam claro se os seus conteúdos contêm informações gerais sobre os aspectos selecionados ou "amostras" específicas de usos quanto a esses aspectos, mas é provável que haja uma combinação dessas duas possibilidades: nas pastas *My mistakes* e *Useful language* é provável que haja compilação de, respectivamente, maus e bons exemplos de usos linguísticos; as pastas *Genres & Their characteristics* e *Sites* devem conter detalhes e referências com relação a gêneros textuais e à escrita em geral.

Como dito acima, não há uma única forma correta de decidir quanto ao conteúdo de um banco de dados, e cabe ao escritor tomar as decisões que considera mais adequadas para si diante dos seus objetivos e necessidades ao escrever em inglês. Por exemplo, se você não costuma escrever *Descriptions*, não há necessidade de compilar boas ideias para a escrita desse tipo de texto; se você escreve artigos acadêmicos com frequência, vale a pena compilar formas de se apresentar a ideia de outros pesquisadores e também de comentá-las; se você costuma ter dificuldade com o uso de *make* or *do* em expressões idiomáticas é interessante considerar a compilação dessas expressões. Desta forma, o uso das estratégias "Identificando situações pessoais de escrita" e "Ativando monitoramento pessoal" podem apoiar a decisão sobre o que deve ser compilado por um aprendiz-escritor.

Essa flexibilidade quanto ao que se decide incluir em um banco de dados também ocorre quanto à forma de se organizar tal banco, e este ponto nos leva à segunda pergunta. O exemplo acima ilustra a organização de uma compilação feita no computador. Há vantagens quanto a esta escolha, incluindo a facilidade para acrescentar novas pastas e arquivos e para atualizar arquivos já existentes. Arquivos eletrônicos também têm a vantagem de permitir rápido acesso às informações compiladas e de possibilitar copiá-las e transportá-las para o que escrevemos. Outra vantagem de recursos eletrônicos é que eles permitem a troca de informações entre diferentes pessoas mais facilmente: é fácil e rápido enviar nossos arquivos a outras pessoas; *wikis* permitem o trabalho colaborativo na produção de bancos de dados; *blogs* também oferecem recursos de colaboração por meio de comentários e adições. Mas há algumas desvantagens: por serem eletrônicos, esses dados correm o risco de serem perdidos se acontece algum problema grave no seu computador; a compilação em arquivos eletrônicos, por definição, requer um objeto (computador, *tablet*, telefone celular) para o registro do que queremos guardar – e pode ser mais complicado acessar esses objetos do que um bloco de notas e um lápis! E é por essa razão, provavelmente, que algumas pessoas preferem organizar seus bancos de dados em fichários, fichas, cadernos separados em partes. Cabe ao aprendiz-escritor avaliar as opções e decidir a forma de organização que considera mais adequada para compilar e recuperar os dados compilados.

A recuperação dos dados é o assunto da terceira pergunta apresentada acima. Como vimos na seção "Tomando notas", o registro de informações que consideramos úteis ou importantes torna-se estratégico quando voltamos a essas informações para usá-las em situações posteriores ao momento do registro. De nada adianta ter um banco de dados com boas ideias e informações sobre a escrita em inglês se este acervo não for utilizado como referência pelo escritor. E aqui se apresenta uma dificuldade adicional com relação a esta estratégia: para usar estrategicamente o banco de dados que criou, o aprendiz-escritor precisa consultar tal banco sistematicamente – seja durante o processo de geração de ideias, seja durante a escrita propriamente dita, seja durante a revisão e verificação do texto. Neste sentido, esta estratégia torna-se potencialmente mais eficaz se implementada em conjunto com outras estratégias como "Gerando ideias", "Considerando oportunidades para sistematização de vocabulário e gramática", "Fazendo a revisão do texto (*Proofreading*)".

Um cuidado adicional a ser tomado ao se compilar bancos de dados diz respeito à importância de se registrar as fontes quando as anotações envolvem ideias de outras pessoas. Por exemplo, se você considera o trecho abaixo inspirador e resolve anotá-lo, precisa registrar seu autor e de onde você tirou o trecho; de outra forma, ao usar tal trecho posteriormente, você estará cometendo plágio.

> The school is not a neutral objective arena; it is an institution which has the goal of changing people's values, skills, and knowledge bases. Yet some portions of the population, such as the townspeople, bring with them to school linguistic and cultural capital accumulated through hundreds of thousands of occasions for practicing the skills and espousing the values the schools transmit.
>
> Heath, S. B. *Ways with words.* Cambridge: Cambridge University Press, 1983. p. 367-368.

Se o registro envolver apenas palavras ou locuções de forma genérica, não há necessidade de se registrar a fonte. Retomando o exemplo acima, por exemplo, o aprendiz-escritor poderia se interessar em registrar as seguintes ideias:

> Para apresentar ideia oposta: *yet*
> Para introduzir exemplos: *such as*
>
> Locuções interessantes:
> *to accumulate linguistic and cultural capital;*
> *to practice skills;*
> *to transmit values*

Aplique a estratégia

1 > a. Escolha um dos gêneros textuais a seguir e compile um banco de dados com *Useful Language* para produzir tal gênero. Para tal compilação, faça uma busca na Internet pelo nome do gênero textual seguido de *samples*.

birthday cards	letters of complaint	letters of recommendation
technical reports	abstract for research papers	thank you cards

b. Consultando seu banco de dados, produza um texto do mesmo gênero cuidando para não copiar um texto já escrito: seu banco de dados deve servir como referência. Depois de escrever, avalie: a compilação ajudou? Se sim, de que forma? Se não, como a estratégia poderia ser mais bem utilizada?

2 > a. Planeje a compilação de um banco de dados que poderá apoiar sua escrita em inglês.

O que você vai registrar e quais critérios vai usar para a organização?	
Como você vai fazer o registro: eletronicamente? À mão? Usando quais recursos?	

b. Inicie a compilação e, por um mês, vá acrescentando novos dados e usando o seu banco como referência sempre que possível.

c. Ao final de um mês, avalie: a compilação trouxe algum benefício específico para textos que você escreveu em inglês nesse meio-tempo? Ela trouxe algum benefício mais geral para a sua aprendizagem de inglês? Justifique sua avaliação com exemplos concretos.

Sugestões adicionais

- No *site* <http://www.ttms.org/PDFs/03%20Writing%20Samples%20v001%20(Full).pdf> você tem acesso a um banco de dados que contém textos escritos por jovens norte-americanos do Kindergarten até o último ano da High School. Vale explorar o *site* para ter uma ideia do tipo de linguagem usada por esses jovens ao longo de sua trajetória na escola; vale também como fonte de informação para o seu próprio banco de dados de *Good ideas when writing in English*.
- Em <http://www.phrasebank.manchester.ac.uk/index.htm> você encontra um banco de dados que pode ser útil para a produção de escrita acadêmica em inglês.
- Se você dá aulas, estimule seus alunos a compilar desde cedo seu banco de dados, registrando informações importantes sobre a escrita em inglês, bem como exemplos de bons (e mesmo maus) usos em textos previamente escritos. Estimule o uso desses bancos de dados como referência sempre que apropriado.
- Compile um banco de dados com trabalhos escritos por seus alunos num *blog* a que todos tenham acesso. Pode-se, também, incluir uma relação de problemas frequentes. Crie oportunidades de leitura do *blog* como referência durante os processos de escrita encaminhados pela turma.

39>> SELECIONANDO E APLICANDO AS ESTRATÉGIAS APROPRIADAS EM UMA ESCRITA

A situação

Você está para começar a escrever um texto que deve seguir orientações previamente dadas (veja "O texto" a seguir). Você já conhece muitas estratégias de escrita, e entende que seu uso pode apoiá-lo a escrever de forma mais competente e, consequentemente, a produzir um texto de melhor qualidade. No entanto, você tem uma dúvida básica: como fazer para selecionar as estratégias adequadas para a tarefa em questão? Como saber o que é mais ou menos apropriado?

O texto

1. Think about a time when you
2. were scared or anxious about
3. something. Maybe you were
4. giving a presentation in class or
5. moving to a new neighborhood
6. or school. Think about how
7. you felt and how you met the
8. challenge. Write a personal
9. narrative telling about this
10. event. Provide vivid details to
11. "paint a picture" for the reader.
12. Describe what you felt, saw,
13. and heard.

Title: _____

Hood, Christine. *Summer skills: Daily activity workbook.* Nova York: Spark Publishing, 2007. p. 26.

A estratégia

Muito bem! Seus questionamentos revelam que você está ciente de alguns aspectos importantes sobre estratégias: em primeiro lugar, que elas existem e podem ajudá-lo a escrever! Muitas pessoas nem sabem, ou nem lembram, que o uso de estratégias pode tornar o processo de escrita mais eficiente e, com isso, ajudar o escritor a produzir um texto de melhor qualidade se comparado com um texto produzido sem o apoio de estratégias.

O segundo ponto a ser notado na situação acima é que o escritor mostra estar ciente de que estratégias não são "boas" ou "más" por si próprias, mas, sim, "adequadas" ou "não adequadas" a uma situação de escrita específica. Para tal, o escritor precisa ter clareza quanto às características contextuais do evento de escrita em que participa ou está por participar. Por definição, o contexto de uma situação envolve uma série de fatores tais como: o que se escreve (Que gênero textual? Que tipo de texto?), para quem se escreve, o nível de formalidade do texto, a urgência com que o texto é escrito, o suporte utilizado (impresso, digital), entre outros. Tudo isso afeta, de um jeito ou de outro, as decisões a serem tomadas ao escrever.

No caso acima, algumas estratégias são potencialmente úteis, e o quadro a seguir oferece alguns exemplos com comentários adicionais:

Estratégias potencialmente úteis	Justificativa
Preparando-se para escrever	A tarefa de escrita inclui instruções longas, e é importante que o escritor compreenda o que é pedido.
Gerando ideias	Havendo tempo, é uma boa ideia encaminhar um *brainstorm* de ideias sobre possível forma e conteúdo (geral e específico) do texto a ser escrito. O fato de a tarefa propor uma ativação de eventos do passado amplia os potenciais benefícios desta estratégia, já que o próprio ato de ativar a memória com o apoio de notas escritas pode desencadear a lembrança de detalhes do evento em mente ou de eventos similares.
Considerando a tipologia e o gênero textual	As instruções deixam claro qual tipo de texto deve ser escrito: *Write a personal narrative* (linhas 8-9). Esta direção precisa ser levada em conta pelo escritor, e o texto a ser produzido deverá ser caracterizado por elementos linguístico-discursivos de narrativas, como por exemplo, uso de marcadores temporais, linguagem emotiva, discurso direto e indireto, entre outros.
Pesquisando informações sobre o que será escrito	Os detalhes do evento a ser narrado poderão ser enriquecidos se o autor tiver diários ou fotos (ou quaisquer outros registros) desse evento. Uma pesquisa a tais registros pode trazer novos elementos que, se incorporados ao texto, irão torná-lo mais rico em detalhes e, desta forma, possivelmente mais interessante.

Estratégias potencialmente úteis	Justificativa
Usando um texto similar como referência	A escrita do texto proposto no exemplo acima poderá ser apoiada pela observação e análise de outras narrativas pessoais (em *blogs*, romances, livros didáticos, entre outros).
Considerando diferenças entre modalidade oral e escrita	Narrativas pessoais normalmente incluem alternância entre a narração do que aconteceu e a inclusão de falas ou pensamentos produzidos no decorrer do evento narrado. Um escritor estratégico saberá reproduzir o discurso oral na escrita obedecendo a normas ortográficas relativas a sinais de pontuação (aspas, vírgulas, pontos de exclamação, entre outros), bem como ao uso de contrações, interjeições, vocabulário usado no evento narrado. Saberá, também, orquestrar essas reproduções do discurso oral com a composição da narrativa propriamente dita de forma que se distinga com clareza o que foi dito ou pensado e o que é escrito no relato.
Usando marcadores do discurso	Narrativas requerem uso competente de marcadores de discurso, não apenas para deixar clara a cronologia dos eventos narrados, mas também para articular as relações entre as ideias do texto (causa, consequência, conclusão etc.).
Deixando sua "impressão digital" no texto	Boas narrativas não devem "contar algo", mas sim "mostrar algo". Uma narrativa que, por exemplo, inicia-se com um relato como *I was really scared when I had to recite a poem by Emily Brontë in front of the audience last year* vai gerar menos interesse do que uma abertura que remeta a imagens, sons e pensamentos específicos como a seguinte: *'Tis moonlight, summer moonlight, all soft and fair and still…'. Or was it 'still and fair and soft'? I just couldn't remember. My mind went blank. There I was, on that dark and frightening stage, facing hundreds of curious eyes that waited for me to start reciting Emily Brontë's 'Moonlight, summer moonlight'.*
Monitorando a escrita	Estratégias de monitoramento são sempre desejáveis ao se escrever. No caso específico desta tarefa, estratégias de monitoramento de convenções em narrativas, de conteúdo e de dificuldades pessoais são particularmente aconselháveis.

Interjeições são palavras ou expressões usadas para expressar emoções, por exemplo: *Cool! Oh! Wow!*.

Ainda com relação ao exemplo acima, poderá haver variações na seleção de estratégias potencialmente apropriadas diante de outras condições contextuais não explicitadas na situação. Se o escritor tem de produzir o texto sob pressão, com pouco tempo, pode não ser conveniente usar o tempo disponível para gerar ideias ou pesquisar informações. Por outro lado, se a produção do texto ocorre como estudo ou treino da escrita, permitindo ao escritor que dedique mais tempo e atenção para a escrita, outras estratégias como "Refletindo sobre o processo de formulação", "Considerando fontes externas para verificação do texto escrito" ou "Usando e monitorando *collocations*" poderiam ser potencialmente úteis à tarefa.

De qualquer forma, a maior dificuldade para o escritor reside na escolha das estratégias, e a pergunta que pode ser feita diante desse cenário é: como se lembrar de todas as estratégias conhecidas para então fazer a seleção? Uma forma de se ter em mente as opções é ter uma lista de estratégias como referência ao começar a escrever (em outras palavras, algo como o sumário deste livro nas p. 6-7). Com tal referência por perto e por não ter de contar com a sua memória, o escritor pode decidir com mais objetividade e segurança quais estratégias poderiam ser empregadas naquele evento de escrita. Nem sempre é possível ter uma lista de estratégias por perto ao escrever, por isso a prática da seleção de estratégias é importante. Com o passar do tempo, e com seu uso sistemático, as estratégias podem ser ativadas mais automaticamente.

Para desenvolver seu domínio nesta estratégia, troque ideias: converse com outras pessoas sobre suas preferências e dificuldades ao usar estratégias de escrita, procurando entender melhor como pode implementar certas estratégias com mais eficiência e maximizar seus benefícios. Na dúvida de como usar uma determinada estratégia, releia a parte correspondente a ela neste livro e faça mais exercícios aplicando-a. Após a aplicação de uma estratégia, procure sempre que possível perguntar-se se ela foi de fato útil, se você está sabendo utilizá-la adequadamente, até que ponto ela pode ser mais bem aplicada em futuras interações. Retomaremos o processo de avaliação de estratégias na próxima seção.

Em suma, lembre-se: ao escrever, você deve sempre se sentir no comando da sua escrita, decidindo o que – e como – escrever. As estratégias de escrita têm a função de apoiá-lo neste processo, funcionando como recursos ao seu dispor para garantir a eficácia da produção e a qualidade do produto final do seu texto. Cabe a você identificar quais estratégias deve usar, implementá-las e avaliar o seu uso a fim de, cada vez mais, estar no controle de sua produção escrita em inglês.

Aplique a estratégia

1 > Para cada uma das situações a seguir, liste e justifique a escolha de estratégias potencialmente úteis. Ao fazer este exercício você pode consultar o sumário deste livro, nas p. 6-7.

a. Você vai escrever uma carta de reclamação para uma companhia aérea em que viajou recentemente: o assento que você tinha reservado não estava mais disponível quando você embarcou; a comida vegetariana que você tinha pedido com antecedência não foi servida; a sua mala chegou com 24 horas de atraso.

_____

_____

_____

_____

b. A pedido de um amigo, você vai escrever uma resenha de um *video game* em um *site* na Internet. Você nunca escreveu uma resenha antes.

_____

_____

_____

_____

c. Você está se preparando para um exame de inglês que inclui uma seção sobre *writing*. Hoje, você pretende dedicar algumas horas para se preparar para o exame, escrevendo uma ou duas redações ao redor de temas propostos em exames anteriores.

_____

_____

_____

_____

2 > No quadro a seguir, descreva brevemente uma situação futura que vai envolver sua produção escrita em inglês. Com base nesta descrição, liste, na tabela, algumas estratégias que considera apropriadas à situação, justificando-as.

Descrição da situação: _____

O que você vai escrever: _____

Para quem: _____

Em que suporte: _____

Com que finalidade: _____

Estratégias potencialmente úteis na situação	Justificativa

Sugestões adicionais

- Selecione uma ou mais situações de escrita ilustradas neste livro ao longo das seções "A situação". Com uma lista de estratégias ao lado (por exemplo, o índice deste livro nas p. 6-7), identifique estratégias de escrita potencialmente úteis àquela situação, procurando sempre justificar suas escolhas.
- Sempre que possível, identifique as estratégias potencialmente úteis numa situação de escrita em inglês que está por acontecer. Use tais estratégias e ao final da escrita avalie: as estratégias utilizadas foram adequadas? Elas foram aplicadas adequadamente? Como elas poderiam ser aplicadas de forma melhor no futuro? Que outras estratégias poderiam ter apoiado a escrita?
- Se você dá aulas de inglês, procure fazer do uso de estratégias um "*conversation topic*" (ou mesmo um "*writing topic*") sempre que possível diante de situações de escrita que ocorreram ou estão por ocorrer.
- Amplie seu repertório sobre estratégias de escrita. Neste livro, apresentamos algumas estratégias mas há muitas outras que você poderia explorar para se tornar um escritor em inglês cada vez melhor! Para aprender mais, use a Internet ou consulte a lista de referências ao final deste livro. No *site* a seguir você pode ler mais sobre outras estratégias: <http://conference.nie.edu.sg/paper/new%20converted/AB00053.pdf>.

40>> AVALIANDO AS ESTRATÉGIAS APLICADAS

A situação

Numa situação de aula de inglês, seu professor pede à turma que preencha uma ficha de autoavaliação sobre as estratégias usadas ao escrever um texto recentemente. O texto foi escrito no computador e o processo de escrita também usou um programa de *keystroke logging* como recurso: desta forma, ao terminar de escrever o texto, os alunos puderam repassar a sequência da escrita e rever o que escreveram, eliminaram, mudaram etc. ao escrever. Ao preencher a ficha de autoavaliação proposta pelo professor, você fica na dúvida sobre o propósito dessa nova tarefa: será que seu professor está pedindo uma nova tarefa de escrita (a ser parte de sua nota final no curso) ou será que há alguma outra função para tal autoavaliação?

O texto

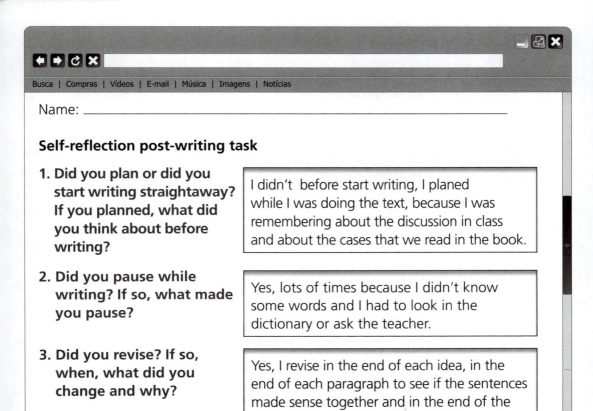

4. Have you discovered anything about yourself as a writer by doing this task? Please explain.

I discovered that I could improve my vocabulary because many times I had to use the dictionary and that its so difficult to remember what you were thinking in the time you wrote the text but this experience was different and interesting.

Arquivo pessoal da autora.

A estratégia

Se seu professor pretendia usar a autoavaliação acima como forma de aferir sua produção escrita, ele estava equivocado. A função principal de autoavaliações como essa, que pode ser observada nas respostas dadas às perguntas acima, é oferecer oportunidade ao escritor de refletir sobre o processo de escrita recém-concluído e sobre como ele se posiciona ao escrever. Autoavaliações envolvem, pois, processos metacognitivos (isto é, cognição sobre cognição) que podem conscientizar o aprendiz-escritor a respeito de aspectos importantes relacionados a situações específicas de escrita, bem como atitudes e crenças sobre a escrita de uma forma mais geral.

Na autoavaliação acima, as perguntas 1 a 3 retomam aspectos específicos da escrita recém-produzida (com foco em planejamento, formulação e revisão, respectivamente), enquanto a pergunta 4 remete a conclusões que o processo de escrita tenha levado o escritor a tomar. Ao responder à pergunta 1, o aluno-escritor indica que não planejou antes de começar a escrever mas sugere que considera as lembranças sobre discussões anteriores à escrita um tipo de planejamento simultâneo ao ato de escrever. Na resposta 2, é sugerido que as pausas na formulação do texto estavam associadas à ausência de vocabulário (e não necessariamente de ideias) e que o dicionário foi o recurso utilizado pelo escritor para lidar com tais pausas. Revisões, por sua vez, conforme a resposta 3, foram feitas gradual e cumulativamente durante o processo de escrita.

É impossível saber com clareza se o autor do texto tinha consciência dos procedimentos, entendimentos, dificuldades e decisões descritos no parágrafo acima antes de responder às perguntas propostas. O que se pode afirmar é que a oportunidade de parar para refletir sobre um processo de escrita recém-concluído (e de escrever as respostas acima reproduzidas) deu ao aluno a chance de projetar o olhar a si mesmo em sua imagem como escritor. Em particular, a pergunta final leva esse aprendiz-escritor a pensar sobre possíveis aprendizagens ocorridas durante o processo da escrita, gerando duas conclusões: primeiro, que seu vocabulário limitado acaba por também limitar a sua escrita; segundo, que é difícil lembrar-se, após a escrita, do que se pensou durante ela.

Neste ponto o leitor pode estar se perguntando de que forma tais comentários e conclusões configuram-se como estratégias de escrita. Primeiramente, o próprio exercício metacognitivo é propício ao desenvolvimento de escritores mais eficientes (como vimos na parte Fundamentos, há evidências na literatura de que melhores escritores tendem a fazer uso mais frequente de estratégias metacognitivas). Segundo, ao refletir sobre um processo de escrita específico um aprendiz-escritor pode chegar à conclusão de que deve manter ou mudar certos hábitos e crenças ao escrever. No caso acima, por exemplo, o aprendiz poderia perceber sua incoerência ao definir "planejamento"; poderia notar sua ênfase (adequada, mas limitada) em monitoramento de sentido em detrimento de outras formas de monitoramento; poderia perceber sua inadequada atribuição de dificuldade na escrita à falta de vocabulário (e não à ausência de estratégias, por exemplo). Todas essas percepções deveriam, por sua vez, gerar planos de ação no sentido de solucionar os problemas detectados.

Não é fácil encaminhar essas reflexões e planos de ação. Esse processo pode ser facilitado se feito de forma colaborativa, envolvendo outros aprendizes e o professor (em situações de aprendizagem formal de inglês). O autodidata terá de ter disciplina e posicionamento autorreflexivo para se engajar em tais processos. Uma forma mais guiada de aplicar a estratégia é ter fichas que listem estratégias de escrita como referência enquanto se escreve, e ir ticando as estratégias usadas durante o processo de escrita. A ficha a seguir ilustra um exemplo:

Date: __/__/__
Writing Task: _____

As preparation for the writing, I...
( ) made sure I understood the task.
( ) activated prior linguistic knowledge (vocabulary, grammar) and brainstormed some ideas.
( ) activated world knowledge (what I knew about the topic).
( ) activated generic knowledge (what I knew about the genre of the text to be written).
( ) reflected on possible ways to put words together.
( ) looked up a few essential words in the dictionary.
( ) did some research on the topic (on the Internet, or reading other texts).

( ) tried not to panic and to feel in control of the process.
( ) thought about potential problems (and about ways of dealing with those problems.

While writing, I…
( ) used words I knew and wanted to practice.
( ) used structures I knew and wanted to practice.
( ) recombined phrases I knew.
( ) created new phrases.
( ) translated from Portuguese into English.
( ) avoided what I wanted to say.
( ) checked references (dictionaries, the Internet etc.).
( ) monitored my writing.
    If yes, which type of monotoring:
    ( ) Visual
    ( ) Auditory
    ( ) Coherence
    ( ) Form
    ( ) Personal
    ( ) Other (please specify: _____)
( ) revised as I went along.

After writing I…
( ) revised my text.
( ) checked external sources.
( ) asked other people for feedback.

Fichas de apoio podem envolver todo o processo de escrita como no exemplo acima ou podem focar em partes desse processo (por exemplo, só a preparação, ou só a formulação, só a edição etc.). É importante, no entanto, conceber tais fichas como recursos que devem ser usados com frequência com objetivos de médio prazo: para tal, os aprendizes-escritores devem compilar todas as suas fichas (num envelope ou fichário) e voltar a elas periodicamente, procurando refletir se os procedimentos assinalados têm tido um impacto no resultado da sua escrita e na sua familiaridade com o ato de escrever.

Autoavaliações podem, também, envolver questionamentos mais amplos sobre decisões estratégicas antes, durante e após a escrita. As perguntas abaixo servem como sugestões para o apoio dessas avaliações:

- Qual é o objetivo da escrita que estou por fazer? Que estratégias posso implementar para atingir tal objetivo com sucesso?

- Estou encontrando alguma dificuldade ao escrever? Quais estratégias estou usando para lidar com tais dificuldades? O que posso fazer para tornar minha escrita mais estratégica?
- Os objetivos da minha escrita foram atingidos? Se sim, quais estratégias me auxiliaram neste processo? Se não, quais estratégias eu poderia ter usado para atingir meus objetivos?
- Quais estratégias usei na minha escrita? Quais foram mais (e quais foram menos) úteis? Quais foram mais (e quais foram menos) fáceis de serem aplicadas? Por quê?
- O que posso fazer para aplicar uma determinada estratégia melhor?
- Eu conheço alguém que escreveu textos semelhantes ao meu e com quem posso trocar ideias sobre as estratégias usadas no processo de escrita?

Aplique a estratégia

1 > Selecione uma tarefa de escrita proposta ao longo deste livro e encaminhe-a. Ao escrever, tenha a seu lado a ficha de autoavaliação sugerida acima nesta seção e marque as estratégias usadas durante a escrita. Quando o texto estiver pronto, pense: a autoavaliação contribuiu para a realização da tarefa? Contribuiu para o seu desenvolvimento como escritor em inglês? De que forma?

2 > Selecione outra tarefa de escrita proposta neste livro. Durante o processo de escrita, responda às perguntas de autoavaliação propostas ao final da parte anterior nesta seção. Ao final, avalie: as perguntas auxiliaram-no a realizar a tarefa? Contribuíram para o seu desenvolvimento como escritor em inglês? De que forma?

3 > Avalie os dois processos de autoavaliação propostos acima: qual dos dois você prefere, e por quê? Dependendo da situação, um tipo de autoavaliação pode ser mais adequado do que o outro? Justifique suas respostas.

Sugestões adicionais

- Para ler mais sobre autoavaliação ao escrever, visite os *sites*:
  - <http://grammar.about.com/od/developingessays/a/selfeval.htm>;
  - <http://www.evergreen.edu/washcenter/resources/acl/e3.html>.
- Se você dá aulas de inglês, use fichas de avaliação como a apresentada nesta seção sistematicamente com seus alunos. Comece por utilizar fichas mais simples, com "partes" do processo de escrita e menor número de estratégias. Aos poucos vá ampliando a lista. Sempre estimule seus alunos a pensar sobre seu processo de escrita.
- Uma forma simples de encaminhar processos de avaliação consiste na produção de diários guiados após cada tarefa de produção escrita ou com uma frequência predefinida (por exemplo, ao final de cada quinzena). Esses diários podem registrar aspectos tais como:
  - *What went well, and why; What didn't go so well, and why; How I feel about my progress in writing in English, and why; Plans for the future*

PARTE 3

COMPLEMENTOS

>> RESPOSTAS DOS EXERCÍCIOS

Estratégia 1

Exercício 1
a. I. spend a year / country / where / why.
II. Várias respostas possíveis, por exemplo: material de referência impresso (folhetos publicitários, livros de referência, fotos, entre outros) ou *on-line* (*sites* de turismo, *blogs, sites* de referência como *Wikipedia*).
III. Focar a atenção nas palavras-chaves e não falar de mais de um país; não mencionar projetos e planos que envolvam mais de um ano; não se esquecer das justificativas da escolha.

b. I. government / build / recycling centre / near your house / like / why or why not positive and negative.
II. Várias respostas possíveis, por exemplo: textos informativos sobre reciclagem de um modo geral; notícias de jornal sobre o assunto; depoimentos em *blogs* ou cartas dos leitores em jornais sobre o impacto de centros de reciclagem em comunidades diversas.
III. Mencionar aspectos positivos e negativos do plano e posicionar-se criticamente quanto ao assunto, emitindo opinião e justificando-a.

c. I. present / discussion / opinion / women / more powerful / last decades / face / difficulties.
II. Várias respostas possíveis, por exemplo: livros didáticos de história e sociologia; *sites* de referência como biografias, enciclopédias, entre outros.
III. Ao apresentar a opinião, devem-se incluir exemplos e justificativas.

Exercício 2
Várias respostas possíveis, entre elas:
Good ideas: observar redações antigas e os erros nela cometidos, a fim de evitá-los; ler reportagens e entrevistas sobre o assunto; conversar com conhecidos que trabalham em casa para ouvir sobre suas experiências.
Bad ideas: escrever sem pensar em exemplos ilustrativos; negar o argumento dado como fato no enunciado (*More and more people are working from home these days*); não mencionar as possíveis causas da mudança de comportamento; não mencionar tanto as vantagens quanto as desvantagens do novo comportamento.

Estratégia 2

Exercício 1
Respostas pessoais.

Exercício 2
a. Várias respostas possíveis, por exemplo:

b. Várias respostas possíveis, por exemplo:

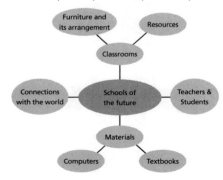

234 / COMO ESCREVER

c. Várias respostas possíveis, por exemplo:

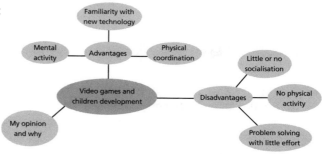

Estratégia 3

Exercício 1
a. Texto 1: Informative; Texto 2: Instructional; Texto 3: Descriptive; Texto 4: Narrative.
b. Texto 1: Uso do presente (*offer*); inclusão de fatos (o que a universidade oferece); uso de *bullets*.
Texto 2: Uso de *must* e *should*; verbo no imperativo (*follow*); linguagem direta.
Texto 3: Uso frequente de adjetivos (*fine, tall, heavy, fat, long, strong etc*); uso de comparação (*like a film star*).
Texto 4: Uso de *time expression* (*Saturday night*) e de discurso direto (*officials said; said Sgt. George Town*); uso de linguagem emotiva (*battled a blaze; consumed 20 homes; treated for minor injuries*).
c. Respostas pessoais.

Estratégia 4

Exercício 1
a. V (*garlic*/alho); V (informar); F (o primeiro texto é mais complexo do que o segundo).
b. O primeiro texto foi escrito para adultos e o segundo, para crianças. Pode-se chegar a essa conclusão pela complexidade lexical e estrutural do primeiro texto: nele há vocabulário sofisticado (*ranging from; stem; rich supply of compounds*, entre outros) e frases longas e complexas. O segundo texto é mais fácil de ser compreendido: contém frases curtas e vocabulário simples.
As fontes dos textos são:
Texto 1: Wright, Janet. *The top 100 health tips*. Londres: Duncan Baird, 2008. p. 70.
Texto 2: Hartcourt Family Learning. *Reading skills Grade 6*. Nova York: Spark Educational, 2004. p. 83.

Exercício 2
a. De forma geral, o autor do *e-mail* 1 contemplou as necessidades do leitor de maneira mais apropriada: ele usou formas de tratamento formais tanto para iniciar quanto para terminar o texto (*Dear.../Best wishes*), o que é adequado para iniciar uma correspondência com um estranho que nos é hierarquicamente superior. O *e-mail* contém pontos de referência específicos (o curso feito, o nome de uma pessoa que o leitor conhece) e deixou o leitor livre para sugerir a data do encontro. O *e-mail* 2 apresenta alguns pontos adequados (o comentário simpático em *I am very glad to be your student. I look forward to seeing you soon*; os detalhes de quando o autor não pode se encontrar com a orientadora). No entanto, o tom do *e-mail* é, de um modo geral, informal demais (cumprimentos informais; perguntas que podem soar ameaçadoras de face ao leitor).
b. Resposta pessoal.

Estratégia 5

Exercício 1
Respostas pessoais.

Exercício 2
Respostas pessoais.

Estratégia 6

Exercício 1
a. Várias respostas possíveis, por exemplo:

• given – new → Ideias: well-known information about town or city in focus, followed by not so well-known details / Gênero: homepage of promotional website; tourism flyer.

• situation – problem – solution → Ideias: any current circumstance involving, for example, population growth, job opportunities, weather event / Gênero: short story; letter to the editor.

• compare – contrast → Ideias: life in the past and in the present in the town or city / Gênero: blog; reference material.

• general – particular → Ideias: any aspect involving for example the history or economy of the town or city, followed by details / Gênero: postcard; e-mail.

• cause – effect → Ideias: some current event as mentioned in (II) / Gênero: letter of complaint; newspaper article.

• hypothetical – real → Ideias: presentation of a hypothetical argument about, for example, the commercial area of town or city, followed by a discussion of the current commercial facilities and opportunities / Gênero: argumentative essay.
b. Respostas pessoais.
c. Respostas pessoais.

Exercício 2
a. Várias respostas possíveis, por exemplo:
Yesterday was a dark, unpleasant day.
b. Várias respostas possíveis, por exemplo:
We always learn a lot when we travel.

Exercício 3
a. Respostas pessoais.
b. Respostas pessoais.

Estratégia 7

Exercício 1
a. Respostas pessoais.
b. Respostas pessoais.

Exercício 2
Respostas pessoais.

Estratégia 8

Exercício 1
Respostas pessoais.

Exercício 2
Respostas pessoais.

Estratégia 9

Exercício 1
a. *bench* (assento); *shade* (proteção).
b. *cashier* (pessoa); *box*.
c. *sleeve*;
d. *room* (aposento); *fourth* (número);
e. *find* (descobrir); *batteries* (elétrica).

Exercício 2
Respostas pessoais.

Estratégia 10

Exercício 1
a. *prefere* deve ser *prefer*.
b. *dosen't* deve ser *doesn't*.
c. *oportunity* deve ser *opportunity*.
d. *ideia* deve ser *idea*.

Exercício 2
a. *are* deve ser *is*.

b. *promote* deve ser *promoted*.
c. *can not* deve ser *cannot*.
d. *have* deve ser *had*.

Exercício 3
Respostas pessoais.

Estratégia 11

Exercício 1
a. *uses* deve ser *wears*.
b. *who has red lipstick* deve ser *who is wearing red lipstick* ou *who has red lipstick on*.
c. *put some lipstick* deve ser *put some lipstick* on.

Exercício 2
a. *make*.
b. *do*.
c. *do*.
d. *make*.
e. *do/make*.

Estratégia 12

Exercício 1
Respostas pessoais; uma tradução possível para o trecho é:

Uma das coisas mais importantes que você pode fazer para se preparar para uma emergência é gastar alguns minutos organizando um plano de emergência doméstica, garantindo que toda sua família saiba sobre ele. Há muitos tipos de emergências que podem trazer transtornos à sua vida diária, alguns dos quais podem deixá-lo isolado de ajuda imediata.

Exercício 2
Respostas pessoais.

Estratégia 13

Exercício 1
Várias respostas possíveis, por exemplo:
A: Hi! What's up?
B: Hi.
A: What's the matter with you? Is anything wrong?
B: I'm.. going to be a father…
A: What??
B: Sue's pregnant.
A: That's great, pal! Congratulations!
B: Yeah, I know… But it's two of them, not one…
A: So you're having twins?? That's amazing!!

Exercício 2
a. OK.
b. OK…
c. OK!

Exercício 3
Várias respostas possíveis, por exemplo:
a. Hi. I've got great news! I've been accepted for the Master's programme in XYZ University. I'm really pleased, we need to go out and celebrate! [Your name].

b. Dear [your boss's name], I was thinking about our previous conversation and just wanted to confirm that there are three (and not two) problems to be rectified in the report to be sent to [client's name]. Any questions please let me know. Best wishes, [Your name].

c. Hi Kate, I was wondering what's made you so happy this morning! You didn't see me, but I saw you on my way to work today. Watch out for spies! ;-) [Your name].

Estratégia 14

Exercício 1
Respostas pessoais.

Exercício 2
Respostas pessoais.

Estratégia 15

Exercício 1
a. I work a lot, that's why I never have time for a holiday.
b. I never have time for a holiday because I work a lot./ Because I work a lot, I never have time for a holiday.
c. I live in France but I can't speak French.
d. Although I live in France, I can't speak French.
e. My son can speak 4 languages; in other words, he is multilingual.
f. I can ride a motorbike. I can fly a plane as well.
g. I can ride a motorbike. I can also fly a plane.

Exercício 2
Várias respostas possíveis, por exemplo:
I had a terrible day yesterday. To start with, I woke up late and I missed my bus, so the morning meeting had finished when I arrived at work. That's probably why everybody gave me a funny look. I went to bed too late last night but I shouldn't have done that. Indeed, I felt bad for the rest of the day. It's impossible to go to bed early every day; however, I'll try to be good in the future.

Estratégia 16

Exercício 1
a. Informal: elipse (*(Are you) Looking for…*); vocabulário informal (*Well*).
b. Formal: uso de vocabulário sofisticado (*it is advisable*, *to attend*, *if advised*); frase longa.
c. Formal: frase longa; ausência de contrações; vocabulário sofisticado (*has scored*, *into the grain*, *bewildering*).
d. Informal: uso de abreviações, frases curtas.

Exercício 2
Respostas pessoais.

Estratégia 17

Exercício 1
a. O texto 1 é a recriação e o texto 2 é a transcrição. No texto 2, observam-se características da modalidade oral do discurso, por exemplo: marcadores do discurso característicos da oralidade (*okay*, *right*); interrupções (*We have already done page eight so you're gonna talk which are, we're gonna discuss the types of music*); falas contíguas (*last class = Which part*); elipses (*Remember the types of music? We went over last class?*); remissão a comentários (*What part do you think?*); expressões informais (*Hum?*). No texto 1 os trechos

com elipses foram apresentados de forma completa (*Do you remember the types of music we went over last class?*; aspectos informais, de maneira formal (*Can you repeat that, please?*)

b. Várias respostas possíveis, por exemplo:
The interaction started with the teacher asking the students to open their books on page eight. Then she explained that the class was going to talk about types of music, and to write them down in their notebooks. Some students did not understand the task at first, and the teacher provided additional clarifications.

Exercício 2

a. No contínuo, os quatro itens apresentados devem aparecer na seguinte ordem (da esquerda para a direita): (III); (IV); (I); (II).

b. Respostas pessoais.

Estratégia 18

Exercício 1

O *e-mail* 1 respeita as seguintes convenções do discurso escrito em inglês: seu título é escrito em caixa baixa; os cumprimentos são adequados (*Dear All/Best wishes*); o nível de formalidade é adequado. De forma geral, o conteúdo é também apropriado: há menção específica à reunião de que o *e-mail* trata, e a data e local do encontro é especificada. O *e-mail* 2 apresenta os seguintes problemas: título em caixa alta; cumprimentos inadequados (*Good morning* segue convenção brasileira mas é inadequado em inglês; *Bye* não é usado nesses casos); o tom do *e-mail* é muito informal (*Shame that some of you can't make it*) e não há menção específica a que reunião o *e-mail* trata.

Exercício 2

Se o leitor não souber que o uso de caixa alta é considerado ofensivo em *e-mails* em inglês, não será possível compreender o humor da história. Para tal, é importante perceber que a discussão entre os personagens no primeiro quadrinho (caracterizada pelo uso de negrito e pela linguagem corporal dos falantes) permanece nos mesmos termos quando um deles usa caixa alta ao escrever no último quadrinho.

Estratégia 19

Exercício 1
Respostas pessoais.

Exercício 2
Respostas pessoais.

Estratégia 20

Exercício 1
Respostas pessoais.

Exercício 2
Respostas pessoais.

Estratégia 21

Exercício 1

a. I. live; II. will arrive; III. of; IV. The number of the house of my brother; V. have; VI. The acquisition of the English language/a topic of research that is well-documented.

b. I. have lived; II. arrive; III. on; IV. My brother's house number; V. there are; VI. English language acquisition/a well-documented research topic.

Exercício 2

Respostas pessoais.

Estratégia 22

Exercício 1
Respostas pessoais.

Estratégia 23

Exercício 1
a. *achieve*: problema de ortografia, deve ser *achieve/ receive bonus*: falta o artigo, deve ser *receive a bonus*.
b. *frases*: deve ser *phrases* ou *sentences*, dependendo do que se quer dizer / *to to*: repetição, deve haver apenas um *to*.
c. *hollidays*: problema de ortografia, deve ser *holidays* / *the Northeast*: ideia vaga, precisa-se especificar, por exemplo, *the northeast of Brazil*, *the northeast of the United States* etc.; além disso note-se o uso de caixa baixa para pontos cardeais em inglês.
d. *investigates/presented*: ausência de paralelismo, deve ser *investigates* e *presents*.
e. *Shark's*: problema de ortografia, deve ser *Sharks*.

f. *I'm look for*: conjugação verbal incorreta, deve ser *I'm looking for* / *spanish*: problema de ortografia, deve ser *Spanish*.

Exercício 2
Respostas pessoais. Os problemas no texto original estão sublinhados a seguir: <u>Milions</u> of years ago there <u>was</u> many types of <u>dinossaurs</u> <u>in</u> earth. Some <u>dinossaurs</u> were meat-eaters and other <u>dinossaurs</u> were <u>plant-eater</u>. The <u>bigger</u> meat-eater was probably the Tyrannosaurus Rex. It was taller <u>then</u> all the other <u>dinossaurs</u> and <u>his</u> head was very long. It had very sharp <u>tooths</u> and very strong legs. The smallest dinosaur <u>were</u> also a meat-eater. It was the Compsonathus and it also <u>head</u> many sharp teeth. It <u>eats</u> other dinosaurs, <u>two</u>.

Estratégia 24

Exercício 1
a. Várias respostas possíveis, por exemplo:
I. Pode-se alternar o uso de dicionários impressos e *on-line*; pode-se usar um tradutor automático na Internet para consulta, seguido de verificação de uso do termo focalizado na Internet através de uma ferramenta de busca.
II. Pode-se consultar um dicionário de *collocations;* pode-se consultar um falante nativo de inglês.
III. Pode-se consultar textos similares (por exemplo, *blogs* sobre livros lidos ou resenhas de livros na Internet ou em jornais e revistas) para ideias de forma e conteúdo.

IV. Pode-se consultar outros textos (impressos ou on-line) para observação de como são feitas as conexões entre os parágrafos.
b. Respostas pessoais.

Exercício 2
Respostas pessoais.

Exercício 3
Respostas pessoais.

Exercício 4
Respostas pessoais.

Estratégia 25

Exercício 1

Várias respostas possíveis, por exemplo:
Feedback on [date]
Done by [your name]
What I liked about your text: [It has a topic sentence; it follows an appropriate pattern (problem-solution).]
This is a problem I found in your text: [the ideas are very general, and sometimes they are vague.]
Here's a suggestion on how to deal with the problem: [Try to incorporate examples and justifications to your claims, for example: "I think people should be more careful"- how?; "We should stop polluting the air and the oceans to live better" – how? Also check the spelling in your text.]

Exercício 2

Respostas pessoais.

Exercício 3

Respostas pessoais.

Estratégia 26

Exercício 1

Várias respostas possíveis, por exemplo: Usando um editor de texto para verificação de ortografia (por exemplo, *domesic*, *domestic*); Usando nível de formalidade adequado ao escrever; Considerando diferenças entre modalidade oral e escrita (*I think*, *OK*); Considerando diferenças entre as línguas inglesa e portuguesa (*where is no problem*, *this decision come*); Monitorando a forma (pontuação, uso de letra maiúscula).

Exercício 2

Respostas pessoais.

Estratégia 27

Exercício 1

Respostas pessoais.

Exercício 2

Respostas pessoais.

Estratégia 28

Exercício 1

Respostas pessoais.

Exercício 2

Respostas pessoais.

Estratégia 29

Exercício 1

O resumo 2 é melhor por ser conciso e apresentar as ideias principais do texto. O resumo 1 é longo demais, apresenta detalhes desnecessários (por exemplo, data da criação do parque, sua extensão, nomes das áreas,) e opiniões (*incredible*).

Exercício 2

É um bom resumo: ele cita a fonte e as ideias principais do texto resumido sem mencionar detalhes desnecessários. O resumo também não contém opiniões nem repetições.

Exercício 3

Respostas pessoais.

Estratégia 30

Exercício 1
Respostas pessoais.

Exercício 2
Respostas pessoais.

Estratégia 31

Exercício 1
Respostas pessoais.

Estratégia 32

Exercício 1

a. O depoimento sinaliza que o aluno-escritor identifica o tipo de texto que lhe causa dificuldade, o que é positivo. Identifica, também, sua dificuldade específica ao produzir tais textos (*express thoughts*). Para lidar com tal dificuldade seria aconselhável observar criticamente o conteúdo e a forma de textos do mesmo tipo e ver como outros autores expressam seus pensamentos.

b. O escritor sinaliza que gosta de escrever sobre o que sabe: para deixar esse escritor confortável deve-se estimular esse tipo de escrita; para "puxar esse escritor para a frente" deve-se fazer um trabalho de conscientização de que a escrita pode lhe trazer conhecimentos sobre novos assuntos.

c. O escritor sinaliza atitudes diferentes ao escrever em português em inglês; esse escritor poderia se beneficiar com a reflexão sobre o processo de formulação e com a consideração sobre as diferenças entre as línguas inglesa e portuguesa.

d. O escritor sinaliza que busca ajuda no dicionário mas que não sabe usá-lo; ele precisa aprender a usar o dicionário de forma mais competente.

e. O escritor sinaliza que, sob pressão, tem dificuldade em lembrar formas gramaticalmente corretas da língua inglesa; o uso de escrita livre e de monitoramento de dificuldades pessoais pode ajudar neste caso.

f. Esse escritor atribui sua dificuldade em escrever a seu nível de conhecimento da língua inglesa: a familiarização com o conceito de "estratégias de escrita" de uma forma mais geral pode auxiliar esse escritor a entender que não é apenas o conhecimento da língua que o fará um bom escritor.

Exercício 2
Respostas pessoais.

Estratégia 33

Exercício 1
Várias respostas possíveis, por exemplo: Considerando o gênero textual (por atender a convenções de forma e conteúdo de um cartão postal); Usando nível de formalidade adequado ao escrever (o cartão não é formal nem informal demais); Deixando sua "impressão digital" no texto (ao mencionar hábitos e interesses pessoais); Considerando as necessidades do leitor (ao avisar o dia do retorno).

Exercício 2
Várias respostas possíveis, por exemplo: Monitoramento de forma e de conteúdo (pelas rasuras e emendas); Considerando o gênero textual (ao desenvolver a narrativa de forma adequada); Respeitando convenções do discurso escrito em inglês (bom uso de pontuação, atenção à organização situação-problema-solução no relato); Considerando diferenças entre modalidade oral e escrita (uso de discurso indireto, vocabulário adequado).

Estratégia 34

Exercício 1

Não há incoerências no texto. O autor demonstra algum conhecimento sobre o que escreve, mas não há menção de referências aos argumentos apresentados. Faltam, também, esclarecimentos e detalhes: aprendizes do sexo feminino usam todas as estratégias com mais frequência ou apenas algumas? Que estratégias são mais frequentemente usadas por aprendizes do sexo masculino? Não há uso exagerado de nenhum recurso retórico no trecho.

Exercício 2

Respostas pessoais.

Estratégia 35

Exercício 1

a. O propósito comunicativo da tarefa 1 é claro (escrever parágrafos descritivos), mas não se sabe bem qual seu objetivo maior (descrever para quê?); a tarefa pressupõe interação entre escritor e colegas inicialmente (não se sabe o que acontecerá depois); não há sugestão de reflexão sobre o tipo e gênero textual a ser produzido, subentendendo-se que o aluno-escritor sabe como desenvolver uma descrição; a tarefa não contempla reflexão sobre o impacto do suporte que apoia a produção do texto; a tarefa pressupõe discussão sobre o primeiro rascunho do texto; ela não oferece subsídios para que o escritor se sinta no controle da sua escrita. O propósito comunicativo da tarefa 2 é claro (escrever uma carta com comentários e sugestões) e seu objetivo maior parece ser puramente pedagógico (para praticar estruturas e vocabulário recém trabalhados?); o único leitor da tarefa parece ser o professor-avaliador; não há sugestão de reflexão sobre o tipo e gênero textual a ser produzido; a tarefa não contempla reflexão sobre o papel do suporte na produção do texto; a tarefa não contempla aspectos de elaboração e reelaboração contínua do texto; ela não oferece subsídios para que o escritor se sinta no controle da sua escrita.

b. A primeira tarefa é um pouco mais abrangente pois contempla reelaboração do texto original a partir do *feedback* de colegas. A segunda tarefa tem a vantagem de apresentar um contexto mais amplo (as refeições no refeitório), apesar de hipotético.

Exercício 2

Respostas pessoais.

Estratégia 36

Exercício 1

Respostas pessoais.

Exercício 2

Respostas pessoais.

Estratégia 37

Exercício 1

O segundo *blog* é legítimo e o primeiro é *junk*. Conclui-se que o primeiro *blog* é *junk* devido ao seu tom vago (por exemplo, *thanks for your thinking for this, I really felt somewhat thump by this post; I do think that in case more people thought about it like this*). Ao final da leitura não se sabe exatamente do que o autor trata em seu texto. O segundo *blog* é pessoal (tem um destinatário específico, Celia; requer resposta se necessário, *if I miss some link to the detailed recipe, sorry – feel free to point me to it*). É também específico (*the bit about eating half the loaf standing up is the best advertisement in the world, although the photos already did a great job*).

Exercício 2

Respostas pessoais.

Estratégia 38

Exercício 1

Respostas pessoais.

Exercício 2

Respostas pessoais.

Estratégia 39

Exercício 1

Várias respostas possíveis, por exemplo:

a. Considerando a tipologia e o gênero textual; Considerando as necessidades do leitor; Refletindo sobre a organização de um texto; Usando nível de formalidade adequado ao escrever.

b. Gerando ideias; Utilizando um texto similar como referência; Usando um editor de texto; Monitorando a escrita.

c. Preparando-se para escrever; Considerando as necessidades do leitor; Pesquisando informações sobre o que será escrito; Ativando monitoramento pessoal.

Exercício 2

Respostas pessoais.

Estratégia 40

Exercício 1

Respostas pessoais.

Exercício 2

Respostas pessoais.

Exercício 3

Respostas pessoais.

» ÍNDICE DOS TERMOS DO GLOSSÁRIO

Abstract 24
Acrônimo 106
Adjetivo 38
Advérbio 39
Anglófono 56
Apropriação 164
Artigo definido 159
Ato ameaçador de face 44
Brainstorm 31
Caixa alta 38
Competência gramatical 44
Comunidade discursiva 105
Concordance lines 81
Concordância verbal 49
Conhecimento prévio 32
Conhecimento sistêmico 80
Conjunções 108
Content words 117
Contrações 59
Coordenação 106
Corpora 82
Costura textual 100
Desinência 131
Discurso direto 39
Discurso indireto 39
Editor de texto 67
Elipse 106
Face negativa 44
Face positiva 44
Ferramentas de busca 51
Fonética 80
Fonologia 80
Frases 66
Full forms 192
Função interpessoal 115

Função referencial 115
Gêneros textuais 24
Gerúndio 49
Hedges 110
IELTS 47
Imperativo 38
Interjeições 223
Interlocutores 115
Jargão 60
Keystroke logging 67
L1 66
L2 66
Leitor potencial 43
Léxico 61
Língua-alvo 66
Linguagem vaga 209
Linguística de Corpus 81
Locução 66
Locuções nominais 110
Mediação 163
Mnemonic devices 129
Modo subjuntivo 132
Morfologia 61
Neologismo 207
Notice the gap 188
Objetivo do texto 43
Orações 66
Ortografia 71
Outline 32
Palavra-chave 27
Palavras compostas 71
Palavras derivadas 71
Palavras homônimas 72
Palavras polissêmicas 133
Paráfrase 176

ÍNDICE DOS TERMOS DO GLOSSÁRIO

Paralelismo 144
Pares mais competentes............ 138
Phrasal verbs 72
Plágio.. 77
Poder interacional........................ 47
Pragmalinguistic failure 116
Prefixo 71
Preposições.................................. 87
Primeira pessoa.......................... 192
Princípio da Polidez...................... 43
Processos cognitivos.................... 24
Processos metacognitivos............ 24
Pronome reflexivo 86
Propósito comunicativo 24
Recurso retórico 198
Recursos tipográficos 38
Registro 60
Reparo 43
Retórica Contrastiva 56
Segunda pessoa.......................... 192
Semântica 81
Sintaxe.. 61
Sobreposições............................ 110

Sociopragmatic failure 116
Subordinação.............................. 106
Substantivo................................... 73
Sufixo 71
Sujeito 49
Sujeito elíptico............................. 86
Syllabus 97
Teia de informações.................... 32
Tempo verbal................................ 59
Terceira pessoa 131
Texto informativo 31
Textos descritivos........................ 35
Textos persuasivos...................... 36
Thesaurus................................... 68
Think-aloud 65
Tipos de texto.............................. 37
TOEFL®.. 30
URL... 51
Variantes linguísticas.................. 92
Verb conjugation 159
Verbo 59
Voz ativa 106
Voz passiva 106

246 / COMO ESCREVER

>> FONTES DE REFERÊNCIA

Nesta seção encontram-se sugestões de *sites* que podem ser utilizados para prática das estratégias apresentadas neste livro. (*sites* acessados em 14 maio 2012.)

- http://www.englishbiz.co.uk/
  Site com inúmeras informações e atividades que podem apoiar o desenvolvimento de estratégias de escrita em diversos gêneros textuais.
- http://www.letras.ufmg.br/arado/*writing*.html
  No *site* encontram-se inúmeros *links* relevantes àqueles que querem saber mais sobre produção escrita. Os *links* são acompanhados de breves descrições.
- http://www.rong-chang.com/*writing*.htm
  Como o *site* acima, este contém inúmeros *links* relevantes ao ensino e prática de produção escrita.
- http://www.nwp.org/
  Neste *site* do National Writing Project (EUA) encontram-se informações e recursos diversos sobre o desenvolvimento da escrita.
- http://owl.english.purdue.edu/
  Este *site* é desenvolvido pela Universidade de Purdue (EUA). Contém inúmeras informações, exercícios, resultados de pesquisa e outros recursos que podem apoiar aqueles que ensinam e/ou aprendem inglês.
- http://www.edu.gov.on.ca/eng/studentsuccess/thinkliteracy/files/*Writing*.pdf
  Neste *link* desenvolvido pelo governo canadense, você pode ler mais sobre *writing strategies*, e ter acesso a ideias para aulas e exercícios sobre o tema.
- http://www.*corpora*4learning.net/resources/*corpora*.html
  Neste *site* encontra-se uma lista dos *corpora* mais importantes da língua inglesa. O *site* contém *links* para os diversos *corpora* e indica quais têm acesso gratuito.
- http://iteslj.org/Lessons/
  Neste *site*, na seção *Writing*, encontram-se planos de aula para o trabalho de produção escrita em sala de aula.
- http://www.breakingnewsenglish.com/
  Neste *site* você encontra planos de aula para apoiar aulas de inglês integrando as quatro habilidades linguísticas.
- http://www.bbc.co.uk/skillswise/topic-group/*writing*
  Para ler, ouvir, ver vídeos, jogar, e ter mais informações sobre comunicação escrita em inglês, visite este *site*.
- http://www.teachingenglish.org.uk/articles/*writing*
  Organizado pelo British Council e pela BBC, este *site* é rico em recursos e informações para quem ensina inglês, incluindo fóruns para discussão, sugestões de atividades de sala de aula, detalhes sobre conferências profissionais, artigos acadêmicos, entre outros.
- http://gse.buffalo.edu/org/*writing*strategies/
  Leia mais sobre *writing strategies* neste *site* desenvolvido pela State University of New York. O *site* inclui também material audiovisual e interativo.
- http://bogglesworldesl.com/creative*writing*.htm
  Neste *site* você encontra exercícios para prática de produção escrita em inglês.
- http://languagearts.pppst.com/*writing*.html
  Aqui se encontram várias apresentações em *slides* sobre *writing*.

>> BIBLIOGRAFIA E SUGESTÕES DE LEITURAS COMPLEMENTARES

BRASIL. Ministério da Educação. Secretaria de Educação Fundamental. *Parâmetros Curriculares Nacionais:* Língua estrangeira. Brasília: MEC, 1998.

CHAMOT, A. U. The learning strategies of ESL students. In: WENDEN, A.; RUBIN, J. (Eds.). *Learner strategies in language learning.* Englewood Cliffs, NJ: Prentice-Hall, 1987. p. 71-84.

CHAMOT, A. U. Language learning strategy instruction: Current issues and research. *Annual Review of Applied Linguistics,* v. 25, p. 112-130, 2005.

CHAMOT, A. U.; BARNHARDT, S.; EL-DINARY, P. B.; ROBBINS, J. *The learning strategies handbook.* White Plains, NY: Addison Wesley Longman, 1990.

COHEN, A. *Strategies in learning and using a second language.* Londres: Longman, 1998.

COHEN, A.; MACARO, E. (Eds.). *Language learner strategies:* 30 years of research and practice. Oxford: Oxford University Press, 2007.

FLOWER, L.; HAYES, J. R. A cognitive process theory of writing. *College Composition and Communication,* v. 32, n. 4, p. 365-387, 1981.

GRABE, W.; KAPLAN, R. B. *Theory and practice of writing.* Harlow: Pearson, 1996.

HARMER, J. *How to teach writing.* Harlow: Pearson, 2004.

HEDGE, T. *Writing.* Oxford: Oxford University Press, 1988.

HYLAND, K. *Second language writing.* Cambridge: Cambridge University Press, 2003.

HYLAND, K. *Teaching and researching writing.* 2. ed. Harlow: Pearson, 2009.

MACARO, E. *Learning strategies in foreign and second language classrooms.* Londres e Nova York: Continuum, 2001.

MANCHÓN, R.; ROCA DE LARIOS, J.; MURPHY, L. A review of writing strategies: focus on conceptualizations and impact of first language. In: COHEN, A.; MACARO, E. (Eds.). *Language learner*

strategies: 30 years of research and practice. Oxford: Oxford University Press, 2007. p. 229-250.

MARTIN, J. R.; CHRISTIE, F.; ROTHERY, J. Social processes in education: a reply to Sawyer and Watson (and others). In: REID, I. (Ed.). *The Place of Genre in Learning:* Current debates. Geelong: Deakin University Press, 1987. p. 58-82.

NAIMAN, N.; FRÖHLICH, M.; STERN, H. H.; TODESCO, A. *The good language learner.* Toronto: Ontario Institute for Studies in Education, 1978/1996.

O'MALLEY, J. M.; CHAMOT, A. U. *Language learning strategies in second language acquisition.* Cambridge: Cambridge University Press, 1990.

OXFORD, R. *Language learning strategies:* what every teacher should know. Boston: Heinle and Heinle, 1990.

OXFORD, R. *Teaching and researching learning strategies.* Harlow: Pearson Education, 2011.

PALTRIDGE, B. *Discourse analysis.* Londres: Continuum, 2006.

SWALES, J. M. *Genre analysis:* English in academic and research settings. Cambridge: Cambridge University Press, 1990.

TRIBBLE, C. *Writing.* Oxford: Oxford University Press, 1996.

WEINSTEIN, C.; MAYER, R. The teaching of learning strategies. In: WITTROCK, M. (Ed.). *Handbook of Research on Teaching.* 3. ed. Nova York: Macmillan, 1986. p. 315-327.

WELLS, G.; CHANG-WELLS, G. L. *Constructing knowledge together:* Classrooms as centers of inquiry and literacy. Portsmouth, NH: Heinemann, 1992.

WENDEN, A. Incorporating learner training in the classroom. In: WENDEN, A.; RUBIN, J. (Eds.). *Learner strategies in language learning.* Hemel Hempstead: Prentice Hall, 1987. p. 159-168.

WHITE, R.; ARNDT, V. *Process writing.* Londres: Longman, 1991.